本书出版受到"北京工商大学人文社科类专著出版资助项目"资助

国家社会科学基金青年项目（10CJY005）研究成果

资源环境约束与
区域产业结构升级

孟 昌 等◇著

中国社会科学出版社

图书在版编目（CIP）数据

资源环境约束与区域产业结构升级/孟昌等著.—北京：中国社会科学出版社，2020.6
ISBN 978 - 7 - 5203 - 0969 - 1

Ⅰ.①资… Ⅱ.①孟… Ⅲ.①区域产业结构—产业结构升级—研究—中国 Ⅳ.①F127

中国版本图书馆 CIP 数据核字（2017）第 221716 号

出 版 人　赵剑英
责任编辑　卢小生
责任校对　周晓东
责任印制　王　超

出　版	中国社会科学出版社
社　址	北京鼓楼西大街甲 158 号
邮　编	100720
网　址	http：//www.csspw.cn
发 行 部	010 - 84083685
门 市 部	010 - 84029450
经　销	新华书店及其他书店
印　刷	北京明恒达印务有限公司
装　订	廊坊市广阳区广增装订厂
版　次	2020 年 6 月第 1 版
印　次	2020 年 6 月第 1 次印刷
开　本	710×1000　1/16
印　张	16
插　页	2
字　数	238 千字
定　价	88.00 元

凡购买中国社会科学出版社图书，如有质量问题请与本社营销中心联系调换
电话：010 - 84083683
版权所有　侵权必究

目 录

第一章 研究背景与问题的提出 ………………………………… 1

第一节 产业（结构）研究的经典文献回顾 …………………… 1
第二节 国内产业结构研究的文献回顾与研究进展 …………… 6
第三节 产业经济：两个知识体系、两种发展模式和
中国问题 …………………………………………………… 16
第四节 我国产业结构的研究取向与本书研究的意义 ……… 20
第五节 结构安排与研究内容 …………………………………… 22

第二章 概念界定和研究对象 …………………………………… 24

第一节 产业演化与升级 ………………………………………… 24
第二节 产业结构及其演化与升级 ……………………………… 26
第三节 区域产业结构升级 ……………………………………… 29
第四节 关于产业结构及相关衍生概念的界定 ……………… 33
第五节 区域经济地带的形成与划分 …………………………… 34
第六节 资源环境及其约束的一般分析 ………………………… 37
第七节 区域经济三次产业结构现状描述与比较 …………… 42

第三章 资源约束与区域产业分工
——基于省际资源型产业截面数据 ………………… 49

第一节 理论回顾与文献述评 …………………………………… 49
第二节 评价指标体系建立和评价模型 ………………………… 55
第三节 资源约束、垂直分工与区域专业化关系
指标体系评价 …………………………………………… 63

第四节 资源约束与产业区域分工的回归模型及结果分析 … 86
第六节 本章结论与政策含义 … 90

第四章 资源禀赋、区域产业结构与资源效率
——基于 CCA—DEA 模型的实证分析 … 93
第一节 测算方法的选取说明 … 94
第二节 基于 CCA—DEA 模型的实证分析 … 95
第三节 本章结论与政策含义 … 103

第五章 资源价格市场化与区域产业结构升级
——投入产出价格模型 … 105
第一节 文献述评 … 106
第二节 投入产出价格模型 … 108
第三节 资源价格提高对各部门产出价格影响的
实证分析 … 110
第四节 资源价格提高对各产业部门技术效率
影响的实证分析 … 116
第五节 本章结论与政策含义 … 123

第六章 产业结构与能源消耗变动对碳强度变动的效应 … 126
第一节 基本步骤与计算模型 … 129
第二节 能源二氧化碳排放系数和GDP碳强度实证分析 … 132
第三节 本章结论与政策含义 … 142

第七章 区域能源效率变动的描述性统计与基于 DEA
方法的实证分析 … 143
第一节 中国能源消费与能源效率变动的描述性特征 … 145
第二节 基于省际面板数据 DEA 方法的能源效率测算 … 149
第三节 测算结果讨论 … 156
第四节 本章结论与政策含义 … 158

目 录

第八章 碳排放约束条件下的产业结构升级
　　——投入产出模型与敏感性分析 …………… 160
　　第一节　文献述评与问题的提出 ………………… 160
　　第二节　分析框架和模型 ………………………… 163
　　第三节　基于投入产出表的数据测算与结果分析 ……… 166
　　第四节　本章结论与政策含义 …………………… 184

第九章 资源环境约束与产业结构变动
　　——演化型和干预型模式的国际经验与借鉴 …… 190
　　第一节　演化型产业结构变动模式 ………………… 190
　　第二节　国家干预型产业结构变迁：日本的经验 …… 196
　　第三节　两种产业结构变动模式对中国的启示 …… 203

第十章 研究总结与结束语 ……………………… 212
　　第一节　研究总结 ………………………………… 212
　　第二节　结束语：改革资源价格体制，诱导
　　　　　　产业结构升级 …………………………… 222

参考文献 …………………………………………… 225

后　记 ……………………………………………… 248

第一章 研究背景与问题的提出

产业结构是指各产业间和产业内各企业之间在投入、产出等方面的相互联系及其数量关系。产业结构不仅包括各个产业部门之间的结构关系，也包括产业内的产品结构关系和产业在空间或者区域间的分工与布局。依据工业化国家的经验规律，经济增长不仅表现为总量和人均量的长期增长趋势，还表现为产业在静态上的结构性特征和动态上的演化特征。通常称为产业结构和产业升级（或者产业优化）。基于技术进步的现代经济增长的结构性特征非常明显，这种结构性特征几乎构成了现代经济增长的核心内容。国外学者对产业结构和产业的转移与升级的研究主要有两种思路：一种是通过总结工业化国家的产业演化和成长的经验分析产业的演变规律，并用主流经济学来解释。这一研究思路可以称为自然演化型或市场诱导型的产业成长及产业结构变迁研究。另一种是基于工业化国家经验来分析政府如何通过产业政策和产业规划来促进产业成长，实现产业升级，以快速实现本国工业化，这一研究思路可以称为国家干预型（或政府干预型）产业成长与产业结构变迁研究。

第一节 产业（结构）研究的经典文献回顾

一 经典理论与文献回顾

关于经济发展中产业演变的结构性规律，配第（Petty，1672）提出了产业结构演变的基本方向。他认为，工业比农业附加值高，而商业又比工业附加值高。如果从配第的角度理解，产业结构重心由农业向工业、再向商业的演变，会持续性地增加经济附加值。费希尔（Fisher，1935）系统地提出了三次产业分类的方法及其分类依据。克拉克（Clark，1940）将费希尔的研究又推进了一步。他通过开创性的统计分析和研究，利用费希尔对三次产业分类的方法，研究了经济发展和产业结构变化间的内在关系。他发现，经济发展的过程其实是劳动力由第一产业逐步向第二产业，再向第三产业转移的过程。伴随这一过程，不仅劳动力在第一产业中的比重逐渐下降，在第二和第三产业中相应地上升，而且其产值份额也发生类似的结构性转变。他认为，经济发展中各产业间出现收入的相对差异是导致劳动力在不同产业中转移的主要原因。

库兹涅茨（Kuznets）和钱纳里（Chenery）关于产业演化规律的经验研究具有开创性和重要影响。库兹涅茨（1955，1966）在论述国民收入的度量问题时提出，对一个经济体国民收入的度量应该从产业结构的角度入手，即从产业结构的角度去研究和分析经济增长。他的研究以影响深远的倒"U"形假说和产业在现代经济增长过程中的演变规律而著称。他的研究表明，技术变革及扩散使产业结构不断变动，在这一过程中，第一产业的产值比重和就业比重都显著下降，而第二和第三产业产值比重和就业比重却呈上升趋势。但是，不同的产业变动比重并不完全相同。他还认为，不同发展水平的经济体，其产业结构的差异是十分显著的，如部门间的劳动生产率、部门结构转换的速率等。库兹涅茨的研究为克拉克的研究提供了经验证据，证明了产业结构变动的一般性规律，而且他的研究在部门分类上细化到工业部门一级，至今仍被国内外学者所引用。

在库兹涅茨研究的基础上，钱纳里对产业结构变动的一般趋势进行了更加深入的研究。钱纳里的经验研究得出了一个著名的经验规律：随着经济规模的扩大，即国民收入在长期内持续性地不断增长时，服务行业和农业变化所占比重最小，而制造业增长的比重最大。由此提出了产业成长的规律和产业发展的模式，并认为这种工业化模式能使资源得到最优配置。此后，许多经济学家通过不同国家的经验数据，从不同角度来研究经济增长过程中的工业化模式。也有经济学家的研究并不支持钱纳里假说，如格雷戈里和格里芬（Gregory and Griffin，1974）的经验实证研究的结果与钱纳里的经济增长模式相反，他们通过经验数据说明，在人均收入水平很高时，服务行业的快速增长会降低制造业的规模弹性。

无论是配第—克拉克定理，还是库兹涅茨和钱纳里等对产业结构演变规律的分析，都描述了一个国家走上工业化道路的结构转换过程和机理，解释了产业结构与经济发展的内生性关系。这些研究表明，随着工业化的推进，以工业为主的第二产业成为国民收入的主要来源，成为一个国家经济发展的主导部门。人们往往把近代的经济发展同工业的发展紧密联系起来，甚至把社会经济发展进程等同于工业化过程。学者在研究中发现，在经济发展到一定阶段，工业部门产值在国民收入中相对比重不断上升的同时，劳动力在就业中的相对比重却几乎保持不变或缓慢上升，甚至出现某种程度的下降趋势。为了使工业部门能更好地推动经济发展，对第二产业内部结构的演变规律作更深层的研究是极为必要的，即在工业化过程中工业结构将会发生什么样的变化趋势。霍夫曼（1931）通过对近20个国家工业化早期和中期经验数据的统计考察，分析了工业结构的变动规律，提出了著名的霍夫曼经验规律。霍夫曼发现，在工业化过程中，制造业中消费品工业净产值与资本生产资料净产值的比重呈逐渐下降趋势。工业内部的结构演变在当代西方产业组织理论中能得到较好的解释。

二 产业的空间聚集与区域产业结构研究

产业在空间（区域）上的聚集与演化，即产业在区域层面的结构性问题。以杜能（1826）、韦伯（Weber，1909）、克里斯塔勒（Christaller，1933）、廖什（Losch，1939）和艾萨德（Isard，1956）等研究为代表的（古典）区位理论将经济的空间成本纳入分析，弥补了主流经济学将空间成本抽象掉，从而不能解释经济的空间或区域现象的缺陷。区位理论系统性地研究了企业、产业在空间上的聚集与演化的原因和机理，为企业和产业的空间布局研究提供了理论基础。对产业演化与经济增长的关系尤其是产业的区域分工与增长关系的研究，可以追溯到斯密和李嘉图的古典分工论。杨格（Young，1928）认为，由专业化分工所导致的报酬递增是经济发展的主要动力。马歇尔（Marshall，1890）将分工视为产业区形成的主要原因，从规模经济的角度系统地研究了产业集群现象。他认为，企业为了寻求外部规模经济而在地理上接近，即外部规模经济是产业聚集发生的动因之一。俄林（Ohlin，1933）将要素禀赋视为区域产业分工的原因。在克鲁格曼（Krugman，1991；1996）的中心—外围区域产业结构模型中，规模经济、运输成本和区域在国民收入中的制造业份额是产业聚集和分工的原因。克鲁格曼认为，一个经济规模较大的区域，由于前向联系和后向联系，会出现一种自我持续的制造业集中现象，经济规模越大，集中越明显，运输成本越低，制造业在经济中所占的份额越大，在厂商水平上的规模经济越明显，越有利于集聚。克鲁格曼（1996）还建立了动态多区域连续流模型来解释在空间结构均衡时动态力量趋于形成沿地形大概等距离分布的集聚点。他通过区域跑道模型演绎了区域运行的几何结构，区域跑道模型反映了区域经济体系中各个结构部分呈环状等距离分布，认为运输费用仅仅受环形周长的影响，制造业的同一布局总是处于均衡分布状态。地平面并不是稳定不变的，集中的区域环形分布会产生轻微紊乱的地平面，自发演化出一个或多个制造业群。于是，制造业区域由最初均衡布局发展到两区域集中布局，而这两个最终集中布局的区域特征恰好相反。卢卡斯（Lucas，1993）和韦纳布尔斯（Venables，1996；1998）强调了经济结构的变化对增长的重要性。区域经济一体化有利于厂商充分利用产业联系的关联效应，从而各地区的产业结构存在差异，引起了不同的工业化水平。埃里森和格莱瑟（Ellison and Glaeser，1999）、杜麦斯等（Dumais，Ellison and Glaeser，2002）分析了产业聚集的动态过程和自然资源在区域产业分工中的作用。伊姆布斯和瓦齐亚格（Imbs and Wacziarg，2003）分析了区域产业分工演变的阶段。

  上述研究的一个共同特征是将产业结构变动、产业聚集和空间转移视为自然演化的过程。要素投入的相对价格能反映其稀缺性即要素市场化是产业结构演化的重要前提，政府并没有通过强有力的产业政策或产业规划来影响产业格局或"培植新兴产业"，可以称为自然演化型或市场诱导型产业结构变迁研究。这一分析范式下的产业结构实际上不存在"调整"问题。研究的目的不是制定产业政策和提出产业发展战略,而是解释产业演变的内生性规律。这些规律包括第一、第二、第三产业之间演变的规律、各产业内部的演变规律、产业尤其是第二产业在地域空间上的变动规律、产业的地域分工与聚集等。这些规律均表现为某种经验统计特征。这些研究既有理论分析,也有经验实证,但往往是从经验事实出发做理论假设。

三 国家干预型产业结构研究

基于工业化国家经验,分析政府如何通过产业政策加速实现产业升级,快速实现本国工业化,可以称为国家或政府干预型产业结构变迁研究,日本学者的研究最有代表性。在借鉴李嘉图的比较优势理论的基础上,日本学者筱原三代平(1955)提出了动态比较费用论。他认为,工业化进程是一个动态演化的过程,在这个过程中,生产要素禀赋等经济因素都会发生变化。对于后发国家而言,通过制定合适的产业政策,随着部分产业生产要素禀赋的变化,原来具有比较劣势的产业可能成为新的比较优势产业,从而获得国际竞争力。该理论不仅论证了后发国家如何运用产业政策发展本国的劣势产业,而且说明了在开放经济条件下,一国可以利用国际市场来发展本国的幼稚产业,以实现产业结构的高度化。尽管动态比较费用论为后发国家如何实现产业结构升级指明了方向,但并没有给出如何利用国际市场来实现产业结构升级的途径。

赤松(Akamatsu,1962)等学者的研究在一定程度上发展了上述理论。赤松提出,后发国家的产业发展在赶超先进国家时,产业结构的变化呈现出"雁阵"形态,即后发国家的产业发展是按"进口—国内生产—出口"模式相继交替发展的。产业结构的这种变化过程在图形上表示出来很像三只大雁在飞翔,称为"雁行形态说"。

此外,由小岛清(Kojima,2000)和大来(Okita,1985)开创的边际产业转移理论认为,对外直接投资应该从本国已经处于或即将处于比较劣势的产业,也可称为边际产业依次进行。日本学者关于产业动态变化和在区域间转移的"雁阵"模型可以很好地用来解释东亚经济体的产业结构变化和经济增长。对后发国家工业化中的产业政策制定有重要意义。

对市场诱导的自然演化型产业结构变迁的研究有助于我们正确理解产业变动的内生性规律和经济市场化与产业变动的关系，对于研究后发国家尤其是正处于高速增长的中国经济中资源供给与产业结构的内在联系、生态环境与产业结构变动的关系具有重要的理论意义和借鉴意义。而对政府通过产业发展规划或计划的干预型产业结构变动的研究可以为我们制定区域和工业化发展战略提供经验和借鉴。

第二节 国内产业结构研究的文献回顾与研究进展

一 产业结构与经济绩效

国内学者从 20 世纪 80 年代开始有较多关于产业结构、产业分工、产业转移和升级的研究。在西方产业组织理论引进之前，对产业结构的研究主要以马克思提出的实现扩大再生产的条件为指导思想，研究如何通过国家的计划安排，使国民经济各部门有计划、按比重协调发展，如马洪和孙尚清，是这一时期关于产业结构研究的代表性学者。在西方主流经济学引入后，许多学者开始应用西方经济学的理论和方法分析中国的产业结构变动、升级和产业成长问题。较早的文献过多地关注经济增长与产业结构关系，即如何通过产业结构的调整和优化来促进经济的持续增长，如周叔莲（1987）、吴仁洪（1987）、李京文（1989）、熊映梧和吴国华（1990）。该研究方向方面的工作一直持续到现在。越来越多的研究引入了数学模型，有许多研究运用统计和计量方法对经济或产业结构与经济增长的关系进行了实证分析。

改革开放以来，伴随经济高速增长，我国产业转型呈现出加速趋势，并且产业转型的速度与产业政策密切相关，有明显的周期性。同时，经济增长速度指标和质量指标与产业转型指标均呈强相关关系，说明产业转型对经济增长速度和经济增长质量有明显的促进作用,产业转型的速度加快,则经济增长率和经济增长质量均呈上升趋势;产业转型的速度减缓,则经济增长率和经济增长质量均呈下降趋势。刘伟(1995)通过发达国家经济的初期发展与发展中国家的经济发展相比较,认为工业化未完成的发展中国家,经济增长的主要动力在于工业制造业,工业制造业的结构性扩张(在国内生产总值中的比重上升)无论对于促进国内生产总值的增长,还是科技进步,或对资本效率及劳动生产率的提升,都有重要意义。由此说明,这一时期的第二产业发展对促进经济增长的作用低于工业制造业,第二产业结构扩张更主要的作用在于完善市场化。

刘伟和李绍荣(2002)的实证研究发现,中国经济的增长主要是由第二产业拉动的,然而,第二产业的结构扩张会降低第一产业和第三产业对经济规模的正效应。因此,中国经济要维持长期稳定的增长就必须改造传统的农业结构和生产方式,并改革传统工业的生产组织形式和生产结构,利用资金和新的技术提升工业的生产方式,以此来提高第一产业和第三产业对经济增长的贡献效率。单纯依靠第二产业的结构扩张,最终会使经济陷入衰退。

郭克莎(1996)也做了类似的研究。尽管刘伟等研究了产业结构变动对经济增长的影响,但他并没有深入分析其作用机理。周振华(1995)则更进一步对产业结构作用的机理进行了较深入的研究,认为产业结构调整的目的是由结构的变化推动经济增长的。

关于产业结构变动对经济增长影响的定量研究。刘伟和张辉(2008)度量了产业结构变迁对中国经济增长的贡献,并将其与技术进步的贡献相比较。研究表明,在改革开放以来的30多年中,虽然产业结构变迁对中国经济增长的贡献一度十分显著,但是,随着市场化程度的提高,产业结构变迁对经济增长的贡献呈现不断降低的趋势,逐渐让位于技术进步,即产业结构变迁所体现的市场化的力量将逐步让位于技术进步的力量。此外,研究也发现,结构变迁效应的减弱并不表明市场化改革的收益将会消失,某些发展和体制的因素仍然阻碍资源配置效率进一步提高。从这个层面来看,我国完善市场机制的工作仍然任重而道远。

黄茂兴和李军军（2009）在研究技术选择与产业结构升级作用的基础上，通过构建技术选择、产业结构升级与经济增长的关系模型，并以1991—2007年中国31个省份的面板数据为例，分析了技术选择、产业结构升级与促进经济增长之间的内在关系，认为通过技术选择和合理的资本深化，能够促进产业结构升级，提升劳动生产率，实现经济快速增长。省域经济增长是与其产业结构优化升级密切相关的，而技术选择效果又直接影响到产业结构升级。

张军、陈诗一和杰夫森（Jefferson，2009）估算了工业分行业随机前沿生产函数，他们发现，1992年后的全要素生产率（TFP）增长超过了要素投入增长，但是，TFP对工业增长的贡献在2001年后出现了下降。进一步对TFP增长分解后发现，由工业结构改革引致的行业间要素重置显然对改革开放期间中国工业生产率的提高乃至工业增长起到了实际推动作用，中国要素市场的改革和工业行业的结构调整主导了要素配置效率变化的总体走势，并造成了不同行业要素配置效率的显著差异。

李小平和卢现祥（2007）的分析表明，结构变动是影响生产率增长的一个重要原因，制造业的结构变动并没有导致显著的"结构红利假说"现象。主要是因为在制造业行业之间的资源配置中，劳动和资本要素并没有向高生产率增长率的行业流动。

张晓明（2009）分析了中国经济增长中的产业结构升级问题。郑若谷、干春晖和余典范（2010）将产业结构和制度引入随机前沿生产函数的分析框架中，探讨了产业结构和制度对经济增长的影响。研究表明，产业结构和制度不仅对经济规模产生直接影响，而且还通过对生产要素的资源配置功能发生作用，影响其产出效率，从而对经济增长产生间接影响。改革开放以来，产业结构和制度对经济增长的作用具有明显的阶段演进特征。

二 产业的空间或区域聚集与经济绩效

关于区域产业结构与区域聚集发展问题。杨开忠（1989）分析了区域产业结构转型，认为区际产业分工的类型正由自然资源—技术型

第一章 研究背景与问题的提出

向自然资源—资本—技术—人力资本型转换，致使市场化转型中的资源富集地区在区际产业分工中处于不利地位。南开大学经济研究所和宾夕法尼亚大学区域科学系（1994）、王海鸿（1997）分析了区域分工转型的格局与经济效率的关系。孟昌（2005）讨论了区际分工转型中的西部地区产业结构转变。认为随着动态要素在区域区际分工中的重要性的加强，垂直型产业分工将资源富集地区的产业越来越固化在资源型产业上，从而抑制了经济发展。

陈淮和江林（1996）、卢中原（1996）、吕铁和周叔莲（1999）、江世银（2004）讨论了区域产业结构升级。这些文献有一个共识，即区域产业结构升级是区域经济发展和提高地区经济增长质量的关键。

汪斌（2001）以国际区域产业结构为研究对象，系统地分析了国际区域产业结构的一般规律及中国问题，探讨国际区域产业结构的成长及其内在运行机理，通过考察国际区域间各产业结构体的相互关联、互相波及的互动传导的机制，比较不同国际区域产业结构体系的演化模式及其特征，以及当代国际分工的变化，阐述未来中国产业结构作战略性调整的主要思路及若干政策选择。

大量文献利用区域经济学和新经济地理学的有关模型研究了中国区域发展中的产业聚集和产业的区域转移，分析了产业在空间聚集的原因和机理，这类研究实际上也是有关产业在区域间分工格局的研究，对中国经济发展中的区域产业格局的形成做了内生化的解释。

范剑勇（2004）的研究表明，改革开放以来，中国地区间的专业化水平和市场一体化水平已有所提高，产业布局已发生根本改变，绝大部分行业已经或正在转移进入东部沿海地区，中国现阶段仍处于"产业高集聚、地区低专业化"的状况，国内市场一体化水平总体上仍较低，且滞后于对外的一体化水平，这一现状使制造业集中于东部沿海地区，无法向中部地区转移，进而推动了地区差距扩大。

蔡宁和吴结兵（2007）研究了产业集群与区域经济发展的内在关联机理以及互动发展的动态过程，并针对区域经济复杂的、非线性的、开放的、非平衡系统的特征，提出产业集群与区域经济协调发展的治理政策。

何雄浪和李国平探讨了在各种条件下相应的经济学含义,认为在推动我国区域经济一体化的进程中,对落后地区的技术支持必不可少,重视区域间产业发展的互动,否则,我国区域经济一体化进程难以有效推进。

王业强和魏后凯(2007)建立了一个基于产业特征分析的空间竞争理论框架。实证结果表明,传统的劳动力等比较优势逐渐成为抑制中国制造业地理集中的主要因素,而制造业地理集中主要由产业的技术偏好、市场规模和产业关联等因素推动。制造业地理集中主要表现出较为明显的区域技术外溢效应,临近区域之间的后向关联效应较强。产业的规模经济特征的作用效果不明显。规模经济特征既限制了产业空间集中,又抑制了产业的扩散。

路江涌和陶志刚(2007)的研究表明,地方保护主义在很大程度上限制了中国制造业的区域集聚。同时,溢出效应、运输成本和自然资源禀赋也是影响行业集聚的重要因素。

蔡昉、王德文和曲玥(2009)运用日本学者的"雁阵"模型分析了区域制造业增长与生产率提高的格局变化。实证了21世纪以来中国地区制造业增长和生产率提高的格局变化,即东北和中部地区比沿海地区有更快的全要素生产率提高速度和贡献率。通过实现产业在东中西部三类地区的重新布局,即沿海地区的产业升级、转移与中西部地区的产业承接,可以在中西部地区利用劳动力比较优势,保持劳动密集型产业在中国的延续。

文玫(2004)、陆铭和陈钊(2006)、何雄浪和李国平(2007)的研究,也是这一领域的代表性文献。

三 区域间产业转移与产业结构升级

20世纪90年代中期以后,我国产业结构研究的重点不再限于产业结构调整的一般规律,重点集中在产业结构调整的动力、产业转移对产业结构升级的影响上。随着工业化进程的推进,更多的学者将研究视角转向资源和环境约束条件下的产业结构调整和工业结构调整。

产业在区域间的转移是我国区域产业结构调整和升级的重要方面。我国学者自20世纪80年代提出产业梯度转移的设想以来,有大量文献研究了这一问题。近年来，关于产业转移的研究呈现出一些新趋势，如产业转移的新经济地理视角和产业转移的价值链视角。其中，新经济地理学主要是从产业区位、产业集聚和产业扩散角度研究产业转移问题（邹积亮，2007）。总的来看，国内学者对产业转移的研究主要集中在产业区域转移的动力机制、模式和效应上。在产业转移的动力机制方面，学者更多地将成本因素与产业转移联结在一起，而国外学者对产业转移的主体进行了研究，即什么产业进行区域转移。如刘易斯把劳动密集型产业作为产业转移的主体，日本经济学家小岛清则强调产业转移的主体是比较优势产业，国内学者在这方面的研究有所欠缺，马子红和盖骁敏等更多地把企业作为产业转移的主体。

产业转移一般有梯度转移模式、逆梯度转移模式和雁行发展模式三种。安增军（2009）指出，我国现阶段确实客观存在经济与技术发展的区域梯度差异，有东部、中部和西部三大不同的经济梯度区，区域产业会从高梯度区东部逐步依次向中西部地区转移，不仅会推动东部地区产业结构的调整与升级，也会促进中西部地区产业结构的演进和优化，而区域产业结构的调整和优化升级又会反过来推动它们之间的产业转移，从而形成一个良好的互动过程，最终实现整个区域经济的协调发展。

娄晓黎（2004）以劳动地域分工理论为基础，将区域经济发展规律与区域间相互作用规律融为一体，构建了地域梯级分工模型，并强调现实中的逆梯度产业转移现象主要表现为两种情况：一种是依托特色产业和专有技术向高梯度区域进行产业转移；另一种是低梯度区域出于战略考虑，加大对外投资，以获取稀缺资源和先进技术。雁阵发展模式最早于20世纪30年代由日本学者赤松要提出，描述的是赶超经济体的产业发展。雁阵发展模式的本质特征在于：先发国家（地区）向后发国家（地区）梯次转移产业并相继实现产业结构的转换，并在此基础上形成了垂直型分工，促进各国、各地区产业结构的依次调整并向更高层次的转移。雁阵发展模式中的产业转移具有自己的特点，如层次比较分明及承接产业转移的区域具有同质性。泰国、马来西亚等东盟国家经济发展水平相当，采用相似的发展战略，几乎在同一时期承接了日本的产业转移。由于考虑到国际上雁阵发展模式的特点，有学者指出，中国由于受经济发展、产业发展阶段、产业转移方向等因素的制约，不可能出现国际上雁阵发展模式的产业转移。我国地域广阔，可供东部选择的转移地区很多，如果企业更看重集群优势，它可能会将产业转移到东部具有优势的地区，接受产业转移的只是少数具有优势的地区，同时省内间的产业转移问题也比较突出，这也是我国特有的雁阵发展模式。

董洁和王纹（2009）基于雁阵发展模式，分析了苏南、苏中、苏北区域经济发展的状况，发展水平自南向北逐步走低，其产业发展的雁阵形态应为苏南地区为"雁首"，苏中地区为"雁翼"，苏北地区作为"雁尾"。金戈（2010）考察了长三角制造业发展的雁阵特征，其制造业升级过程是一个以上海为"雁头"以江浙为两翼的雁阵发展模式。

无论是梯度发展模式还是雁阵发展模式，均建立在比较优势理论基础之上，这两种模式有利于区域经济资源的合理利用。很显然，这两种转移模式的发展通常是渐进式的转移，产业移出区在选择产业移入区时会综合考虑移入区的比较优势及发展状况，以促进移入区和移出区产业的良好发展。

区域产业转移对产业移出区和移入区的经济发展都有重要的作用。对产业移出区而言，它是区域产业结构调整升级的重要途径，有利于提高企业的整体竞争力；对产业移入区而言，产业转移为其提供良好的发展契机。理论上讲，产业转移效应既包括对移入区的效应，也包括对移出区的效应，既包括产业转移的正效应，也应包括产业转移的负效应。从目前的文献来看，研究集中在产业转移对移入区的效应方面，且许多学者从实证的角度及区域产业转移的黏性方面来分析产业的效应。陈刚和陈红儿（2001）将正效应和负效应分解为其他效应，从要素注入效应、技术溢出效应、关联带动效应、优势升级效应、结构优化效应、竞争引致效应、观念更新效应等方面着重探讨了产业转移对移入区域发展的作用，并指出，产业转移有助于促进区域经济朝着一体化方向协调发展。

魏后凯（2003）以竞争力为切入点，从企业和区域两个层面考察了产业区域转移的效应问题。认为虽然企业迁移或者产业转移最终将有利于提高企业的整体竞争力，但对转出区和转入区竞争力的影响却不同。这种转移将会导致转出区产业竞争力下降，就业机会减少，而转入区该产业竞争力提升，就业机会增加。但从长远发展来看，措施得当的产业转移同样有利于提高转出区的整体竞争力，并不必然会出现产业空洞化。

白小明（2007）和郭丽（2009）从区域梯度转移的黏性来研究产业转移的效应。产业区域转移黏性是指在产业区域转移过程中，由于受到各种因素的影响，使产业在区域间的转移不能按照区域经济梯度循序进行，从而出现黏性，而产业集聚是造成产业转移黏性的一个重要因素。首先，产业集聚是促进产业梯度转移的重要推动因素，因为在一定条件下产业集聚也会发生变迁。当集聚不经济大于集聚经济效应时，产业会从集聚走向分散，促进产业梯度转移。其次，由于产业集聚的存在，导致区域产业梯度转移的黏性，在一定程度上阻碍了产业转移的顺利进行。

关于产业转移的研究，国内外学者从理论、实践和政策等方面研究了产业转移的动力机制、模式及效应，为优化区域产业的发展、提升区域产业的竞争力提供了重要的理论依据，为国家区域经济发展战略的制定提供了决策依据。

四 产业政策

随着产业结构研究的深入以及经济的发展，学者开始关注如何通过产业政策来促进产业结构的优化升级，推动产业成长和经济发展。周振华（1996）认为，产业结构研究的目的恰恰是制定合理的产业政策，以促进产业结构的调整，进而促进工业化的发展。

江小涓（1991）对我国改革开放以来产业结构调整政策的效果进行了分析，并分析了导致产业结构调整政策失效的主要原因。

周叔莲等（2008）从产业的政策功能角度分析现阶段我国高增长行业的产业政策，认为产业政策的重点不是加强既有的企业和产品，而是通过促进企业的创业性活动实现企业和产业竞争力的培育和提升。

而江海潮（2007）则从产业政策提供的激励研究了产业政策的有效性，认为在不同的市场条件下，即使相同的产业政策也难以有相同效果，因此，国家应该根据各地区的具体社会、经济等条件，制定适宜的产业政策，以促进产业政策发挥有效性。

何德旭和姚战琪（2008）通过分析产业结构调整过程中的就业结构转换效应、第三产业发展的结构升级效应、技术进步效应和资源再配置效应，提出未来中国产业结构升级的目标和方向。根据目前中国经济的实际发展阶段、资源和环境约束条件和社会发展程度，结合21世纪前期中国经济社会发展的战略目标，认为中国产业结构调整的方向和现实发展道路及发展目标是以高新技术产业为驱动力，通过现代服务业和现代制造业的发展带动产业结构的整体升级。

陆铭和陈钊（2006）认为，地方政府的政策往往带有逆市场的性质，但是，从长远来看，市场力量的成长将产生一种打破区域间市场分割的力量，这种力量从趋势来看将成为中国区域经济发展的主导力量。在协调区域经济发展方面，中央政府的政策仍然非常重要。一方面，市场的力量有扩大区域间经济发展差距的作用，而区域经济发展和收入的差距可能会对经济发展产生负面影响，因此，如何实施适度的平衡区域经济发展政策是中央政府面临的重大挑战。另一方面，由于地方政府分割市场的主观动机往往是抵消市场力量，扩大地区间收入差距的作用，因此，通过实施平衡地区间经济发展的政策就可能既缩小区域间的差距，又促进区域间分工，提高区域之间的资源配置效率，有利于实现经济的长期持续增长。

五 资源供给与（区域）产业结构关系

关于自然资源供给短缺情况下的我国产业结构升级，虽然有文献涉及，但系统性研究的文献极少。张岩贵（2005）讨论了因中国资源供给"瓶颈"制约而将出现的经济增长极限，认为中国增长极限的根源在于只重视GDP增长的战略模式。

江小涓（2005）基于我国工业自主创新能力不足和资源能源消耗

第一章 研究背景与问题的提出

高的现实，提出了利用全球技术资源的产业升级模式。她认为，产业结构优化升级是经济持续增长的推动力。我国产业结构中存在的突出问题是自主创新能力不足，资源能源消耗仍然偏高，服务业发展明显落后。产业结构优化升级面临重要资源国内供给压力加大、结构优化升级的成本上升的新挑战。当前加快推进产业结构优化升级的主要任务是提高自主创新能力，特别是增强重要战略领域的自主创新能力，增强综合利用全球技术资源的能力，加强重要基础产业和基础设施建设，加快第三产业发展，继续发展劳动密集型产业。

刘伟和蔡志洲（2008）研究了如何通过技术进步和经济结构变动来改善国民经济中间消耗。他们利用历年的投入产出数据对中国1992年以来中间消耗水平的变化趋势进行了分析。通过三大产业部门直接消耗系数矩阵和中间需求消耗矩阵时间序列，研究了技术进步、产业结构变动及价格变化对整个国民经济中间消耗水平的影响。研究表明，技术进步对降低国民经济中间消耗的水平和改善经济增长效率做出了贡献，但是，由于价格关系的改变和中间消耗水平较高的部门比重增加，用现行价格反映的整个国民经济的中间消耗率反而是上升的。要改变这一趋势，保持我国经济社会的可持续发展，提高各部门的投入产出效率，要和产业结构的调整和升级结合起来。

金碚（2005）分析了资源与环境约束下的中国工业发展，比较深刻地认识到了工业化是一个效率至上的市场竞争过程，而且是国际化、全球化的竞争。一个国家的工业体系或者一个工业部门必须实现从以耗费资源技术为主向以节约资源技术为主的"竞争力突变"。金碚（2008）还分析了通过工业化的资源路线来获取产业竞争力的模式。他认为，工业化过程本质上是通过市场过程实现的，市场经济的巨大活力来源于有效的竞争，所以，工业化技术路线和资源路线的选择和转变，其决定性条件是工业竞争力源泉的现实状况和演化趋势。

但是，这个方面的系统性研究文献很少。陆净岚（2003）分析了资源约束条件下的产业政策调整。张少兵（2008）分析了资源供给制约下的区域产业结构升级问题。涂正革（2008）分析了环境、资源与工业增长的协调性。蔡宁和吴结兵（2007）通过产业集群资源和结构的定量研究，提出了产业集群竞争力及其风险的系统分析模式。姚聪莉（2009）分析了我国资源环境状态对工业化的约束，对资源环境约束下中国工业化的任务、方式、路径、结构和途径的转型，提出资源环境约束下中国新型工业化道路实现的路径，主要包括调整工业结构、建立工业循环经济模式、加快工业技术进步、强化工业环境管理和建立生态工业体系。段文博（2009）考察了资源约束下的日本产业结构演进。周建安（2007）研究了我国产业结构演进与生态和谐的关系。

第三节 产业经济：两个知识体系、两种发展模式和中国问题

一 产业经济问题的两个知识体系

随着经济学的发展，新古典经济学技术凸性和市场结构匀质性假设下的竞争性均衡理论逐渐发展为关于市场非匀质性的结构理论。市场的非匀质特征包括企业数量与规模差异、产品差别、进入与退出壁垒高低、成本差别以及企业的纵向或横向一体化程度等。市场结构理论最终独立为产业组织（Industrial Organization，IO）经济学，研究特定产业或行业、企业间围绕市场势力的竞争或合作关系。这是西方主流的关于"产业经济问题"的经济学。集中于"市场结构"或者"产业组织"问题上。而中国学者研究的"产业经济问题"主要集中在产业结构上，研究产业结构的主要动机是为政府的产业（发展）政策提供理论支持和经验指导。从某种意义上说，是研究政府对"中观"经济的干预，这与计划经济国家或者计划色彩比较浓厚的国家的经济体制是一致的。这里说的产业更接近通常意义上中文语境下的"行业"。而西方产业组织理论则着眼于"企业"而非"行业"。西方国家的市场经济主要是演化的结果，他们更强调价格机制的自发作用，对政府干预微观经济的行为，即便是认可的，也仅仅从解决市场失灵的角度来解释。

很显然，研究产业问题的经济学有两个知识体系：一是关于产业成长和结构演变的产业成长与产业结构理论；二是关于企业或市场微观结构的产业组织理论。前者是关于经济结构演化的经验规律的总结，是经济增长和经济发展研究的一部分，而非"理论"体系，即产业结构演变的"库兹涅茨特征性事实"、钱纳里假说以及霍夫曼经验规律等，这是经济成长过程中产业之间发生结构变迁的核心内容。而后者是新古典微观经济学假设条件放松后的发展，本质上是微观经济学的衍生。产业经济问题的两个知识体系在学理上是什么关系，并不是非常清楚，但是，在中国问题的研究中，产业经济学涵盖了以上两方面的内容而非常有"中国特色"。而我们是在资源环境约束的条件下研究产业在区域层面的结构性变化问题。

二 演化型和建构型两种不同工业化模式下的产业经济问题

目前，对产业结构与产业组织问题的研究，要么主要研究产业组织及相应的政策问题，要么主要研究产业结构及其政策问题，很少系统性地研究产业结构与产业组织间的关系。主流的产业组织理论，即欧美等传统市场经济国家发展起来的产业组织理论，一般不单独研究产业组织与产业结构的关系。但并不意味着这些国家不存在诸如产业结构升级、传统产业改造和产业协调发展等产业的结构性问题，只是在这些经济中，工业化中的产业结构变动遵循了自然演化路径，市场被认为（而且确实）是解决这些问题的最优机制，这恰恰反映了"工业化"一词包含的"自发"之本意。可以说，工业化是市场化的衍生。政府的主要作用是通过产业组织政策维护公平竞争的市场秩序，为产业结构演化创造良好的制度环境。在这些经济中，产业的静态和动态结构性关系是在市场竞争与演化中形成的，要素和资源的相对稀缺性导致的相对价格的变动，是企业和产业表现出的结构性演化特征的根本原因。在这些经济中，如果政府不得不对产业、行业或者企业干预的话，也往往是被动救济型，而非主动干预型，更不是直接针对产业或者企业的"厚此薄彼"式的产业选择，这也反映了消极自由主义（保守主义）经济观通过分散决策的市场机制来实践经济自由的理念①。这一经济理念下的产业成长与产业结构变化在某种意义上暗含着"存在即合理"的判断。

但是，日本和韩国等新兴工业化国家在经济发展中，政府在产业结构优化升级方面发挥了积极作用，使它们在较短时间内走完了传统市场经济国家在上百年甚至几百年时间内走过的道路。作为后发国家，日本要想在短期内赶上欧美工业化发达国家，不可能遵循西方主流经济学基于市场自发作用和产业自然演化的"无干预主义的"产业成长道路。也就是说，必须走建构主义的工业化或产业化道路，即政府对产业实施选择、规划设计和政策支持（尽管受到了以克鲁格曼为代表的学者的否定）。这种"积极促进"产业发展的思路适用于包括中国和韩国在内的所有试图在较短时期内完成工业化的经济体。主张政府对产业进行选择、保护和扶持。在这一点上，与以赫尔希曼和罗斯托等学者为代表的不平衡增长论主张是一致的。影响深远的日本经济企划厅的重化工业化的倾斜产业政策正是这一产业发展思路的反映。应该说，与公有制计划经济国家的产业政策相比，日本、韩国等国家基于市场机制的产业政策与规划是比较成功的。

三 产业结构演化的"特征性事实"与中国的"本土化研究"

市场经济中产业的结构性特征是经济专业化和社会分工演变的结果。计划经济导向的国家的产业结构主要是建构的结果，主要依据是发达的工业化市场经济国家的产业、行业、企业在价格机制作用下所

---

① 尽管在经济发展初期，面对来自"发达国家"英国的竞争，美国奉行的"国家保护主义"支持了产业的发展（参见高程《非中性制度与美国经济的"起飞"》，《美国研究》2007年第4期），但对于美国国内企业之间乃至产业之间的结构变迁，主要靠市场的作用。在现代经济增长阶段，美国并没有日本、韩国等国家后来所实施的那类产业扶持和产业选择政策。从产业组织经济学的角度来看，其产业基本是在市场中"演化"出来的，而不是政府"设计"或者"选择"或者"规划"出来的。值得一提的是，美国在第二次世界大战即将结束的1945年制定并由国会通过了《产业振兴法案》，旨在扶持和促进某些产业发展。但是，该法案若实施，必然是选择性的，而且政府必须掌握和控制更多经济资源。这有悖于市场经济的基本理念和美国的宪法原则，最后被最高法院否决而未获实施。当然，西方市场经济国家的政府有时也会基于某些社会目标而制定非强制性的产业政策，如为了减少碳排放和保护环境，对新能源产业实施补贴政策。这种情况在欧洲比在美国更常见。一般认为，美国没有中国语境下的产业政策。我们在后文中还会进一步论述。

第一章 研究背景与问题的提出

表现出来的内生性规律。就像市场的组织结构决定了企业的行为和绩效一样，产业结构在一定意义上也决定了经济增长方式。从配第、霍夫曼到克拉克，都洞察到了经济增长与经济结构演变的内在关系。而库兹涅茨假说和钱纳里关于产业变化经验规律的论说，由于描述了工业化的"特征性事实"，影响极为深远。很多关于发达经济体的经验研究都支持了上述工业化的"特征性事实"，其中关于工业化的"库兹涅茨特征性事实"影响尤为深远。中国学者对产业成长中的结构性问题的研究集中在以下两个主题上。

一个是产业升级与结构优化。作为后发国家，如何在较短时间内实现工业化，是中国学者最关心的问题。所以，大量关于中国产业成长问题的文献是讨论产业升级与产业结构优化的。这方面的文献汗牛充栋，在20世纪80年代，其理论基础是马克思和列宁的有关学说。研究本身缺少实证性，没有统计与计量证据的支持，这也是那个时代的特点。

随着改革开放带来的学术交流的深入，后来的研究基础逐渐转移到霍夫曼、库兹涅茨和钱纳里等学者关于工业化表现出的"特征性事实"的学说上，江小涓是这方面的代表性学者。基于这些经验规律的研究尤其是实证研究对搞清工业化过程和工业化政策的制定，对加速中国工业化起到了巨大作用。

另一个是产业成长（或产业结构）与经济增长的关系。刘伟和李绍荣（2002），干春晖、郑若谷和余典范（2011）是关于产业结构与经济增长的代表性学者。他们将产业经济的研究引向了宏观经济的长期增长趋势或经济波动。它们更关注如何通过产业结构调整来实现中国经济的长期可持续性增长。目前，国内众多一流学者集中在这一领域，不断有高水平成果发表。

上述两类问题的研究文献可以归并为产业结构理论，是典型的中国本土化问题的研究。这类研究均有"建构主义"或"国家干预主义"的产业成长观和政策导向性。

第四节　我国产业结构的研究取向与本书研究的意义

我国产业发展的紧迫问题是：第一，资源日益短缺但其价格却不反映稀缺性和外部性成本。长期的计划经济和政府控制资源的制度安排导致资源市场化程度远远落后于产品市场化，各区域之间由不反映资源稀缺性和外部性成本的资源价格（长期是低价格）支撑的垂直型地域产业分工格局，既弱化了发达地区产业升级和自主创新的动力，也将资源富集地区的经济固化在资源型产业上并抑制了这些地区的发展。第二，价格既不反映稀缺性也不反映环境成本的现实，激励了各区域产业对资源的高消耗和环境损耗。经济发展的外部性问题非常严重。中国政府在哥本哈根联合国气候变化大会上承诺，到2020年，单位GDP二氧化碳排放要比2005年下降40%—45%。在"十二五"规划中又一次明确提出了节能减排的目标，单位国内生产总值能耗降低16%。而近些年来，重化工业等高耗能工业部门的迅速增长和居民消费结构的变动导致能源消耗总量不断攀升。中国经济的高速增长和现有工业化模式会继续拉动对能源的大量消耗。作为最大的自然资源消耗大国和世界第二大能源消费国，产业结构层次低和技术水平低，使我国的资源利用效率和能源效率很低。2010年，我国每百万美元GDP消耗标准油高达836吨，约为世界平均水平的1/3，而欧盟约180吨，美国约250吨，日本只有90吨，中国的能耗比率是日本的9.3倍、欧盟的4.6倍、美国的3.4倍。也就是说，我国经济发展不仅面临资源约束，而且面临环境的压力与约束。

显然，自然资源供给与环境可持续性发展的双重约束已经不能支持现有的工业化模式。随着经济的市场化和国际化，资源供给必然通过要素和产出价格的变化对工业化和产业演变形成越来越"硬"的约束，环境发展目标也将对工业发展形成硬约束。我国各地区的产业尤其是资源密集的工业将会随着资源供给短缺的加剧和环境问题的凸显而发生什么变化，对新时期国家的区域产业政策如何适应这种变化而做出战略性调整，应该进行系统而深入的研究。

以下五个方面的内容应该成为我国未来产业结构研究的重点：

（1）重新评价区域产业转移与结构升级的一般理论，关注理论与实证研究的前沿进展。

（2）重新评价区域产业结构变化的经验规律。包括来自西方发达工业化国家的区域产业自然演化规律和来自新兴工业化经济体的"政府干预主义"的经验。

（3）自然资源禀赋及其市场化（价格机制）与区域产业分工、产业结构形成和演变的关系与机理。包括自然资源禀赋与区域产业分工的关系；产业（主要是第二产业内部各子产业的结构性变动、产业的空间结构）演化与自然资源禀赋的关系；中国经济市场化过程中自然资源产权制度改革与地域产业分工和产业演化的关系。这部分实际上要探讨通过自然产权制度改革来诱导产业结构高级化的机理。基于这一视角的研究能将区域产业转移与结构升级放在自然资源产权制度改革和自然资源价格反映其稀缺性的条件下分析，从而将区域产业转移和升级与环境保护以及可持续发展结合起来。

（4）自然资源供给硬约束条件下的区域产业结构变动趋势。将未来自然资源供给制约作为产业结构变动的强约束条件，分析产业的变动趋势。这一分析将经济全球化即开放经济条件作为既定因素，因此，中国各区域产业与国际资源市场的变化和其他工业化经济体产业变动的关系也是研究的重要方面。

（5）自然资源供给短缺制约下的国家区域发展模式转变和产业政策调整。提出具有战略性和可操作性的有关区域发展和产业结构调整的政策。

基于上述认识，本书研究自然资源供给和环境约束条件下我国区域产业结构变动与升级，为从总体上优化区域产业分工格局、提升各区域产业自主创新能力和竞争力、减少资源消耗和实现可持续发展提供新解释，为新时期国家区域发展战略和产业政策的制定与调整提供决策依据。

第五节 结构安排与研究内容

本书共由十章组成。具体结构安排与研究内容如下：

在第一章对经典文献与相关研究进展综述的基础上，第二章对本书涉及的相关概念体系做了梳理和界定，对研究对象做了必要说明。综述了已有研究文献对产业的演化与升级和产业结构及其演化与升级的区别，讨论了区域产业结构升级、区域经济地带的形成与划分，并对资源环境及其约束的概念做了一般性描述性分析。

第三章基于省际截面数据，实证分析了资源约束条件下区域产业分工。首先对资源约束和区域产业分工的相关理论进行了述评；其次构建了资源约束指标体系和区域产业垂直分工指标体系；再次运用指标体系实证分析了各省份之间的资源禀赋与产业分工的关系；最后是研究的总结和政策含义。

第四章基于CCA—DEA模型，分析了资源禀赋、区域产业结构与资源效率的关系。首先利用投入产出的价格模型分析了资源价格提高对各省行业价格的影响；其次在DEA模型的基础上测算了采掘业和重工业中的十个部门的技术效率，并对资源价格与部门技术效率之间的关系进行了实证分析。

第五章研究了资源价格市场化与区域产业结构升级之间的关系。通过投入产出价格模型，实证研究了各省份在资源价格提高后的各部门价格的变化，以及资源价格提高对各部门技术效率的影响。

第六章实证分析产业结构与能源消耗变动对碳强度变动效应。已有研究在考察二氧化碳排放问题时，多数基于分割的产业关系，而对于产业链之间的相互影响未有深入探讨。本章运用投入产出模型，将产业结构和能耗因素纳入一个研究框架中，分解出它们对单位GDP二氧化碳排放量的效应，以期寻找各种减排突破口的潜力及其各自的不足，为推进节能减排政策的制定和实施提供了经验实证依据与可靠的数据支撑。

第七章基于1995—2010年省际截面数据，运用数据包络分析模型（DEA模型）研究了区域能源效率变动。本章基于我国省际面板数据，首先采用可变规模报酬（VRS）假设下的投入法DEA模型，计算了1995—2010年的省际和大区域的能源效率及其变化。本书采用官方公布的数据，尽量把样本数据的时间跨度拉长。在描述性统计分析中，时间跨度为1980—2010年的30年。以搞清楚我国工业化加速期的区域能源效率的变动轨迹，观察能源效率的纵向变动特征和横向的区域间差别。为了与已有研究的结果进行对比，我们还运用不变规模报酬（CRS）假设下的DEA模型进行了测算。

第八章研究了碳排放约束下的产业结构升级。运用投入产出模型，不仅发现了与产品相关的直接二氧化碳排放量，而且发掘出与产品相关的间接二氧化碳排放量，即一个行业的经济活动通过产业关联所引致的间接需求所导致的二氧化碳排放。分析经济中影响二氧化碳排放的关键部门及其产业链，有助于决策者找出那些在产业结构调整方面遏制二氧化碳排放的最有效的政策措施。本章是在已有研究基础上的一个补充，创新点在于：已有研究均假设固定结构系数和固定经济结构，不允许经济结构和技术结构改变，而我们不仅分析了规模要素改变对排放的影响，还分析了结构变化的影响。

第九章考察资源环境约束下产业结构变动的经验。我们分别考察了以美国为代表的工业化国家在市场机制诱导下的演化型产业结构变动模式、以日本为代表的国家干预型产业结构变迁模式。讨论了两种产业结构变动模式对中国经济发展中区域产业结构调整可资借鉴的经验启示。

第十章对本书研究进行总结。综合各章的研究结论及政策含义之后，本章提出，实现低碳经济转型和区域产业结构升级的关键是资源价格体制改革。

第二章　概念界定和研究对象

第一节　产业演化与升级

产业演化，或者产业演进，是产业伴随着分工的演进而出现、成长和衰退的过程，往往在时间维度上表现出某些经验统计特征和规律。关于产业升级的研究，大致始于20世纪90年代，在此之前，研究产业的学者主要关注产业结构升级。格里菲（Gereffi，1999）等在对东亚服装市场的研究中把一个国家或地区的产业看作全球价值链的一部分，产业升级可以被看成该国或地区的企业以及产业整体在价值链上或者在不同价值链之间的逾越过程。产业升级的意义不仅仅在于统计上的产业结构变迁和演化，更重要的是价值获取的增加，以及企业增加值、劳动者收入、国家税负、企业和国家形象，乃至自然环境等一系列条件的改变与提升。格里菲关于产业升级的定义说明，产业升级的本质是价值链的升级。此后，学者对于该问题的研究大多也结合价值链分析。产业升级实际上是从历史的角度研究经济结构变迁的问题，是某一产业从低技术水平和低附加值的阶段或者环节，逐渐向高附加值和高技术水平过渡的过程，产业升级的基础是生产要素的配置、替代和不断转移。在价值链的框架下，对产业升级的分析，主要有以下三种代表性的观点：（1）产业升级是当资本相对于劳动和其他资源更宽裕时，国家在资本、技术密集型产业中发展具有比较优势（Porter，1990）。（2）产业升级是一个企业或经济体提高迈向更具营利性的资本、技术密集型领域的能力或者过程（Gereffi，1999）。（3）从产品层面来说,产业升级是制造商(企业)成功地从劳动密集型的低价值产品向更高价值的资本和技术密集型产品的转换过程(Poon,2004)。

还有学者观察到,产业演化的一个重要方面是产业呈现出一种垂直分解的过程,由于中间市场的出现而将整合的产品过程分解成不同的公司。但是,都是从价值的角度强调产业对于价值的提升(Jacobides,2005)。

张耀辉(2002)讨论了"产业升级"的概念。他认为,产业升级的"真正含义应该是高附加值产业替代低附加值产业的过程"。产业升级的过程本质上是产业创新与产业替代。产业创新是产业升级的主要方面。也有学者认为,产业升级是一个产业由低技术水平、低附加值状态向高级的演变过程,不仅有量的增长,更有产业结构的变化。它与全球价值链密切相关,表现为产业沿着产业链条的价值提升过程。

从产业链的角度来看,产业升级是在创新等因素的驱动下,企业(从而生产相关产品的企业集合即产业)由低技术水平、低附加值环节向高新技术高附加值产业环节变动的趋势或过程,也是单个产业形成和成长发展的过程。在开放经济条件下,产业链的延伸是在全球范围内发生的,是产业在不同区域之间的纵向(垂直)分工。

目前关于产业升级的分类,主要遵循格里菲(1999)和汉弗莱(Humphrey,2002)的思路。格里菲等提出了两种价值链形式:生产者驱动型(如汽车、飞机、半导体与重工业)和购买者驱动型(如服装、家具和玩具),将产业升级引入全球价值链的分析模式,认为产业升级和创新可分为四个层次:(1)在产品层次上的升级和创新。(2)在经济活动层次上的升级和创新。(3)在产业内层次上的升级和创新。(4)在产业间层次上的升级和创新。汉弗莱等(2002)在格里菲分类的基础上提出了一种以企业为中心、由低级到高级的四层次创新分类方法:流程升级、产品升级、功能升级和链条升级。他们认为,产业升级遵循从流程升级到产品升级,再到功能升级,最后到链条升级的演变顺序。卡普林斯基(Kaplinsky,2002)指出,有效的产业升级研究需要深入了解全球价值链的动态因素,而全球价值链收益的根本来源是多种优势禀赋所带来的"经济租"。他发展了汉弗莱等提出的四种产业升级方式:工艺(技术)升级、产品升级、功能升级和价值链间升级。其中,功能升级是在不变化产业结构的情况下提高价值创造的升级模式。而价值链间升级,也就是跨产业升级,即产业结构调整。这四种方式全面地概括了产业升级的外延形式,上述研究事实上也构筑了"价值链"思路下产业升级研究的基础。

以上学者所界定或讨论的产业升级可称为外生嵌入型,即将产业链的关键环节外生性地嫁接到全球价值链当中,充分利用自身的比较优势,通过引进技术、委托加工等方式与国外核心产业链融合,这是大多数新型工业化国家和发展中国家的产业升级方式。吴彦艳等(2009)认为,除和全球价值链的嵌入对接外,产业可以通过自身的学习效应而内生性地扩展,通过资本和技术积累来构建完整的产业链条,由附加值低的环节不断地向附加值高的环节推进和转移,实现产业的内部升级。

第二节 产业结构及其演化与升级

一 产业结构

"产业结构"这一经济概念出现在20世纪40年代时,既可以指某个产业内部的企业之间的关系,也可以指各个产业之间的结构关系,既包含产业之间的市场关系和组织形态,还包含产业内部之间的关系和产业的地区分布。现代产业组织理论的开创者、哈佛学派的贝恩(Bain)在《产业组织》中把"产业内部的企业关系"用"产业组织"来界定。20世纪50年代,日本在制定经济发展战略时,开始频繁使用"产业结构"这一概念。到20世纪70年代初,日本的一些学者对此做了专门界定,认为产业结构仅指产业之间的关系。

学术界对产业结构概念并没有统一的界定,比较认同的"描述性定义"为:产业结构是指在社会再生产过程中一个国家或地区的产业组成（资源在产业间的配置状态）、产业发展水平（各产业所占比重）、产业间技术经济联系（产业间相互依存相互作用的方式）。白永秀（2008）认为，产业结构具有两层内涵，量的方面是指国民经济第一、第二、第三产业内部产品结构或不同行业的分布，质的方面是指技术水平和经济效益在整体经济中的分布。学者对产业结构的研究一般从两个方面着手，"质"的方面是各产业之间的比重关系，也可称为狭义的产业结构，主要揭示产业间技术经济联系的变化趋势及产业部门间不断替代（结构的不断变化和经济增长）的关系。"量"的方面，主要是静态地分析产业间的"投入"与"产出"的比重关系，后者又被称为产业关联。本书着重从狭义的产业结构入手研究经济问题。

二 产业结构的演进和升级

一国或地区的产业结构并不是一成不变的，而是受国家或地区战略和其他因素影响不断演进[①]，产业结构的演进过程也是产业结构升级的过程。关于产业结构演进的经验规律研究，较为主流的有配第—克拉克定律、霍夫曼工业化经验规律、罗斯托主导产业扩散论和钱纳里工业化阶段论等[②]。

产业结构升级虽然是产业理论的重要课题，国外学者对此研究多在升级的影响因素方面，并未对此给出明确定义，我国学者在其概念和内涵方面做出较多研究。周振华（1992）将产业结构升级定义为产业结构从较低水平向高水平的发展过程，可以用第二、第三产业的比重、资金与技术、知识密集型产业的比重以及中间产品与最终产品的比重来测度。林毅夫（1999）从自然演化的角度提出，一国的要素禀赋结构决定了一国的最佳产业结构，产业结构和技术的升级都是经济发展过程中的内生变量，而不是一种结果和目的，当一国要素禀赋发生变化时，要素禀赋在各个产业的分配相应地发生变化，趋向最优。

---

① 影响因素大致包括演变的需求总量和需求结构、生产总量与生产结构、国际贸易总量和国际贸易结构、国际投资总量和国际投资结构。参见李悦《产业经济学》，东北财经大学出版社2013年版。

② 由于本章节旨在对相关概念进行界定，这些规律将在本书的其他章节做重点引介。

杜传忠和李建标（2001）从生产率角度定义产业结构升级，认为产业结构升级是指产业结构从技术层次低的结构形态转向技术层次高的结构形态，从生产率低的产业占主体转向生产率高的产业占主体的过程，这种定义突出了产业结构升级对经济持续快速增长的作用。苏东水（2001）虽未提及产业结构升级，但将产业结构优化定义为由合理化向高度化的逐渐发展，包括供给、需求、国际贸易和国际投资等方面的优化。合理化是在现有技术条件下产业间实现的相互协调。高度化是指产业结构由低水平向高水平状态发展的动态过程，具体表现为第一产业向第二产业再向第三产业的发展、劳动密集型向资本密集型向技术（知识）密集型的发展、低附加值产业向高附加值产业的发展、低加工度产业向高加工度产业的发展。"优化"的概念具有更明显的政策导向，是一国有意识地调整自身产业结构以达到较高级形态的过程，这在发展中国家和欠发达地区是较为重要的概念。而"升级"在西方国家更多的是自然演化的过程，在我国，"优化""升级"都是合理化向高度化发展的过程。

郭克莎（1993）认为，产业结构升级应包括四项内容：（1）产值结构的升级，包括初级产品、中间产品、最终产品的产值比重不断由前向后提高，劳动、资本、技术密集型产品的产值比重不断由前向后提高；（2）资产结构的升级，包括整个国民资产的部门由基础产业比重大，依次向加工工业、高新技术产业比重大演进；（3）技术结构的升级，包括低层技术、一般技术和新技术的比重不断提高；（4）劳动力结构的升级，劳动力由第一产业依次向第二、第三产业转移，劳动力的结构不断变化，能够适应资产结构和技术结构的变动而变动，结构联动和转换功能日益调高。王岳平（2004）认为，产业结构升级主要反映了技术水平和生产率的提高，郭克莎补充了产业组织结构演化和分工深化两个方面。

值得一提的是，在相当长一个时期内，我国学者将"产业升级"与"产业结构升级"等同，这是由于计划经济主导特征转变缓慢，实行赶超型产业政策，首要目的是加快产业结构的优化与升级。而初期较为落后的国民经济结构和实力，使结构调整更为现实与迫切，注意力都在"大的结构"上,而忽视组成结构的产业。产业升级的主体是产业,具体内容是单个产业形成、发展、衰退的过程。而产业结构优化升级是一国产业之间关联的动态反映,即通过不断调整产业结构,使一国资本、劳动等生产效率达到最优配置的过程,主体是产业结构。产业升级是产业结构升级的基础,产业结构升级是产业升级的必然结果。把两者等同的研究视角使学者对产业升级的研究也侧重于产业结构,在升级过程和战略方面,只注重第一、第二、第三产业的比重变化,重化工业的发展,强制性把生产要素从较低级产业向重化工业转移,把升级当作一种目的,而不是过程,忽略传统产业内也可通过技术、管理等进行升级,这与我国转型期内产业结构的失衡有很大的关系。

第三节 区域产业结构升级

一 区域内产业结构升级

区域产业结构是一个动态发展的过程,随着经济水平的提高,区域人均收入的提高,整个区域产业结构也会按照一般趋势与规律不断演化。考虑到各区域间部分和总体的关系,各个地区都追求产业结构的高级化会导致区域产业结构在更高层次上的趋同性,很容易在追求高级化时忽略区域间结构的合理性。区域内产业结构升级是指某区域内根据自身资源条件和区域间的错位竞争,不断调整产业结构以达到合理化和高级化的过程。因此,区域内产业结构具有更加硬性的合理化约束。肖飞、邵宇开(2009)提出了"相对高度化"概念,认为区域内产业结构升级是相对的升级。张秀生(2005)把区域产业结构升级的导向分为三种基本类型:(1)资源导向型,即以自然资源开发为主,资源型产业占主导地位。(2)结构导向型,即建立起以主导产业为核心、自然资源开发和加工制造协调发展的产业结构,直到加工制造业占主导地位。(3)技术导向型,即产业结构向高新技术化方向转变,也就是在结构调整中大力提高高新技术产业在整个产业结构中的比重，直至占据主导地位。

我国有些学者非常重视罗斯托的主导产业理论以及赫希曼提出的战略产业理论。江小涓（2002）和江世银（2003）等都从各自的研究领域来阐释主导产业，但对其内涵的认定基本上是一致的，强调高增长速度、高科技的运用和其在产业结构升级过程中的导向作用。张秀生（2005）所提到的三种区域产业升级导向都可归结到主导产业导向，只是主导产业的选择考虑资源或技术等不同的要求，主导产业是区域产业结构的核心，满足地域分工客观要求的主导产业能够体现区域特色，代表地区经济利益，合理选择和发展区域主导产业，是区域产业结构升级的根本所在。

二 区域间的产业分工与产业结构升级

（一）区域间的产业分工

通常所说的劳动分工是指两个或两个以上的人或组织将原来一个人或组织的生产活动中所包含的不同职能的操作分开进行。伴随劳动分工，人或组织减少了不同职能的操作种类，就形成了专业化（盛洪，1992）。分工和专业化是一个事物的两个方面。区域产业分工是产业分工在空间或地域上的表现。魏后凯（2006）也认同这种观点。他认为，区域间的产业分工是社会内分工在经济空间上的投影，是不同经济区域之间受一定利益机制（比较优势）支配，进行专业化生产的现象和趋势。随着地区的专业化分工程度加深，两地的部门不断分化，产业结构不断提升，形成新的区域分工格局，包括纵向分工，即沿着产业链的垂直分工和横向分工。

关于国内区域产业分工的形式。魏后凯（2007）认为，国内区域产业分工大致经过了产业间分工、产业内分工和产业链分工三个阶段。其中，产业链分工是产业垂直分解和产业融合的结果。游杰和龚晓（2006）认为，从产业链流程的角度来看，在不同生产深度的阶段或层面之间进行的分工就是纵向分工，在相同或类似生产深度的阶段或层面上进行的分工就是横向分工。这种分类方法是对魏后凯关于产业链分工分析的进一步深化。也有学者按照各区域在分工中所处的地位有所不同（这种差别是由参与分工的经济区域在要素禀赋、生产技术方面的差异造成的,即遵循比较优势),将区域间产业分工划分为区域间的垂直分工和区域间的水平分工(曹阳,2009)。不同生产流程中所需资源禀赋不同,带来的附加值也有较大的差别,这种从价值链角度所进行的分类方法和魏后凯、游杰的观点是一致的。

我们可以对相关概念做出这样的界定:区域间的纵向分工是不同区域在某种产品的不同工序或流程上投入具有比较优势的要素或资源,从而获得与生产流程和要素价值相匹配的分工收益。不同区域在整体产业链中处于不同的地位,在国内往往表现为资源及其初级产品的产区与资源加工地区之间的分工,而这又往往是发达地区和不发达地区之间沿产业链的分工。区域间的横向分工是具有相同比较优势的不同区域,在某种产品或产业链的某流程上投入相同要素从而获得同等水平的收益和地位。

(二)区域间产业结构与产业结构升级

由于各个区域自然条件和要素禀赋不同,区域比较优势产生了地域分工,从而使各个产业在不同区域的分布有所不同,反映在国民经济的层次上,就是各个地区之间的分工协作,因此,存在于国民经济地域分工体系中的区域间产业结构实质上是资源有效配置的经济结构和空间结构的结合。由于地域分工和区域之间的联系,一个区域内的发展并不意味着整体经济的发展,还要看区域间的产业结构是否协调。

区域间产业结构包括两方面的内容,即区域间产业结构冲突和区域间产业结构带动(徐瑛,2009)。前者衡量的是区域间产业结构的合理性问题,而后者研究区域间通过产业而发生的带动关系,即相关产业的投入产出关系和产品贸易关系,这个比重考察的是两个区域产业结构的衔接情况。分工合理、专业化程度深的地区之间会通过产品贸易产生联系,表现出对其他地区的带动效应,进而促进整个国民经济的发展。因此,区域间的产业结构升级就是解决区域间产业结构冲突、发挥区域间产业结构带动作用的过程。区域间通过不断发挥比较优势,深化分工,各种要素自由流动等使产业结构不断调整的过程就是区域间产业结构升级的过程,也是消除产业结构同构性和实现区域经济一体化的过程。江世银（2004）认为，区域产业结构趋同是我国区域产业结构变化的突出特征；区域产业过度竞争，集中度低；区域产业结构在其发展过程中具有明显的非均衡特点，一般不能自成体系，区域间的相互补充和配合有待于加强。解决这些区域性问题正是我国区域间产业结构升级的主要目的。

三 产业的空间聚集与区域产业结构

产业的空间聚集是指在一定条件下，要素禀赋和企业活动等围绕着某个产业或某些产业在空间维度上的聚合和集中。高新技术产业或传统优势产业在优势区位的聚集对优势区域的产业结构升级起着积极的推动作用。产业的空间聚集包括两方面内容：①相互关联、具有互补性质的不同产业的聚合为产业集群；②具有相同或类似属性的产业的聚合为产业集聚。第一个阐述产业集聚理论的是马歇尔（1890），他在《经济学原理》中从定义外部经济概念入手界定了地方性工业集聚的内涵，被后人称为马歇尔集聚。他描述的集聚特征是，区域内生产的产品类似，拥有共同的生产技巧和知识。韦伯（1909）对集聚的界定为："集聚理论研究工业的集中化，工业在集中化的生产综合体中，因单位产品的生产更加经济，并以一定数量节约而进行生产。"胡佛（Hoover，1948）认为，产业集聚能够使特定的产业达到最高层次的规模经济，且存在一个最佳集聚规模。

产业集聚的概念最初由泽曼斯吉斯（Czamanskis，1974）提出，指某一特定领域中，大量产业联系密切的企业以及相关支撑机构在空间上集聚，形成强劲竞争优势。20世纪80年代以来，产业集聚在世界范围内大量涌现，并且获得了较好的集群效益，波特于1990年在《国家竞争优势》中重提产业集聚的概念，将该概念与产业链相结合，认为产业集聚是围绕一种或一系列相似产品产业链或其他有竞争关系的实体集中，他还用产业集聚的方法分析一个国家或地区的竞争优势。国内学者对产业集聚理论的研究多集中在利用已有理论进行实证分析，对其概念的界定基本上与国外学者一致。

孟昌（2010）认为，产业在空间（区域）上的聚集与演化，是产业在区域层面上的结构性问题。西方学者多是将产业在空间上的聚集、区域产业结构的变动视为自然演化的过程。西方国家在其工业化过程中，面临的资源约束条件通过市场和价格规律得以体现。产业的空间聚集和区域产业结构不存在"调整"问题，两者都是经济发展的表现或结果。在发展中国家，对产业集聚和区域产业结构的研究有不同的角度。聂鸣等（2003）阐述了集群成为经济合作与发展组织（OECD）国家公共政策的原因，认为集群内部发达的前后向产业联系、政府干预等因素对发展中国家发展非常关键，提出了区域范围内应该以集群政策替代产业政策以调整区域产业结构的观点。本书所涉及的产业聚集，主要是指有关联且有上下游垂直分工关系或水平分工关系的产业集聚。

第四节 关于产业结构及相关衍生概念的界定

产业结构是指各产业间和产业内的各企业之间在投入、产出等方面的相互联系及其数量关系。产业结构不仅包括各个产业部门之间的结构关系，也包括产业内的产品结构关系和产业在空间或者区域间的分工与布局。

依据工业化国家的经验规律，经济增长不仅表现为总量和人均量的长期增长趋势，还表现为产业在静态上的结构性特征和动态上的演化特征。通常分别称为产业结构和产业升级（或者产业优化）。基于技术进步的现代经济增长的结构性特征非常明显，这种结构性特征几乎构成了现代经济成长的核心内容。产业结构升级就是各产业间和产业内的各企业之间在投入、产出等方面的相互联系及其数量关系不断变化以达到更有效率状态的过程。区域产业结构升级是在区域要素禀赋动态约束的条件下，一个地区在不同时期根据要素禀赋优势和国家产业在区域间的总体布局，同时考虑到和其他区域产业结构的协调性，选择主导产业进而带动区域产业结构趋于更有效率状态的变动过程。

第五节 区域经济地带的形成与划分

一 中国区域经济地带的形成与划分

经济区划是根据区域经济发展水平和特征的相似性、经济联系的密切程度，或者依据国家经济社会发展目标与任务分工对国土进行的战略性区别（朱金玲、何军辉，2001）。我国国土资源丰富，行政区划众多，一些省份在资源要素禀赋、地域分工与合作、产业结构方面具有一定的相似性，一些省份差异性较为明显，为了更好地揭示区域经济发展的有利条件和制约因素，充分发挥各地比较优势，促进区域产业结构升级，我国在不同的历史时期都以行政区划为单位按照一定的原则进行集合划分。本节对不同区域划分方法进行对比分析，提出区域划分方案的选择。

（一）"七五"之前的区域划分方法

1958年，为了建立完整的工业体系，将全国划分为七大经济协作区；"四五"计划中，决定以大军区为依托，将全国划分为西南区、东北区、中原区、华南区、华北区、东北区、华东区等十个经济协作区。"五五"计划又提出了基本建成西南、西北、中南、华东、华北和东北六个大区的经济体系目标，"六五"计划将全国划分为沿海地区、内陆和少数民族地区。这些区域划分方法都在特定的历史时期促进了我国区域经济的发展①。

（二）三大经济地带划分法

"七五"计划（1986—1990），我国政府提出了区域经济的梯度开发思想，以沿海为基地，以其经济技术优势开发内地资源，进而再向边疆少数民族地区发展，形成东部沿海、中部内陆和西部地区三大经济地带。《中共中央关于制定国民经济和社会发展第七个五年计划的建议》中提出，要"正确处理我国东部、中部和西部三个经济地带

---

① 根据各个时期的《国民经济和社会发展规划》整理得到。

的关系,充分发挥它们各自的优势和发展它们相互间的横向经济联系,逐步建立以大城市为中心的,不同层次、规模不等、各有特色的经济网络"。在发展的不同时期,每个地带覆盖的地域范围不同。随着"西部大开发战略"的实施,三大地带覆盖的地域范围逐渐被确定下来。东部地带包括北京、天津、河北、辽宁、上海、江苏、浙江、福建、山东、广东和海南11个省份;中部地带包括山西、吉林、黑龙江、安徽、江西、河南、湖北和湖南8个省份;西部地带包括重庆、四川、贵州、云南、西藏、陕西、甘肃、青海、宁夏、新疆、广西和内蒙古12个省份。"十一五"计划将区域划分为西部开发、东北振兴、中部崛起和东部率先发展四大板块。国务院有关部门在四大经济区的基础上进一步提出了八大区域划分,即东北、北部沿海、东部沿海、南部沿海、黄河中游、长江中游、西南和大西北地区。

(三) 四大功能区划分法

2006年发布的《中华人民共和国国民经济和社会发展第十一个五年规划纲要》提出,要根据不同区域的资源环境承载能力、现有开发密度和发展潜力,统筹谋划未来人口分布、经济布局、国土利用和城镇化格局,将国土空间划分为优化开发、重点开发、限制开发和禁止开发四大类。确定主体功能定位,明确开发方向,控制开发强度,规范开发秩序,完善开发政策,逐步形成人口、经济和资源环境相协调的空间开发格局。该规划在2011年6月正式发布。这种思路不再强调产业调整而是空间调整。

(四) 其他划分区域方法

三大块城市群划分法。在东部、中部、西部三大经济区总体规划的基础上,各省份分块参与,完成了由三大区向三大块的划分,三大块的具体划分方法是分别以珠三角、长三角和环渤海三大城市群为经济中心,以广大中西部地区为经济腹地的泛珠三角、泛长三角和环渤海区域经济体系。

二 本书关于区域的划分

经济区划作为协调区域经济发展的手段,一般要考虑区域的同质性程度和集聚性两个原则(孙红玲,2005)。同质性强调区域内经济发展条件的一致性，因而在经济区内不会建立起重要的地区间经济联系，也可以说是重视区域间的劳动分工。而集聚性又叫异质性，强调若干互补性强的异质部分构成在功能上紧密的经济集聚区，这种方法着眼于强调区域内部的增长潜能，也可以说是注重区域内的合作关系。从目前我国区域划分方法来看，遵循同质性进行的划分较多，如三大地带划分法、四大区域划分法、主体功能区法等，三大块城市群的划分是遵循集聚性进行的。为了使研究问题的过程和结论更具有针对性和现实性，应当根据研究问题的不同，对同质性和集聚性进行权衡取舍。本书相对重视同质性，在同质性方法中倾向选择传统的三大地带划分方法，具体原因如下：

首先，本书在资源约束条件下关注区域产业结构的升级问题。无论是进行定量分析还是定性分析，资源约束是研究的前提条件，不同区域面临的资源约束不一样，产业结构升级的结论可能也不一样，划分出来的区域之间的对比研究才有意义，因此，对资源约束的限定是关键之所在。如果构成区域的省份所面临的资源约束本身就参差不齐，区域的资源约束前提条件不能成立。

其次，产业结构是劳动分工不断深化的产物，区域产业结构就是产业分工在空间纬度上的影射，区域产业结构和区域产业分工其实是一个问题的两个方面。分工格局的变化、产业结构的形成及演变与资源禀赋的动态变化密切相关。要求构成研究区域的省份在资源约束上具有相似性，即同质性而非集聚性。"三大块"的划分方法中，各区域具有不同的资源禀赋，互补性强，强调区域内各子区域的合作而非分工。

最后，将三大区域发展成东部、中部、西部、东北地区四大区域的方法，作为一个整体的东北三省从各区域中脱离出来合并到一起，东北三省连接紧密，各自的比较优势，更多的是互补性而非相似性，这是对同质性和集聚性的折中，在本书研究中也不可取。而四大主体功能区划分中，所谓的资源环境承载力、发展潜力难以量化，划分指标的选取具有很大争议，且该划分实质上是以国土开发适宜性为标准的（魏后凯，2007），对研究区域产业结构帮助不大。这种划分方法在国际上也没有先例,不能为中国区域发展提供借鉴(张可云,2007)。

东部、中部和西部三大经济地带分类法较为客观地反映了中国地区经济发展水平的梯度差异和地区经济发展的总体态势,从总体上指出了我国由沿海到内地形成东部、中部、西部三个不同经济发展水平和地域职能地带。目前来看,中国区域经济梯度开发趋势和产业在区域间的纵向分工关系较为明显,因此,本书从现实角度出发,选择传统的三大地带划分方法。

第六节　资源环境及其约束的一般分析

一　资源和自然资源概念

有使用价值的物质都可以被称为资源,它可以包括自然资源、经济资源、社会资源、人力资源等。经济研究中,通常涉及投入产出问题,土地、蕴藏在土地上或下的自然资源、环境资源等都可以作为要素投入经济活动并获得相应的产出,被人类利用并产生经济价值的一切自然环境均可被称为广义的自然资源。自然资源的范畴是随人类经济活动水平的提高而不断扩大。国内相关研究一般将自然资源限定为狭义类型,如左大康(1990)仅将能源、矿产和水资源等可开采、可移动资源界定为自然资源。本书所涉及的"自然资源"除非做特殊说明,一般指狭义范围的自然资源。

二　资源的分类与资源约束

从资源供给和需求的关系来看,自然资源有耗竭性资源和非耗竭性资源之分。前者的存量会随着自然力的作用和人类经济活动对自然影响的不断加深,随着时间的推移而日渐减少。而耗竭性资源根据其生成和使用过程的特点,又可分为可再生资源和不可再生资源。可再生资源具有自我更新、自我成长的特点,一旦人类的使用超过其在自然条件下的再生速度,它就会逐渐枯竭。不可再生资源本身不具有自我循环成长的能力,随着人类的使用而逐渐减少。金属矿物质、大部分非金属矿物质资源，在使用后可以回收利用，是可回收的资源，而石油、天然气等能源在使用过程中被消耗或转化为其他形态的物质，没有原物质可以回收利用，因耗散在使用中而不可逆。

钟水映（2005）对非耗竭性自然资源的特点进行了研究，指出该类自然资源在自然界中生成的数量比较稳定，基本不受人类经济活动使用的影响。经济学中称之为"无价物品"，即对任何经济活动而言都没有存量约束的限制。故非耗竭性自然资源不在本书的研究范围之内。依据朱迪丽丝（2002）对各类资源的研究，自然资源的分类和转换如图 2 - 1 所示。

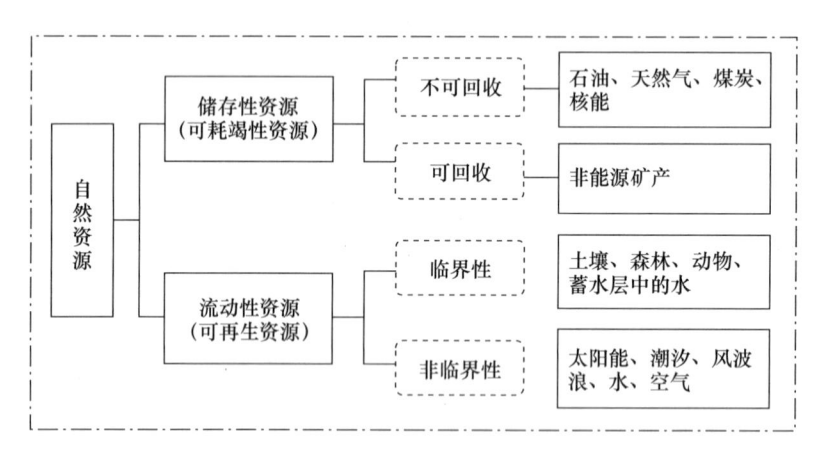

图 2 - 1 自然资源的分类和转换

对区域间劳动分工产生影响的因素有很多，有经济性要素和非经济性要素。经济性要素直接对经济行为产生影响，如资本、劳动、土地、技术、知识、制度等。而自然要素和地理特征状况等非经济要素也能影响经济行为，土地、矿产资源、能源资源、水资源等具有明显的地域性，总量约束非常明显，人为地改变它们的可能性很小，只能被动地接受它们带来的影响。它们共同构成了经济性要素。波特（Porter，1990）把影响经济的要素分为低级要素和高级要素。低级要素包括自然资源、气候、地理位置等，是自然赋予的。高级要素包括资本、通信设施、高水平的劳动力、技术、制度等，是个人、企业和政府投资与其他行为的结果。刘成武（1999）基于要素的空间维度对经济行为产生的影响，将资源区分为区域性要素和非区域性要素。自然要素是非经济要素，也是区域性要素；而劳动和资本是典型的经济要素，也是一般意义上的非区域性要素。在特定的时间和范围之内，人类可以认识和利用的自然资源存量是有限的，自然资源在区域间的分布具有明显的不平衡性，数量和质量都有地域差异和一定的分布规律。

结合资源经济学的有关研究和本书的研究目的，本书所涉及的自然资源约束，是指在一定区域内，由于自然资源的可使用量有限或者存量下降、供给减少、质量下降或因开发利用难度高或成本高而导致"开发不经济"等原因，使资源供给不能在既有模式下满足地区经济实现可持续发展对资源的投入要求。这实际上意味着一个经济体或经济区域，其经济发展一旦遇到资源供给的硬性约束，必须在产业转型升级与经济增长停滞之间做出选择。需要指出的是，我们的研究对象是整体自然资源中的一部分。自然资源的选择及选取的原则，我们将在后面各章节的具体研究中做出相应说明。

三 资源禀赋对经济的作用

斯密（Smith，1776）的分工理论和关于增长的研究中已经涉及资源禀赋。地理和自然资源禀赋是斯密首先关注的要素。斯密之后的古典经济学家所提出的要素禀赋理论把要素局限在资本、土地和劳动上，忽略了自然资源禀赋和经济区位的影响。李嘉图（Recardo）发展的比较优势理论虽然认识到一个国家生产成本的节省，是与拥有的特定资源禀赋和生产条件密切相关的，要素禀赋在分工中有着重要的作用，但自然资源如矿产资源和地理特征等只存在绝对优势，不存在相对优势。瑞典经济学家赫克歇尔（Heckscher）和俄林（Ohlin）将古典贸易理论发展为基于要素禀赋的新贸易理论。强调区域是分工和贸易的基本地域单元，区域间生产要素的不平衡分布导致了地域分工和贸易的产生，但重点探讨的是劳动密集型和资本密集型两种产品在两地区间的分工和贸易①，但也存在忽略对区域特点和自然资源、地理禀赋的研究。

郝寿义（2005）认为，作为一种地理要素，区域首先影响分工与专业化，进而影响某一地理区域范围内的经济发展。克鲁格曼（1990）认为，经济活动一旦在某个区域内发生，就会在空间上形成累积和循环。只有超过一定阈值的力量，才能够克服区位的黏性。自然资源是经济发展不可或缺的物质基础和重要条件，特别是在科技不发达、基础设施和金融制度不完备的地区和时期更为突出。克鲁格曼的理论在一定程度上补充了自然、地理资源的研究。除土地外，自然资源还有很多，它们都对劳动分工有很大的影响，但是，一个地区面临的自然资源约束究竟对地区间的分工有何影响，还鲜有研究。

（一）影响区域经济发展

经验表明，最初的空间地理要素和自然资源禀赋状况往往对区域经济发展有重要影响，特别是在经济发展初期。经济发展到一定阶段时，才会摆脱初级要素的束缚。美国经济学家吉利斯（Gillis，1989）认为，相对资源较为匮乏的国家或地区，拥有丰富自然资源的国家或区域是有很多有利条件，物质资本和人力资本的积累与自然资本获取的容易程度是成正比的，自然资源能为以资源为基础的工业化提供基础。洪水峰和杨昌明（2006）利用麦凯尔维（Mckelvey）提出的生活水准度量指标[（自然资源，能源，智力水平）/人口]，检验了湖北省开发自然资源与经济发展和生活水平的相关性。结果表明，这种作用因不同的区域条件和区域经济发展的不同阶段有所不同，特别是在经济发展初期阶段，自然资源禀赋对人们的经济生活构成实质性制约，自然资源的差异往往决定某地区经济活动的发展方向和特征。

（二）影响区域产业布局和劳动地域分工

从区域发展的经验来看，自然资源丰富的地区容易形成资源密集

---

① 即 H—O 理论：若两个地区要素禀赋不同，供给能力就会出现差异，进而引起商品不同的相对价格。一个地区出口密集使用该地区丰富要素的、具有比较优势的产品，进口密集使用其稀缺要素的产品。要素禀赋差异导致了地区产业的分工。

型产业格局。自然资源是区域产业形成与产业结构的决定性因素。但是，在自然资源特别是能源、矿产资源匮乏的区域，产业结构的发展则受区位、交通和科技等因素影响较多。从产业类型来看，农业和采矿业以自然资源为劳动对象，受其影响最为直接，其他原材料工业和加工工业的发展和布局受自然资源的间接影响。陈秀山（2005）认为，这种影响是十分有限的，随着产业结构的不断高级化，自然资源的丰度对区域的影响正在减弱。自然资源分布的地域性特征形成了劳动地域分工的自然基础。一旦形成了以初期要素禀赋为主的区域经济结构，容易被投入在资源上的沉淀成本锁定而出现路径依赖，区域经济的后期发展很大程度上会沿着初期的路径演进。分工结构也一样。在要素均呈现均质分布、要素禀赋差异较小的情况下，忽略天然的自然要素和地理特征状况，可以重点考虑均质空间中的资本和劳动等可转移经济要素的配置、分布规律及对区域经济的影响。在要素禀赋条件差异明显的情况下，自然资源禀赋和地理条件特征等因素对经济的约束和影响较大，是分工的重要条件，应予以重点分析。对于不可再生的资源来说，它们具有不可移动性和不可逆性，不会随着经济的发展逐渐累积。

（三）资源陷阱：自然资源利用的两面性

虽然自然资源在经济发展中非常重要，资源对区域经济发展的作用不容置疑，但两者的关系并非完全正向。很多实例表明，自然资源与经济发展有着复杂的关系。自然资源禀赋优越的区域，未必是经济增长最快的区域，如果过度依赖自然资源，利用不当，丰富的资源会趋向于阻碍经济增长，陷入"比较优势陷阱"。自然资源丰富的地区，可能长期依赖自然资源的低成本开发来获得较大的区域经济利益，对本地区传统资源密集型产业会形成依赖，传统资源产业的"沉淀成本"投入使其没有足够的动力进行自主创新和结构升级。资源长期开发不断减少存量，还有水土流失和环境污染等问题。依赖资源发展经济的低成本优势逐渐消失，技术和管理等又没有进步，单一的区域产业结构抵御风险能力差，区域经济发展就会受制约。这一现象也称为"资源诅咒"。

经济学者关于"资源诅咒"现象的观察与研究说明，特定地区自然资源禀赋状况对经济发展数量和质量的影响并不是决定性的。在可贸易的情况下,资源匮乏的地区经济可能更发达,而资源富集的地区经济可能更落后。

进入20世纪80年代以后,东南亚某些资源丰富国家的发展速度不如资源匮乏国家的发展速度。某些区域甚至出现了自然资源阻碍经济发展的现象。非洲和拉丁美洲等国家的能源和金属矿产资源都非常丰富,而日本、瑞士等国家自然资源匮乏,但经济发展恰恰相反。韩国和新加坡等后发国家的发展速度超过石油富集的国家,如委内瑞拉和印度尼西亚等。在世界范围内,资源丰富的荷兰、尼日利亚、委内瑞拉等国由于高度依赖自然资源,经济都出现了停滞或负增长。1960—1990年,以人均GDP为衡量标准,资源贫乏国家增长速度要比资源富饶的国家高出2—3倍。世界银行的一份报告显示,人均GDP水平的下降和该国矿业部门的产业规模呈反向变动关系[1]。"资源诅咒"这一现象,在我国的一些自然资源丰富的不发达地区也很明显。有些地区,自然资源丰富却不发达,产业结构被高耗资源的传统锁定,路径依赖严重。它们为发达地区提供了能源和资源加工的初级产品,却背负了污染制造者的坏名声,成了工业化的污染"避风港"。

第七节 区域经济三次产业结构现状描述与比较

图2-2表明了1990—2010年中国经济三次产业增加值比重变化情况。1990—2010年的20年间,第一产业比重平稳下降,第二产业逐渐上升,而第三产业有所上升,但在波动中上升的"速度慢"、幅度小。

---

[1] 有中等矿业部门的国家(矿业出口收入占GDP比重为6%—16%),人均GDP在10年中下降了0.7%,而有巨大矿业部门的国家(矿业出口收入占GDP比重超过50%),人均GDP平均每年下降2.3%。

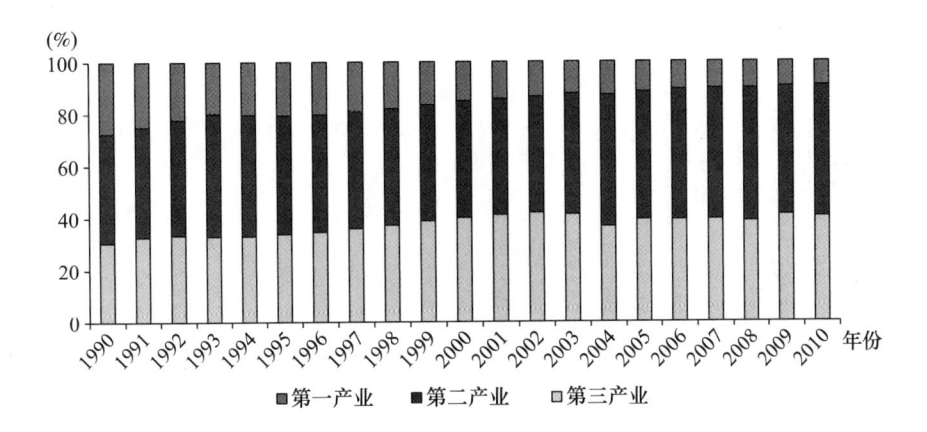

图 2-2　1990—2010 年三次产业增加值比重变化情况

图 2-3 显示，三次产业的就业结构也发生了明显变化。随着经济结构变动，曾经 60% 以上的就业人口从事第一产业生产的局面有了很大改观，转移到工业和服务业的劳动力数量逐年增加。第一产业就业人数占总就业总人数的比重由 1990 年的 60.1% 下降到 2009 年的 38.1%，下降了 22 个百分点；第二产业就业人口所占比重由 21.4% 上升至 27.8%，上升了 6.4 个百分点；第三产业就业人口所占比重由 18.5% 上升至 34.1%，上升了 15.6 个百分点。

图 2-4 显示，第三产业的快速发展也是 20 多年来我国产业结构变动最鲜明的特征。交通运输、批零贸易和餐饮等传统服务业有了长足发展。1990—2010 年，交通运输、仓储和邮政业增加值增长了 16.25 倍，达到 18968.5 亿元；批发和零售业增长了 28 倍，达到 35746.1 亿元；住宿和餐饮业增长 27 倍，达到 8068.5 亿元。在适应工业化、城镇化、信息化和全球化的过程中，金融保险、房地产、信息咨询、电子商务、现代物流和旅游等一大批现代服务产业加速增长（夏亮，2010）。1990—2010 年，金融业增加值增长了 21 倍，达到 20980.6 亿元；而房地产业增加值增加了 33 倍，达到 22315.6 亿元。

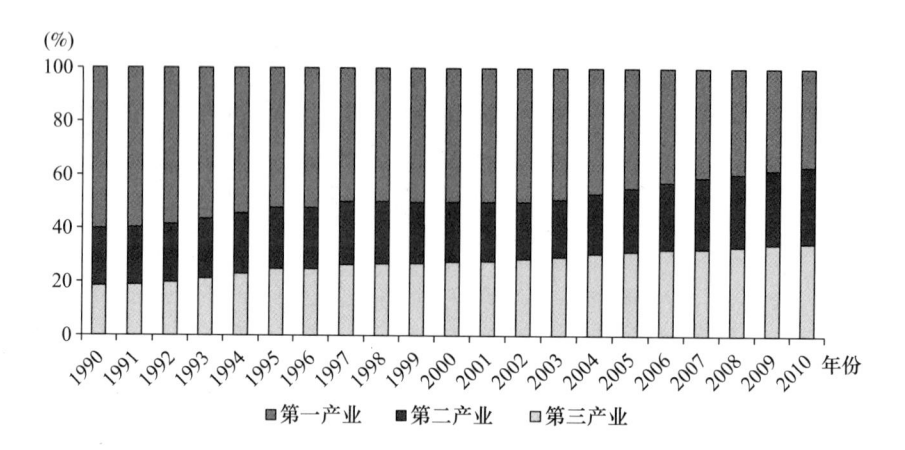

图 2-3　1990—2010 年三次产业就业人数比重变化情况

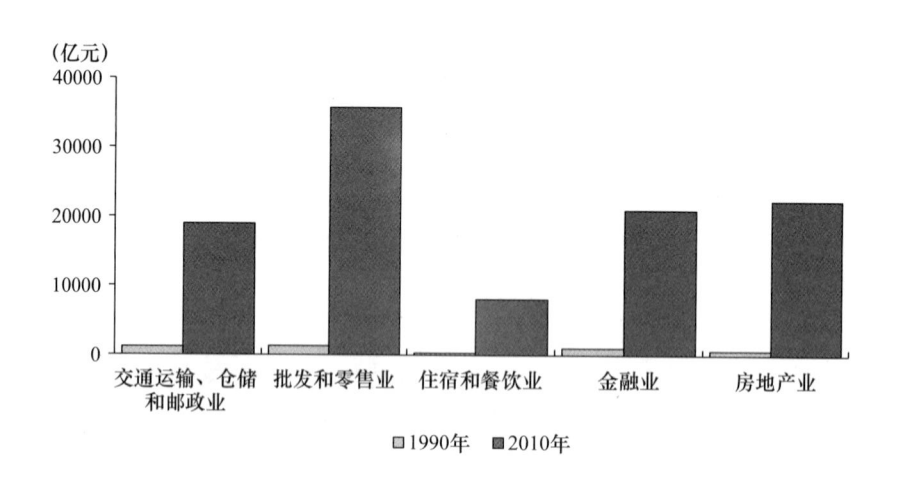

图 2-4　1990 年与 2010 年第三产业内部各行业对比情况

我国各地区之间在经济发展过程中，产业结构变动和调整的步伐差异较大。东部、中部、西部地区的调整进程并不一致，存在着较大的差异。

（一）第一产业比较

第一产业曾长期是我国的主导产业。随着经济的不断发展，第一产业占国内生产总值的比重呈现不断下降的趋势。在下降过程中，东

第二章 概念界定和研究对象

部、中部和西部三个地区呈现出不同特点。截至2010年，东部地区第一产业增加值为17932.46亿元，中部、西部地区的第一产业增加值分别为14669.4亿元与7930.97亿元（见图2-5）。相比之下，东部地区的第一产业产值分别为中部、西部地区的1.22倍与2.26倍。相比1990年的2261.51亿元、1795.04亿元、1012.36亿元分别增长了6.9倍、7.2倍、6.8倍，增长程度基本持平。

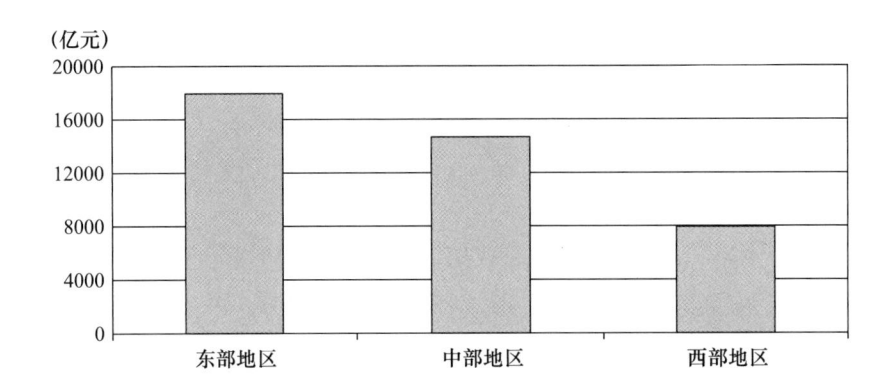

图2-5 2010年各地区第一产业增加值情况

但是，在这20年间，各地区第一产业所占比重的下降程度却并不相同。图2-6显示，1990—2010年，东部地区第一产业占国内生产总值比重由1990年的22.5%下降至2010年的6.8%，下降至1990年水平的30%，而中部、西部地区的占比则分别由1990年的32.8%与34.1%下降至2010年的12.6%与13.2%，是1990年水平的38.4%与38.7%。由这一数据可以看出，1990—2010年的20年间，东部地区与中西部地区相比，其第一产业占比下降幅度更大，却并未影响其第一产业增加值的增长，基本达到了全国平均水平。相比之下，中部地区和西部地区的第一产业下降幅度低于东部地区，而其第一产业增长却并未明显高于东部地区。这说明东部地区的第一产业生产效率更高，产业内部结构更合理，而中西部地区的第一产业内部优化程度低于东部地区。

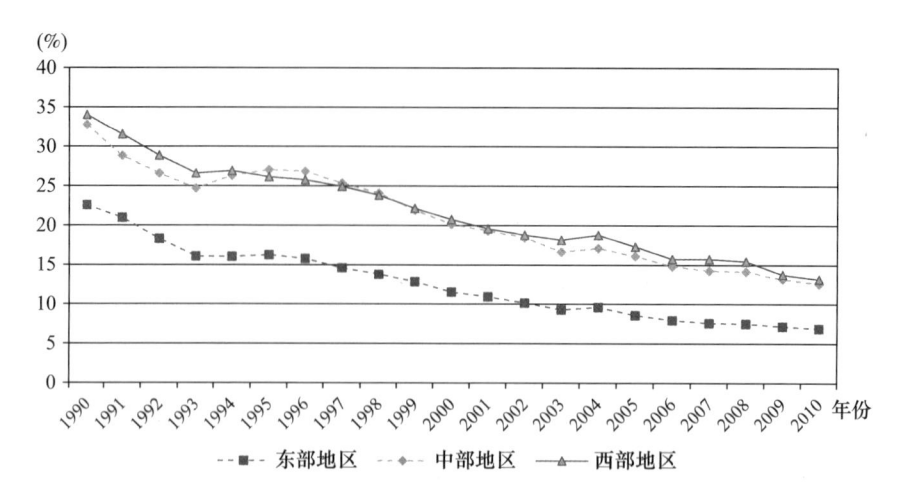

图 2-6 1990—2010 年各地区第一产业 GDP 占比情况

(二) 第二产业比较

2010 年各地区第二产业增加值情况见图 2-7。中国经济的工业化还未全面实现，各地区之间的工业发展呈现出不平衡发展态势。截至 2010 年年底，东部地区第二产业增加值为 129041.82 亿元，中部、西部地区分别为 61208.42 亿元与 29814.53 亿元。东部地区的第二产业增加值分别为中部、西部地区的 2.1 倍与 4.33 倍。与此同时，东部地区第二产业增加值占当年全国第二产业增加总值的比重为 58.7%，而中部、西部地区则分别为 27.8% 与 13.5%，仅相当于东部地区 50% 与 25% 的水平。说明中西部地区在第二产业上与东部地区存在着较大的差距。

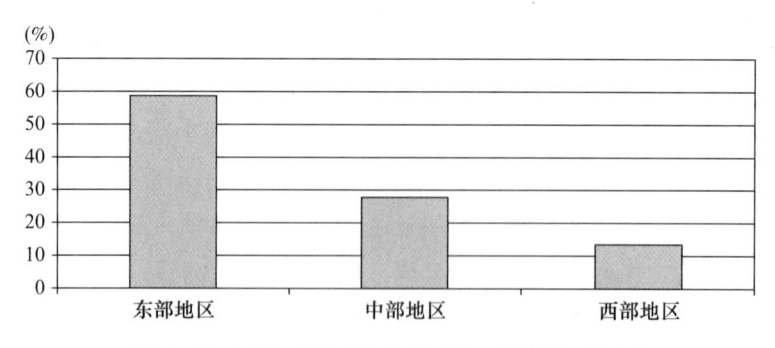

图 2-7 2010 年各地区第二产业增加值占比情况

第二章 概念界定和研究对象

（三）第三产业比较

2009年各地区第三产业增加值占比情况见图2-8。截至2009年，我国东部地区第三产业增加值占东部地区国内生产总值比重为43.5%。相比之下，中部地区、西部地区的第三产业发展就比较落后，分别占36.6%与39.1%。与东部地区相比，分别落后6.9个与4.4个百分点。

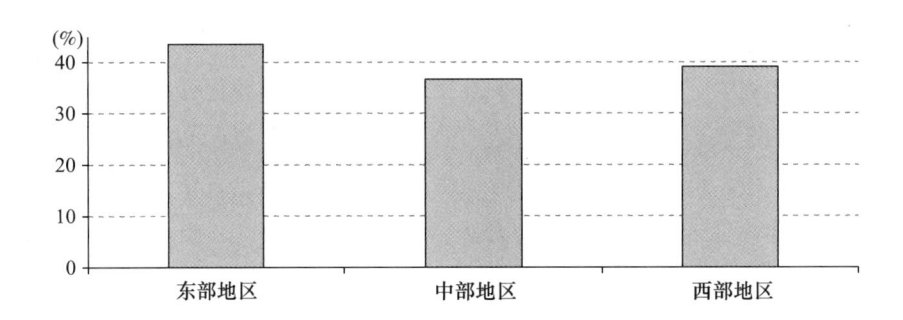

图2-8 2009年各地区第三产业增加值占比情况

如果从第三产业增加值的角度来观察，中部地区、西部地区与东部地区差距更大。如图2-9所示，东部地区、中部地区和西部地区的

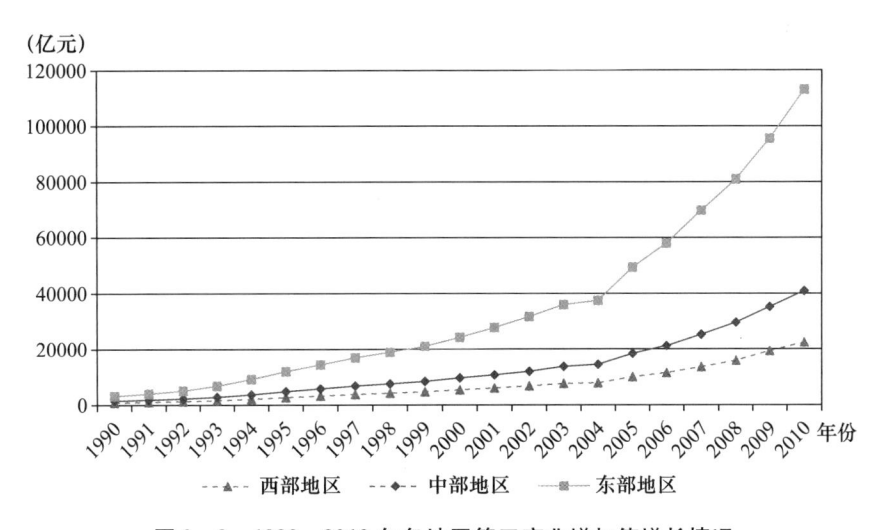

图2-9 1990—2010年各地区第三产业增加值增长情况

第三产业增加值逐年增长，但中西部地区与东部地区的差距逐步扩大。截至 2010 年年底，东部地区第三产业增加值为 113083.5 亿元，中部地区、西部地区分别为 40939.72 亿元与 22421.14 亿元；东部地区第三产业增加值是中部地区的 2.76 倍，与西部地区相比，更是达到 5.04 倍。

总之，中国区域之间在产业结构上存在较大差异。东部地区作为传统的经济优势区域，有着良好的区位优势、工业基础和配套的服务业支撑，其第二和第三产业的技术水平、发展速度都远远高于其他地区的第二和第三产业的技术水平及发展速度。但市场化程度也仍然较低，市场竞争不够充分，产业结构的层次并不高，其产品的技术创新能力也不强，低附加值产品和劳动密集型产业所占比重依然较大，产业结构有待于进一步的调整和升级（姚凌岚，2010）。相对于东部地区，中部地区和西部地区则具有先天的要素优势，拥有大量的矿产等自然资源、土地资源和廉价劳动力资源。但中部地区和西部地区的产业结构层次低，产业结构调整速度缓慢，主导产业不明确，农业结构单一，第二产业发展缓慢，第三产业发展不足，与东部地区存在非常大的差距。

第三章 资源约束与区域产业分工
——基于省际资源型产业截面数据

资源禀赋在区域之间分布的差异性是区域产业分工的主要原因。目前已有文献对资源约束和分工的研究多停留在国家层面上，较少关注一个国家内的区域产业分工。对垂直分工的研究多为国际分工。即便有对我国区域之间垂直分工关系的研究，也多停留在定性层面。另外，产业集群作为一种先进的生产组织方式是工业高级化发展的阶段，其内部分工方式多为垂直分工，而产业集群特别是资源性产业集群与分工的关系是相互影响的。在研究垂直分工时，有必要考虑产业集群因素，但这方面的研究较少。本章的理论意义主要体现在对区域产业垂直分工关系的定量分析，以及将产业分工和产业集群关系结合起来，研究我国日益趋紧的资源约束和区域间产业垂直分工关系，对省级和三大经济带的区域资源约束与地域产业分工现状进行了多维度的评价和分析。下面运用 SPSS 计量方法，测算了资源与区域分工之间的动态关系。

第一节 理论回顾与文献述评

一 资源与分工的关系

经济学对比较优势的研究多是从各个国家资源禀赋的比重结构来分析的，主要从资本量、劳动力和自然资源（如土地、矿产资源等）三个方面进行。斯密（1776）在《国民财富的性质和原因的研究》

中指出，经济增长的源泉是劳动分工导致的生产率提高，因为分工导致专业化程度提高，从而可以提高生产率。斯密强调市场本身的作用即交换，是分工的原因，同时市场的广度又限制分工。李嘉图（1817）的比较优势理论指出，只要出口那些一在生产率上最具有比较优势的产品或服务，仅进口那些最不具有比较优势的产品或服务，各国或地区就会从贸易中获益。杨格（1928）发展了斯密的分工论，认识到分工是一种市场自我循环，能够实现经济增长。虽然他指出了劳动分工水平和市场规模之间的动态关系，但是，这种说法缺乏有力的理论证明。到20世纪30年代，瑞典经济学家赫克歇尔将比较优势理论发展为资源禀赋论。该理论以生产要素比重或密集度为出发点，研究要素富裕度对国际分工影响的资源禀赋学说。资源禀赋是指某一国家或地区所拥有的生产要素的相对份额，和斯密的分工论不同，要素禀赋论强调外生的资源禀赋对分工的作用。由于资源禀赋总是存在于特定的地域空间，不同区域要素禀赋的不同和流动性强弱在一定程度上决定了产业在区域之间的分工。

上述分工理论以产品交换为特征，没有加入空间成本和空间异质性等区位因素，对于国际的要素流动以及产业空间集聚等现象很难做出令人满意的解释。克鲁格曼所提出的新经济地理论发展了传统的分工学说。克鲁格曼（1991）运用区域基尼系数衡量国家的专业化指数，发现了国际分工的新趋势。杨小凯（2006）发展了杨格的学说，从经济的内生性解释分工的演进，认为分工的实质是专业化生产与减少交易费用的两难冲突，交易效率和分工水平相互促进会促使经济增长，而地理区位对交易成本的影响很大。盛洪（1992）把分工的一般理论运用到中国，通过应用分析发现，专业化是与分工密不可分的另一方面。专业化分工的深化需要从不同的角度着手。

二 垂直分工

垂直分工（Vertical Division of Labor）是产品内分工的一种形态，一种产品从原料到制成品，必须经多次加工，经济越发达，分工越细密，产品越复杂，工业化程度越高，产品加工的次序就越多。传统的分工体系只界定到产品层面，没有考虑到产品生产过程各生产区段在

第三章 资源约束与区域产业分工

不同区域分工的可能性。在西方经济学的发展过程中，有三位经济学家为垂直分工理论奠定了基础。其中，斯密（1776）提出了劳动力分工受市场广度限制；马歇尔（Marshall，1920）运用该原理解释了产业的地域集聚，指出产业在特定地区的集聚可能会导致垂直分工增多；施蒂格勒（Stigler，1951）提出，逐渐成熟的市场中企业的垂直分工水平会不断上升。对发展中国家发展模式的研究框架中，一度盛行的雁阵发展模式逐渐式微，学术界逐步转向产业内甚至产品内分工，以及与此相关的中间产品贸易。产品内分工又分为横向分工和垂直分工。如果把原料作为起点和最终消费者作为终点的整个供应链或价值流看作生产制造过程，那么其中不同生产深度的阶段或层面之间进行的分工，即垂直分工。

（一）理论研究

垂直分工又称垂直专业化，最早由巴拉萨（Balassa，1967）提出，用来描述同一产品的不同生产工序的跨国界空间布局状态。菲恩斯特拉（Feenstra，1988）把垂直分工称为"全球经济生产非一体化"。菲恩斯特拉引用其他研究成果，运用不同贸易指标度量了这一生产方式拓展的情况。克鲁格曼（1995）使用产品价值增值链分割概念描述"生产非一体化"，赫梅尔斯、拉波波特和易（Hummels，Rapoport and Yi，1998）认为，垂直分工必须满足以下三个条件：（1）最终产品由多个生产阶段完成；（2）至少包含两个国家，每个国家从事一个以上的专业化生产阶段，但不是专业化所有阶段；（3）至少一个生产阶段必须跨过国界。卢锋（2004）和田文（2005）建立了产品内分工的分析框架，对国际垂直专业化分工和产品内分工做了区分。产品内分工是指特定产品生产过程中不同工序、不同区段和不同零部件在空间上分布到不同国家，而每个国家都专业化于产品生产价值链的特定环节进行生产的现象，并将这种以产品内部分工为基础的中间投入品贸易称为产品内贸易，这种关于产品内分工的概念延引了国际垂直专业化分工所必须满足的条件。

关于垂直分工的研究。学术界主要有两种思路：其一，认为充分利用比较优势、规模经济与不完全竞争仍然是产品内国际分工的基础和动因；其二，遵循产业组织与契约理论的分析框架，利用产权理论从交易成本等有关企业边界理论对企业一体化问题和组织模式进行研究。施蒂格勒（1951）的实证研究发现，产业的区域化可以鼓励垂直分工，也就是企业从外部的供应商取得生产时所需的中间品投入，而不是自己生产。琼斯（Jones，2000）实证研究发现，交通和通信技术的发展降低了地理协调成本，大大增强了工序的空间可分离性，这是垂直分工必须具备的技术前提。赫梅尔斯（2004）将垂直专业化贸易的增长归结为运输与通信技术的进步、贸易壁垒的降低。哈里斯（Harris，1993）通过对贸易全球化的研究，得出通信部门对国际垂直专业化分工的方向和程度有重要影响的结论。易（2003）研究发现，关税减让对于垂直专业化的推动作用是放大的且非线性的，只有当关税降低到某一水平之下，从而使国际垂直专业化生产所带来的成本和效率优势足以抵销关税和运输成本时，国际垂直专业化生产和加工贸易才有可能发生，关税大幅度降低极大地促进了中间品贸易和垂直专业化生产的扩大。格罗斯曼和赫尔普曼（Grossman and Helpman，2004）研究了垂直分工对发展中国家经济发展的影响，发展中国家能否通过垂直化分工与发达国家建立起具有竞争优势的产业链与发展中国家的技术水平和制度有关。

关于国内关于垂直分工理论问题研究成果不多。相关研究多数是国际垂直分工理论在中国的运用。吴敬琏（2003）认为，当代经济全球化不断深化的特点之一，就是跨国公司把产品不同生产环节分配到全球最适合地区所带来的产业转移。刘志彪（2001）运用赫梅尔斯模型对中国垂直分工程度进行测度，研究表明，垂直分工与制度技术交易成本和新兴市场等方面的因素有直接关系。卢锋（2004）认为，垂直分工发展的原因之一是各国具有的比较优势，传统的要素禀赋和规模经济理论仍然有效，但要深入到工序层面来解释。他在比较优势和规模经济的基础上研究了该问题，认为不同工序要素的投入品的比重不一样，不同国家要素禀赋和要素相对价格不同，因而工序的适当拆分能够节约成本并提高效率。并且以汽车为例进行分析，说明了不同工序最佳规模的问题。高越和高峰（2005）认为，基于比较优势的垂直专业化，其表现形式是包含中间产品的产业内贸易，其分工和贸易模式是可预测的。

关于垂直分工的效应研究。建立在垂直专业化分工基础上的国际贸易得到了长足发展，对国际贸易和垂直专业化的研究也不断增多。赫梅尔斯（2001）研究发现，不同行业、不同国家的垂直专业化程度不同，专业化的伙伴也不同。菲恩斯持拉（1997）和哈斯克尔（Haskel，2001）的研究表明，产品内国际分工对工资不平等有重要影响；帕克（Pack，2001）认为，产品内国际分工对技术移出国与接收国都有积极影响。彭支伟和刘钧霆（2008）认为，垂直专业化分工是促进东亚区域内贸易发展的重要因素。叶龙凤（2011）利用1998—2003年23个行业的垂直专业化比率数据和其他行业相关数据建立企业技术创新的解释方程，研究垂直专业化分工对本土企业技术创新的影响。实证结果说明，垂直专业化比率的提高有利于本土企业技术创新能力的提高。

（二）经验实证研究

赫莱纳（Helleiner，1973）对20世纪60年代发展中国家制成品的出口进行实证研究，并把出口的大幅度上升与垂直国际一体化制造业中的劳动密集生产环节相联系，并对垂直分工进行了最早的观察与分析。阿恩特（Arndt，1997）对垂直分工现象进行了研究，对这一国际分工现象提出了不同表述，如全球外包、转包等。格里菲（1999）从商品链角度讨论垂直分工问题，并以服装业为例考察了买方驱动商品链的构造和运行特点。

国内实证研究方面的文献较多。彭支伟、刘钧霆（2008）以赫梅尔斯（2001）的方法为基础，计算了1995年和2001年东盟十国（地区）的总体垂直专业化分工程度和各经济体所有产业的垂直专业化指数，研究结果表明，各经济体间要素禀赋差异、行业规模程度和关税壁垒是影响垂直专业化分工的重要因素。刘志彪、吴福象（2005）在生产非一体化内涵及其效应的基础上提出了若干假说，运用投入产出表对全国及长三角的贸易一体化和生产非一体化程度进行了测量，证实了两者的相关性，指出对它们具有较高解释力的变量还有资本化指数、行业外向度和交易费用等。徐康宁（2006）以要素禀赋和地理因素为主要研究视角，运用双边贸易的引力模型对国际分工变化的决定因素进行计量检验。研究结果表明，要素禀赋和地理因素共同决定了新型国际分工的基本格局，但两者的影响力发生了交替变化。在产品内国际分工这一新的分工模式中，地理因素的影响力在上升，要素禀赋对分工格局的影响力却有所下降，这种趋势引导国际分工在空间上朝着更加区域化的方向演进。张小蒂与孙景蔚（2006）对垂直专业化与中国产业国际竞争力关系进行了分析。陈建军、夏富军（2006）通过对上海市、浙江省、江苏省制造业的实证分析，认为垂直分工与产业集聚、专业化生产之间呈正相关关系，产品"生产链"阶梯和中间品生产网络体系的生成导致了垂直分工，产业集聚演进推动了中间产品垂直分工的展开，形成了专业化生产的优势。李伟（2007）把产品内分工与资源型地区产业转型联系起来分析，从工业化初期的产业分工特征中认识在资源型地区问题的形成，分析新的产品内分工对资源型地区产业转型过程特征的影响。唐绪兵、钟叶姣（2008）利用我国纺织服装产业的数据，以产业规模、专业化指数和企业平均规模三个指标表示产业集聚，对产业集聚与垂直专业化分工的关系进行实证研究。结果表明，产业规模对垂直专业化分工的影响较大，而专业化指数和企业平均规模对垂直专业化分工的影响较小。王中华与赵曙东（2009）运用投入产出数据表计算了工业行业垂直专业化程度指标，并对影响我国工业行业参与国际垂直专业化程度的相关因素进行了实证分析。结果表明，比较优势及比较优势差异度是影响我国工业行业参与国际垂直专业化分工程度的重要基础因素。国际垂直专业化分工在资本相对密集的行业中的规模经济强化程度更为显著。张小军、石明明（2009）基于产业链视角研究了产业势力模型，指出具有不同禀赋结构与技术条件的地区或国家会选择具有不同技术、不同知识特性、不同价值量的生产环节，从而具有不同的产业势力，最终表现为不同的区域势力。

从以上研究可以看出，关于产业（垂直）分工的文献，一般是国家间地域产业分工的研究，较少关注一国内部的不同区域间产业垂直分工。国内外关于分工与资源禀赋问题的研究多从劳动力和资本着手，自然资源对产业分工的作用近些年关注不够。国内基于自然资源禀赋研究区域产业垂直分工与专业化水平的系统研究基本是空白的。我们试图基于资源约束的现实来研究产业在区域间的分工与专业化。

第二节　评价指标体系建立和评价模型

在确定评价模型指标体系时，侧重于研究对象和研究目的。期望能够验证资源约束和区域间产业分工是否存在垂直分工关系，对不同地区资源约束和垂直分工的影响程度做进一步分析。下面分别介绍资源约束和区域间垂直分工的评价指标、指标测算和后续分析的实证方法，在后文中对指标体系进行计算和评价，进而选择回归模型进行测算。本书研究的资源约束与垂直分工关系评价指标体系如表3-1所示。

表3-1　　　资源约束与垂直分工关系评价指标体系

一级指标	二级指标	三级指标
资源总约束	能源资源	煤炭储量
		石油储量
		天然气储量
		可供发电量
	金属矿产资源	铁矿石储量
		锰储量
		铜储量
		铅储量
		锌储量
		铝土矿储量
	水资源	水资源总量
		供水量
	土地资源	耕地
产业集聚		区位商
垂直分工		工业增加值率

一 评价指标体系：资源约束指标选取与计量方法

（一）指标体系的建立

我国内陆各省份的自然资源分布较为广泛，特别是矿产资源和能源资源等种类繁多，这些资源不可能全部纳入研究体系中。我们有针对性地选择能够反映研究对象特点的指标，在简化实际工作量的同时，应能保证评价体系的质量。本书研究对象为资源密集型产业中资源约束和区域间垂直分工的关系，选择的指标具有全面性的同时还应侧重于密集型产业的特点，凸显资源约束和区域间垂直分工的关系。

张菲菲等（2003）构建了以水、耕地、森林、能源和矿产五种资源为基础的研究体系，基于省际数据研究了资源丰度与区域经济发展水平的相关性，发现自然资源对经济增长的影响作用往往是通过多种机制共同作用的结果。在研究区域问题上，该研究的指标体系具有科学性和代表性。在指标体系建立方面，借鉴张菲菲（2003）在资源丰度方面的文献，以省际面板数据为基础，选取能源资源、矿产资源、水资源、耕地资源4种资源建立二级、三级指标体系，研究资源总约束和区域垂直分工的关系。我们以区域资源总约束作为总指标，代表区域内各种自然资源总储量大小的指标。根据自然资源的特点和对资源性产业垂直分工的作用程度，确定4个二级指标，即能源资源、矿产资源、土地资源和水资源。这4个指标既较为全面地反映了一个地区的资源存量约束状况，又能满足研究的需要①。在二级指标下，根据我国实际国情，确定各自的三级指标。运用线性插值法、熵权法等进行标准化处理和赋予权重。

（1）能源资源指标。能源是能够为人类提供能量的自然过程和物质，主要包括煤炭、石油、天然气、潮汐、地热、太阳能、木质燃料和河流等。在现有经济技术条件下，前三种能源是人类能源的主要来

---

① 在很多关于自然资源的研究中，气候资源也是非常重要的研究内容，但本书立论于存量约束对经济发展、产业结构和垂直分工的影响，侧重于不可再生资源等，而气候资源存量性约束并不明显，因此不在考虑范围之内。

第三章 资源约束与区域产业分工

源，基本上可以代表一个地区潜在能源约束趋势。这三种能源同属于不可再生资源。基于研究可利用资源约束的需要、政府统计部门披露数据的可得性，同时还要考虑资源储量和现阶段的开发可利用能力，我们对能源指标采用可开发储量和能源转化能力相结合的方法。三级指标选取为煤炭储量、石油储量和天然气储量及可供应发电量。

（2）矿产资源指标。矿产资源是埋藏于地下或者地表，具有工业利用价值的矿物或有用的矿物性元素的集合体。根据《矿产资源法实施细则》第二条规定，所谓矿产资源是指由地质作用形成的，具有利用价值，呈固态、液态、气态的自然资源。矿产资源属于非可再生资源，其储量是有限的。目前世界已知的矿产有1600多种，其中，80多种在工业发展中应用较为广泛。目前我国矿产资源中铁、锰、铜、铅、锌属于稀缺矿种，而它们在工业中均有较广泛的应用，其储量和质量直接影响我国工业发展。我们选取铁储量、锰储量、铜储量、铅储量、锌储量、铝土矿储量为金属矿产资源的三级指标开展研究。

（3）土地资源指标。该项指标总体应包括农用地和建设用地，其中农耕用地仍为经济中土地的主要使用途径，根据《中国统计年鉴》披露的口径，选取农用地中的耕种作为土地资源的三级指标。

（4）水资源指标。水资源也是一种十分重要的自然资源，在经济的发展中不可或缺，分布广泛，但淡水在空间和时间上的分布差异较为明显。本书主要研究淡水资源，选取水资源总量和供水总量为三级指标。

（二）自然资源约束评价原则

实证分析的前半部分致力于区域间不同自然资源约束的计算和评价，是后续与垂直分工指标进行关系分析和检验的重要基础。综合有关学者的研究成果，资源约束指标体系的建立和计算过程主要基于以下原则：（1）客观性。建立的计量指标体系必须符合事物的客观情况，各项指标选取的样本数据必须有确切、真实的数据来源。在对指标和数据进行处理的过程中，要排除主观因素对样本数据的干扰，客观地反映研究对象。(2) 系统性。指标体系中各项指标的建立既要和所研究问题的实际意义相关联,又要能够反映上级指标的总体特点,构建其系统的框架来完成研究。(3) 可比性。指标体系中的各项指标必须能够统计计算,不同计量单位的自然资源指标要采用一定的方法进行标准化处理,消除计量单位的差异性对研究的影响,使研究对象之间能够相互比较。(4) 优化性。根据研究目的和研究对象的实际情况,选择适合的指标和数据使评价体系更具合理性和现实性,在关系分析中,采用一定的方法对其进行修正,使模型和现实经济的模拟程度达到最优化。

(三) 基于区位商的专业化指数分析

区位商,有时称区位熵,最早由经济地理学家哈盖特(Haggett,1965)提出,是指各个产业集群内(区域内)形成的专业化优势。区位商能测度一个地方的生产结构与全国水平的差异,据此可以评价地方产业的专业化水平,是一个被广泛运用的区域经济指标。考虑到研究目的及目前可获得的分地区、分行业的精确数据,我们用区位商法来识别某地区某行业的产业集群,衡量生产总值的区域分布情况。区位商指标是根据基尼系数构建的,计算公式为:

$$X_{ij} = \left(e_{ij} \Big/ \sum_{i}^{n} e_{ij}\right) \Big/ \left(E_i \Big/ \sum_{i}^{n} E_i\right) \tag{3.1}$$

式中,区域 j 内的行业 i 的产值为 e_{ij},i 表示行业,j 表示区域。n 表示所有列入考虑范围的产业,$\left(\sum_{i}^{n} e_{ij}\right)$ 为区域 j 内所有产业的总产值;E_i 为全国范围内行业 i 的总产值,$\left(\sum_{i}^{n} E_i\right)$ 为全国所有行业的总产值。我们以资源密集型产业为研究对象,X_{ij} 表示资源密集型产业在各区域的集中程度。将产业数值代入该公式,即可得我国各地区资源密集型产业的专业化指数。区位商值越小,说明该产业均匀地分散在全国各地,所研究的特定地区的特定产业并不具有专业化的生产优势;区位商越大,说明该区域该产业的发展和规模与省内其他产业相比、与全国其他省份同类产业相比具有优势。

二 区域产业垂直分工的测算指标与方法

（一）一般计量指标

以 VS 指数为基础。在国际垂直化分工的度量方面，一般采用投入产出法，较为著名的是赫梅尔斯等（2001）建立的 VS 指标，用 VS 比重衡量一国垂直专业化分工与贸易的程度。赫梅尔斯等（2001）利用各产业进口投入、产出及出口的投入产出，计算出 OECD 十个国家的垂直专业化指标。随后很多学者通过相关指标和模型对部分发达国家、新兴市场经济体的垂直专业化水平及世界贸易中总体垂直专业化程度进行了测算，如式（3.2）所示。陈秀山（2003）认为，该项指标的矩阵化，能够表示一个国家的垂直专业化程度。

$$VS = (某行业进口中间产品金额) \times 某行业出口金额 \qquad (3.2)$$

以工业增加值率为基础，陈建军、夏富军（2006）运用工业增加值这个指标对上海市、浙江省、江苏省制造业进行了实证分析。工业总产值是以货币表现的工业企业在报告期内生产的工业产品总量。工业增加值是国民经济核算的一项基础指标，是指工业企业在报告期内以货币形式表现的工业生产活动的最终成果；是工业企业全部生产活动的总成果扣除了在生产过程中消耗或转移的物质产品和劳务价值后的余额；是工业企业生产过程中新增加的价值，因此可以反映企业垂直分工的情况。计算公式如式（3.3）和式（3.4）所示：

$$\begin{aligned}工业增加值率 &= (工业总产出 - 工业中间投入)/工业总产出 \\ &= 工业增加值/工业总产出\end{aligned} \qquad (3.3)$$

$$垂直分工水平 = 1 - 工业增加值/工业总产值 \qquad (3.4)$$

一个国家或地区的垂直分工水平越高，表明各个部门的生产分离度越大，生产过程中的工序由越多单独的企业进行承担，即每一工序从外部购买的中间产品就越多，工业增加值率越低。工业增加值率与垂直分工水平呈反向变动关系。如某种产业垂直一体化较为明显，那其最终产品中的大部分原材料和中间产品在前期由企业本身提供，从外部购买的中间品较少，因此，工业增加值率越高，垂直分工水平就越低。

（二）本书对垂直分工指标选取

不同的垂直分工指标侧重的经济含义和对实证问题的解释导向不同。在选取本书所用垂直分工指标时，一方面，我们需要考虑区域性研究需要和对特定产业本身分工水平的评价；另一方面，垂直分工关系是经济发展水平的重要指标，通过对垂直分工的度量，进一步得出区域产业结构优化升级的路径。经过对比发现，赫梅尔斯等（2001）使用的 VS 指标比较适合从国际角度来分析产业分工，侧重不同国家之间的中间产品贸易往来和分工合作，该项指标包含的国际贸易意义较大。而从产品增加值角度来研究产业分工更能体现产业结构的优化和分工模式的升级，也能够反映区域间垂直专业化在多大程度上影响产业升级的路径，比较具有现实意义。因此，选取产品增加值的计算方法。垂直分工程度与产业增加值是反向变动的关系。在产业集聚较为发达的区域，由于产品的生产由大量企业共同完成，相比于无产业集聚的地区，附加值率会较低。此外，数据的可获得性也是指标选取的限制因素。由于进行的是分地区分行业的关系研究，现有数据库资料中仅有能进行工业增加值率计算的指标，并没有区域间中间产品的贸易往来数据。

三 实证数据及测算方法

（一）实证样本和数据

1. 样本选择

我们以我国 31 个省份 2003—2007 年的资源密集型产业为研究对象，以工业为样本范围，对地区工业面临的资源约束和垂直分工现状进行分析。资源型产业是立足于自然资源禀赋优势，通过拥有某个区域内的特定自然资源，尽可能利用区域内自然资源的消耗来实现成长的企业。杨伟民和秦志宏（2005）界定资源密集型产业为：以自然资源开发和加工产业为主导，由众多相互联系的企业在一定的地理空间范围内积聚而成的经济群落。该类产业对自然资源依赖程度大，与政府部门关系紧密，易破坏生态环境，如煤炭、石化、钢铁、有色金属冶炼等生产基地。选取该研究范围主要基于以下几点考虑。

首先，相对于国民经济体系中其他产业，该类产业的发展需要大量自然资源投入,与研究起点——资源约束密切相关,因此,比研究其他类型产业更具有代表性。

其次,资源密集型产业为传统产业,产业链条较为典型地分为初级开采—中级加工—资源型制成品,较为清楚地反映出垂直分工水平。

最后,有学者研究得出结论,我国特别是西部地区,经济的主要支撑力量还是劳动密集型和资源密集型产业,资源在国民经济的发展中仍然占有重要的地位(刘天宇,2008)。

经过长期粗放式经济的发展,该类产业高耗能、高污染的特性已不能满足资源的存量限制。西部地区多数省份局限于资源密集型产业,分工地位得不到提高。对资源密集型产业的研究能够对区域经济的发展和分工升级起到一定的启示作用,具有较大的现实意义。

2. 数据来源

用数据主要来自2003—2007年《中国统计年鉴》和《中国工业经济统计年鉴》。黄先海(2007)参考OECD按照技术划分产品的标准和谢建国(2003)的分类,把采掘业,炼焦,煤气,石油加工业,电力及蒸汽、热水生产和供应业定位为资源密集型产业。根据可获得的数据分类,把煤炭开采和洗选业、石油和天然气开采业、黑色金属矿采选业、有色金属矿采选业、石油加工及炼焦加工业的数据汇总为资源密集型产业的工业数据进行计算和评价。

(二)测算方法说明

1. 数据的标准化处理

标准化处理主要针对资源约束的计量体系,选用的4个自然资源指标,统计的性质、单位不同,数据的大小差别也较大,个别省份的个别数据会有缺失,为了能够直接进行对比分析,需要将各个指标进行标准化处理。在处理原始数据时,利用极差变换可以使不同的计量单位得以统一,该项功能可以在Excel中利用线性插值得以实现。X_{ij}为各指标属性值,r_{ij}为标准化后的数据。将指标的属性最大值设为100,属性最小值设为1。即:

$MaxX_{ij} \rightarrow 100$,$MinX_{ij} \rightarrow 1$

利用式(3.5)即可获得其他指标属性值的标准化数据。

$$r_{ij} = 1 + 99 \times (X_{ij} - \text{Min})/(\text{Max} - \text{Min}) \qquad (3.5)$$

2. 熵权法

研究中涉及的指标有很多，这些指标对研究对象的重要程度是不同的。指标值之间的差距越小，越不重要；差距越大，重要性越大。这对研究评价结果影响很大，所以，必须对指标赋予相应的权重。赋予权重的方法有主观方法和客观方法两种：主观方法是依据研究人员的个人判断和经验，如德尔菲（Delphi）法；客观方法是根据已有的信息量，通过一定的数学方法给各项指标赋予权重，主要有主成分分析法、因子分析法和熵权法等。熵权法作为客观科学的赋权方法，在实际研究中运用较多。因此，在资源约束的计量过程中运用熵的视角对各项指标进行赋权。

3. 回归模型

回归分析方法是通过构建统计模型研究各变量之间相互关系或进行前景预测的有效工具。我们以各省份自然资源约束为基础，研究资源约束与区域间产业垂直分工的关系。以资源约束指标作为自变量，垂直分工度作为因变量，借助 SPSS 软件建立回归模型。一般有线性回归模型和非线性回归模型两种选择。线性回归模型要进行 t 检验和 F 检验，在 SPSS 中，对其的检验通过 P 值来实现。非线性回归模型常用 R^2 作为检验参数。其范围为 0—1，越接近 1，拟合效果越显著。拟合步骤如下：

（1）绘制散点图。以各省份的资源总约束与垂直分工率为样本，绘制样本分布图。

（2）判断图形线性与否。

（3）模型的选取。如果呈现较为明显的线性规律，则可直接通过线性模型进行线性回归模拟；其余情况可选择非线性回归模型进行模拟。本书利用的 SPSS 17.0 版中有多种非线性回归模型可供选择。

（4）非线性拟合时，根据散点图和各种非线性图例找到拟合度最高的，作为备选回归模型。

（5）模拟优化。若模拟参数低于 0.5，则根据实际情况，去除异常点，重新构造模型。

第三节 资源约束、垂直分工与区域专业化关系指标体系评价

一 资源约束体系测度与评价

（一）单项资源约束测算与分析

有关自然资源的基础数据来源于《中国统计年鉴》（2004—2008），本节详细介绍单项自然资源及总约束的计算。下面以2007年能源资源为例，介绍单项自然资源约束的算法。所选地区的主要能源详细情况如表3-2所示。

表3-2　　　　2007年各省份主要能源基础储量

省份	煤炭（亿吨）	石油（亿吨）	天然气（亿立方米）	发电（亿千瓦小时）
北京	6.75	—	—	228.08
天津	2.97	3774.22	318.62	393.27
河北	63.46	25077.03	302.66	1646.24
辽宁	43.36	16915.33	209.21	1115.03
上海	—	—	—	739.14
江苏	17.58	2521.00	22.85	2674.60
浙江	0.49	—	—	1915.15
福建	4.44	—	—	1038.28
山东	96.25	34106.79	348.18	2698.03
广东	1.89	8.84	0.31	2731.97
海南	0.90	28.95	6.87	114.82
内蒙古	808.40	5763.38	3266.44	1931.95
广西	8.51	191.73	3.43	682.81
重庆	0.90	28.95	6.87	114.82
四川	49.31	330.52	5915.73	1262.92
贵州	146.76	—	4.54	1166.32
云南	79.68	12.21	2.79	904.50

续表

省份	煤炭（亿吨）	石油（亿吨）	天然气（亿立方米）	发电（亿千瓦小时）
西藏	0.12	—	—	15.17
陕西	276.24	19917.19	7435.39	706.87
甘肃	58.42	9395.18	106.51	618.85
青海	20.53	4157.23	1462.08	307.66
宁夏	59.17	46.06	1.68	452.96
新疆	123.24	41385.88	6676.33	413.62
山西	1056.13	—	—	1760.50
吉林	12.53	16646.01	670.18	494.76
黑龙江	74.15	60071.83	1391.39	685.21
安徽	80.88	142.60	0.04	873.43
江西	7.92	—	—	502.01
河南	117.80	5219.19	97.22	1918.26
湖北	3.32	1199.83	3.76	1588.39
湖南	19.83	—	—	860.15

表3-2显示，2007年，我国煤炭资源储存分布具有明显的地域性特点，主要集中在华北地区，其中，山西最高为1056.13亿吨，内蒙古储量次之。石油资源中黑龙江省储量最高，新疆全国排名第二。天然气资源主要分布在我国西部地区，其中陕西和新疆储量较高。从发电量来看，广东、山东、江苏3个省份为发电大省。我们利用线性插值公式，对数据进行无纲量化处理，得出2007年各省份主要能源基础储量标准化数据，如表3-3所示。

表3-3　　　2007年各省份主要能源基础储量标准化数据

省份	煤炭标准化	石油标准化	天然气标准化	发电量标准化
北京	1.63	1	1	8.76
天津	1.28	7.22	5.24	14.78
河北	6.95	42.33	5.03	60.44
辽宁	5.06	28.88	3.79	41.08

第三章 资源约束与区域产业分工

续表

省份	煤炭标准化	石油标准化	天然气标准化	发电量标准化
上海	1	1	1	27.38
江苏	2.65	5.15	1.3	97.91
浙江	1.05	1	1	70.24
福建	1.42	1	1	38.28
山东	10.02	57.21	5.64	98.76
广东	1.18	1.01	1	100
海南	1.08	1.05	1.09	4.63
内蒙古	76.78	10.5	44.49	70.85
广西	1.8	1.32	1.05	25.33
重庆	1.08	1.05	1.09	4.63
四川	5.62	1.54	79.77	46.47
贵州	14.76	1	1.06	42.95
云南	8.47	1.02	1.04	33.41
西藏	1.01	1	1	1
陕西	26.89	33.82	100	26.21
甘肃	6.48	16.48	2.42	23
青海	2.92	7.85	20.47	11.66
宁夏	6.55	1.08	1.02	16.95
新疆	12.55	69.21	89.89	15.52
山西	100	1	1	64.6
吉林	2.17	28.43	9.92	18.48
黑龙江	7.95	100	19.53	25.42
安徽	8.58	1.24	1	32.27
江西	1.74	1	1	18.74
河南	12.04	9.6	2.29	70.35
湖北	1.31	2.98	1.05	58.33
湖南	2.86	1	1	31.79

标准化处理后的各组能源数据更直观地反映该类能源在全国各地区分布上的差别,接下来的工作是将4个指标进行加权,得出某地区能源约束的综合数据。不同能源对不同地区的重要性不同,因此,权重的计算非常重要。我们利用上述数据计算了4个能源三级指标的熵值赋权(公式见前文),得到煤炭、石油、天然气、发电量2003—2007年的加权权重,利用加权平均法求各省份能源资源约束,计算结果如表3-4所示。

表3-4　　　　　　　各省份能源资源约束

省份	2003年	2004年	2005年	2006年	2007年
北京	3.854132	3.160194	3.528881	3.297896	3.292906
天津	8.593056	8.776349	8.287949	6.738788	7.384392
河北	24.431957	25.517944	24.86472	25.288838	29.924313
辽宁	22.409123	23.523721	21.975934	20.18232	20.534981
上海	10.719708	11.27125	9.625111	8.653492	8.270228
江苏	21.541345	22.652398	27.878206	29.797784	29.201126
浙江	16.583929	15.964626	18.287148	20.005259	20.094694
福建	9.735606	9.953571	10.254677	10.752472	11.377168
山东	37.036302	39.919443	40.464664	42.840756	45.031686
广东	27.660724	28.168044	28.16517	27.624264	28.330854
海南	1.936357	1.985871	1.894357	1.943919	2.053249
内蒙古	45.796048	47.749984	44.343138	41.343851	51.320271
广西	6.414764	5.818019	6.455629	6.786376	7.991471
重庆	1.936357	1.985871	1.894357	1.943919	2.053249
四川	22.726647	26.852746	26.012747	30.031638	33.220151
贵州	13.625405	14.127409	13.847408	14.990128	15.946554
云南	11.481748	11.666331	10.064457	10.731844	11.77651
西藏	1.002389	1.158608	1.002455	1.002468	1.00235
陕西	33.171663	40.257081	36.496108	44.330451	45.500954
甘肃	9.042161	12.156661	12.581223	11.692155	12.53663

续表

省份	2003年	2004年	2005年	2006年	2007年
青海	8.176919	11.672391	9.772488	10.076822	10.643219
宁夏	2.651992	6.047384	6.210202	6.735128	6.77978
新疆	41.541967	43.987011	42.515142	41.650924	45.361467
山西	34.745256	39.669004	40.851064	41.822496	42.78306
吉林	8.21686	13.599463	14.075854	12.942244	14.921748
黑龙江	32.000014	36.479787	36.379935	36.446031	38.061569
安徽	7.491383	12.498674	12.0128	11.613037	11.533908
江西	1.189064	5.582216	5.490401	5.795384	6.070344
河南	13.968835	23.286911	23.799687	23.450524	25.229731
湖北	5.087198	16.502828	16.931936	15.556135	17.373585
湖南	1.47281	13.899028	9.023067	9.489918	9.941324

从表3-4可以看出，内蒙古能源指数化指标最高，说明其资源存量约束最小，其次为陕西、新疆地区。大部分省份的资源约束处于趋紧状态。综合2003—2007年能源约束情况，主要省份资源约束排名变化不大，内蒙古、陕西、新疆、山东、山西为能源大省，位于我国偏西部和偏北部地区，而直辖市及海南、重庆和西藏等地省份能源约束较紧。

从图3-1可以看出，2003—2007年，东部地区各省份能源约束普遍较紧，除山东省外，其余各省份能源约束普遍位于0—30；中部地区山西、黑龙江能源计量指标位于30—40，资源较为丰富；其余6个省份能源约束均位于0—30，但是，总体高于东部地区；从统计数据来看，我国西部地区能源分布两极分化明显，内蒙古、陕西、新疆等能源大省指标接近50，而西藏、贵州等省份资源储量位于全国末位。需要说明的是，由于该指标除三大能源储量外，综合了地区发电量，广东、上海、北京等省份能源储量较小的发电大省份所面临的资源约束也较小。

(1) 东部地区

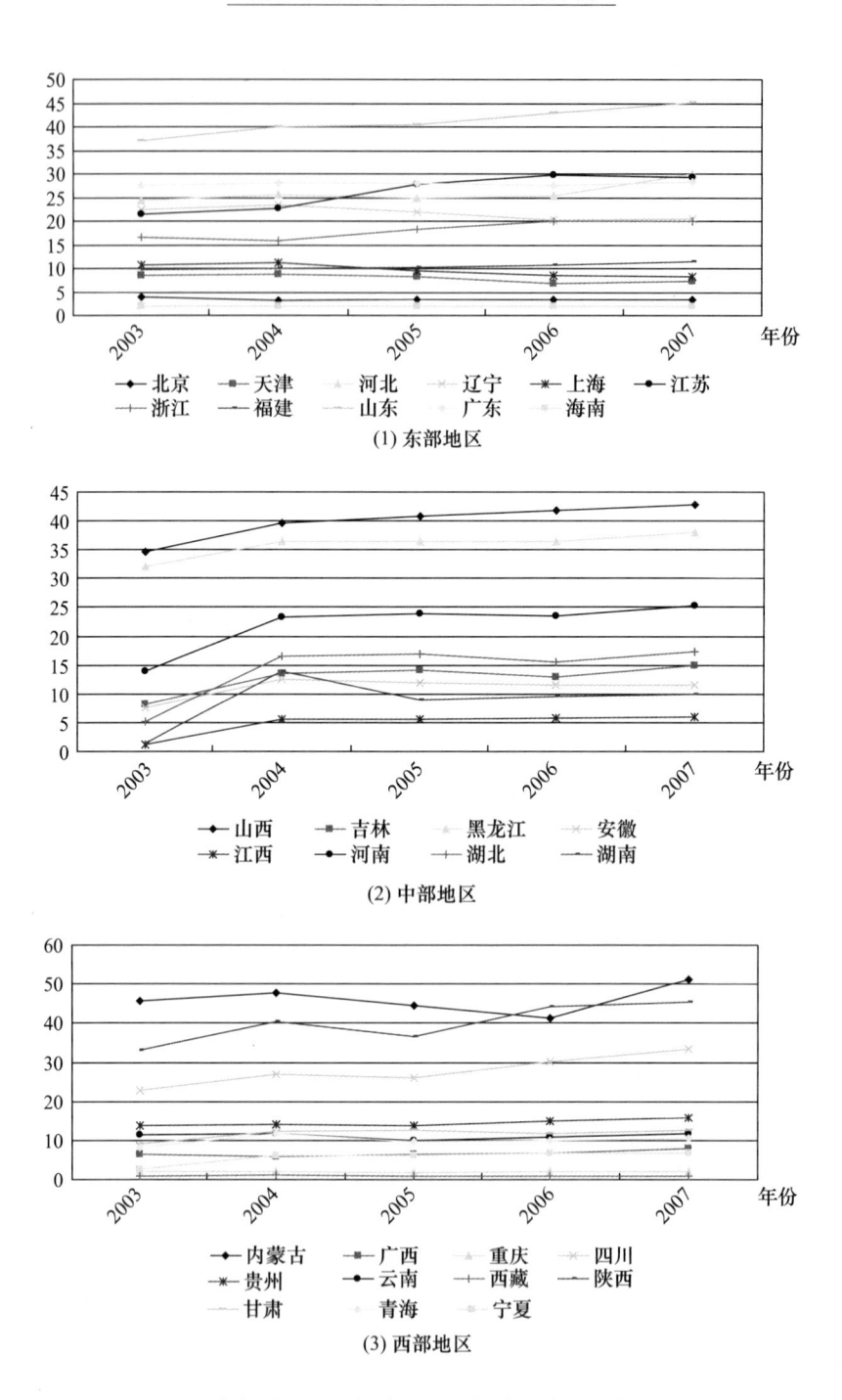

(2) 中部地区

(3) 西部地区

图 3-1 东部地区、中部地区和西部地区能源约束动态对比

第三章 资源约束与区域产业分工

2001年以来，煤炭、石油、天然气的相对稀缺指数均小于1，且呈下降趋势，能源拥有量份额小于消耗量份额。中国能源矿产资源相对于世界平均水平是不足的，这种缺口有加大的趋势。2009年，石油、煤炭、天然气相对稀缺指数分别为0.11、0.3、0.44（梁进社等，2011）。由于大量使用一次能源，中国的一次能源消费量已居世界前列，能源消费增长速度一直超过能源生产的增长速度。

用同样方法可以得到金属矿产资源的约束表、水资源约束表和土地资源约束表[①]，将绝对数值指数化的计算过程，此处不再赘述。下面我们分别对指数化数据进行评价和分析讨论。

表3-5各省份金属矿产资源约束显示，2007年云南省的金属矿产资源指数化指标最高，面临较小的金属资源约束。广西、内蒙古、湖南和辽宁也是金属资源储藏大省份，但东部和南部较多省份金属矿产资源约束较紧。综合2003—2007年金属矿产资源约束情况可以看出，该类约束区域排名较为稳定。

表3-5　　　　　各省份金属矿产资源约束情况

省份	2003年	2004年	2005年	2006年	2007年
北京	2.637845	1.909236	1.921348	1.78749	1.785088
天津	1	1.0001	1.0001	0.9999	1
河北	23.758011	14.647718	15.392229	14.453999	14.640191
辽宁	40.173218	20.473249	21.750413	21.846719	21.893318
上海	1	1.0001	1.0001	0.9999	1
江苏	2.589234	3.387134	2.801298	3.071853	3.17269
浙江	1.464496	4.168487	4.087911	4.11271	4.609607
福建	7.547031	5.655727	5.827091	5.629536	5.866316
山东	7.094711	5.288855	5.28476	4.981276	5.013138
广东	5.904544	13.683365	13.503493	12.842106	13.168055

---

① 由于土地资源约束仅选取耕地资源为评价指标，对其处理只需要标准化即可。

续表

省份	2003 年	2004 年	2005 年	2006 年	2007 年
海南	1.319664	1.157069	1.175386	1.178965	1.174459
内蒙古	11.519138	20.762654	25.542833	29.14774	32.883375
广西	33.267086	30.29049	30.525164	30.515486	30.643349
重庆	1.319664	1.157069	1.175386	1.178965	1.174459
四川	21.769519	17.604815	16.754162	15.696354	17.189468
贵州	12.477291	19.482396	22.361348	21.844146	21.76494
云南	20.221189	43.52973	45.564532	45.397536	45.225118
西藏	10.267082	6.685052	6.685527	6.824113	7.401538
陕西	5.620406	4.693502	4.971703	4.823714	5.187546
甘肃	11.751637	17.566544	16.95448	16.770701	19.125103
青海	3.150904	8.536739	7.927722	9.429207	9.538874
宁夏	1	1.0001	1.0001	1.001594	1.001696
新疆	8.177342	5.602997	6.093804	5.035851	5.060386
山西	11.09973	14.082725	14.352668	17.077256	17.388523
吉林	4.712188	2.309075	2.477174	2.241763	3.103193
黑龙江	6.323357	4.245047	4.196933	4.266634	4.549521
安徽	18.246537	10.451153	9.202506	8.934997	8.34129
江西	36.116576	21.128123	21.115726	21.397828	21.52447
河南	2.488575	16.996597	16.125869	17.614044	18.49644
湖北	17.558807	9.000466	8.25723	7.888426	7.29932
湖南	27.072695	13.60192	22.477955	22.877568	23.468968

从图 3-2 东部地区、中部地区和西部地区金属矿产资源约束动态对比中可看出，我国大部分省份金属矿产资源分布有以下两个特点：（1）大部分地区都处于资源紧缺状态，资源约束均低于 50。（2）东部地区、中部地区和西部地区资源分布差异性比较大。东部地区除福建和辽宁两省外，其他省份金属资源指标均处于 0—10，为全国较低水平，面临较大的资源约束；2003 年，江西和黑龙江等中部省份资

第三章 资源约束与区域产业分工

源约束较为宽松，2004年后不断趋紧，但总体来说，中部地区资源约束小于东部地区。西部地区金属资源较为丰富，如云南和广西等省份均为矿产资源大省，在三大地区中具有一定的金属矿产资源优势。2007年，铁、铜、铅、锌和铝矿资源的相对稀缺指数分别为0.3、0.24、0.56、0.79、0.09，均小于1，说明本书主要分析的几种矿产资源都相对稀缺，其中铝土矿的相对稀缺程度最为严重，而锌的相对稀缺指数最高。我国是铝土矿产资源大国，世界上22%的铝土资源分布在中国，但贫矿比重较高。总体来说，我国金属矿产资源缺口较大，矿产资源对国民经济发展的保证程度普遍较差。

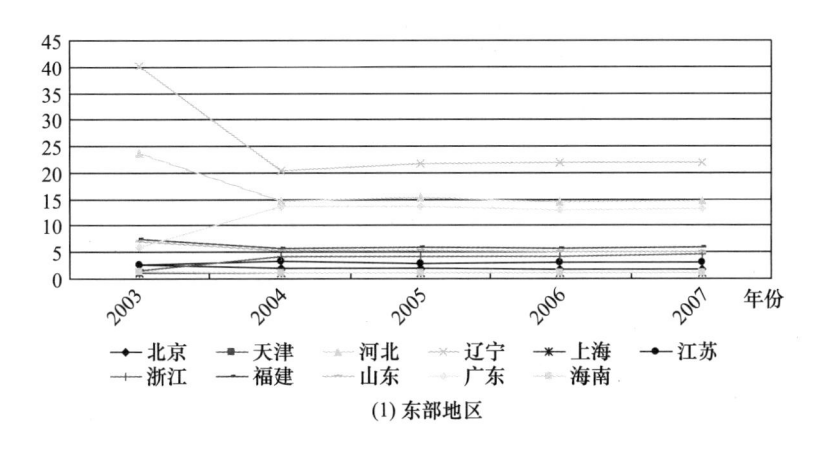

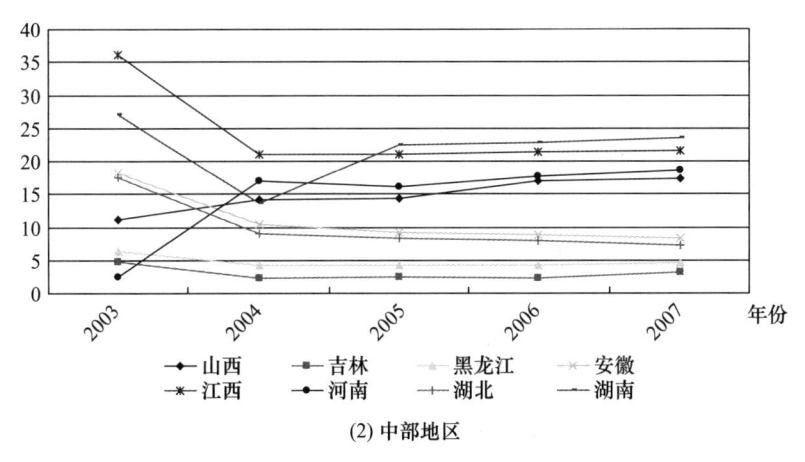

(1) 东部地区

(2) 中部地区

(3) 西部地区

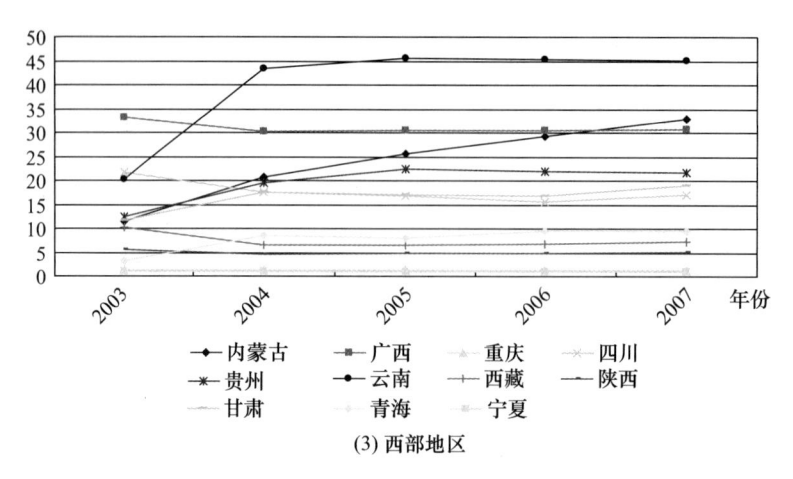

图 3-2 东部地区、中部地区和西部地区金属矿产资源约束动态对比

表 3-6 显示，2007 年水资源的相对稀缺指数仅为 0.32，大部分地区水资源相对稀缺。就单个省份来看，广东、新疆、江苏、西藏、湖南等省份水资源丰富，面临较小的水资源约束，而宁夏、山西、北京和天津 4 个省份属于缺水区域，优势区域与紧缺区域缺口较大。中国 83% 的水资源集中在占全国耕地 38% 的长江流域以及南部地区；综合 2003—2007 年各省份水资源约束情况可以看出，该类约束区域排名较为稳定。

表 3-6　　　　　　各省份水资源约束情况

省份	2003 年	2004 年	2005 年	2006 年	2007 年
北京	2.582126	2.393734	2.306596	2.2261	2.223145
天津	1	1.043227	1.02483	1	1.00991
河北	21.1162	20.237867	20.326554	19.47152	18.96788
辽宁	14.376798	14.868577	16.136716	15.28322	15.01353
上海	10.243045	10.970829	11.030314	10.35596	10.313165
江苏	50.226535	54.433939	55.911852	55.74254	56.470325
浙江	26.113864	26.775295	30.875422	29.27232	28.550115
福建	26.097455	24.816476	32.845508	35.7503	29.2342

第三章 资源约束与区域产业分工

续表

省份	2003 年	2004 年	2005 年	2006 年	2007 年
山东	26.628343	24.169593	24.366492	22.6481	23.599425
广东	61.40757	58.2714	63.983676	68.78434	59.8734
海南	6.592635	5.126398	6.411568	5.8105	6.286225
内蒙古	21.236258	20.639516	21.17385	20.63422	18.875935
广西	47.359082	44.747921	49.02664	50.95782	43.45684
重庆	6.592635	5.126398	6.411568	5.8105	6.286225
四川	47.356532	45.003562	52.237452	41.2773	44.847105
贵州	17.963746	18.403995	17.582658	17.86216	19.85428
云南	31.514881	35.170409	33.75458	32.72452	38.37346
西藏	50.568514	49.157749	51.175234	51.05968	51.300615
陕西	12.502807	9.521558	11.921224	9.98132	10.605575
甘肃	13.953327	12.843155	13.912906	12.57278	12.734985
青海	8.336539	7.92133	11.359412	8.47546	9.134115
宁夏	5.538442	6.311334	6.517264	6.23698	5.444645
新疆	60.329129	58.170577	60.271666	59.06156	56.868505
山西	5.995511	5.301333	5.106388	5.4	5.364845
吉林	12.945666	12.082253	14.654282	12.70152	12.04979
黑龙江	32.861549	31.815297	34.072608	34.6609	31.50343
安徽	28.518903	25.186065	27.426502	28.67668	28.47125
江西	30.783502	30.008633	36.176594	37.59034	33.29219
河南	25.476516	23.305596	24.616704	24.2019	23.52782
湖北	36.999354	32.905633	34.350986	30.99748	34.407205
湖南	50.51406	48.47462	50.040988	50.92372	45.20422

从图 3-3 东部地区、中部地区和西部地区水资源约束动态对比中可以看出，水资源在三大区域分布状况比较类似，各大区域均有水资源丰富的地区和水资源相对匮乏的地区。水资源分布并不能解释东部、中部、西部三大经济地带区域发展的差异性。

(1) 东部地区

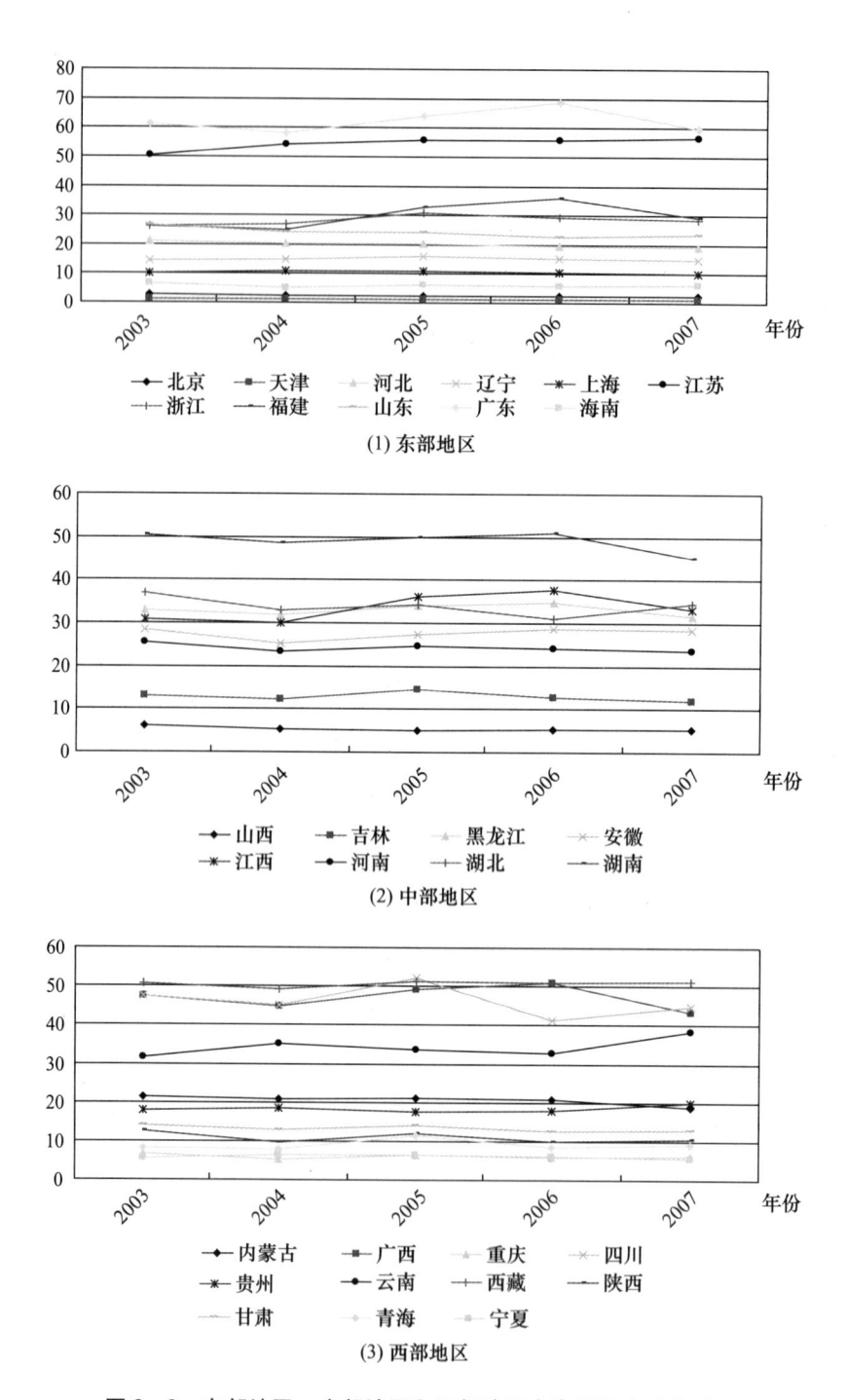

(2) 中部地区

(3) 西部地区

图 3-3　东部地区、中部地区和西部地区水资源约束动态对比

第三章 资源约束与区域产业分工

我国耕地资源统计数据为普查数据，2003—2006年数据来源相同，和2007年普查数据相比略有变化。从2007年数据可以看出，黑龙江耕地资源最为丰富，其次为河南、山东、内蒙古和河北4个省份（见表3-7）。2007年耕地资源稀缺指数为0.5，也处于相对稀缺的状态。

表3-7　　　　　　各省份土地资源约束情况

省份	2003年	2004年	2005年	2006年	2007年
北京	1.2500	1.2500	1.2500	1.2500	1.0000
天津	2.4700	2.4700	2.4700	2.4700	2.8000
河北	57.7500	57.7500	57.7500	57.7500	52.8900
辽宁	34.3500	34.3500	34.3500	34.3500	33.8700
上海	1.0000	1.0000	1.0000	1.0000	1.2300
江苏	42.0100	42.0100	42.0100	42.0100	39.6500
浙江	16.6400	16.6400	16.6400	16.6400	15.3800
福建	10.6700	10.6700	10.6700	10.6700	10.3900
山东	64.7200	64.7200	64.7200	64.7200	63.0500
广东	26.5500	26.5500	26.5500	26.5500	23.3100
海南	4.8600	4.8600	4.8600	4.8600	5.2200
内蒙古	69.1400	69.1400	69.1400	69.1400	59.9800
广西	36.3600	36.3600	36.3600	36.3600	34.9700
重庆	4.8600	4.8600	4.8600	4.8600	5.2200
四川	40.6500	40.6500	40.6500	40.6500	49.7700
贵州	53.7600	53.7600	53.7600	53.7600	37.3000
云南	1.4100	1.4100	1.4100	1.4100	50.8200
西藏	1.4000	1.4000	1.4000	1.4000	2.1000
陕西	41.6900	41.6900	41.6900	42.6900	33.5600
甘肃	4.2200	4.2200	4.2200	41.6900	38.7700
青海	9.2400	9.2400	9.2400	4.2200	3.6400
宁夏	32.7200	32.7200	32.7200	9.2400	8.4600
新疆	32.7200	32.7200	32.7200	32.7200	34.1100
山西	37.9200	37.9200	37.9200	37.9200	33.6000
吉林	46.4800	46.4800	46.4800	46.4800	46.2300
黑龙江	100.0000	100.0000	100.0000	100.0000	100.0000

续表

省份	2003 年	2004 年	2005 年	2006 年	2007 年
安徽	49.8700	49.8700	49.8700	49.8700	47.8800
江西	24.1400	24.1400	24.1400	24.1400	23.1300
河南	68.3500	68.3500	68.3500	68.3500	66.6300
湖北	41.0400	41.0400	41.0400	41.0400	38.8000
湖南	32.4300	32.4300	32.4300	32.4300	31.3400

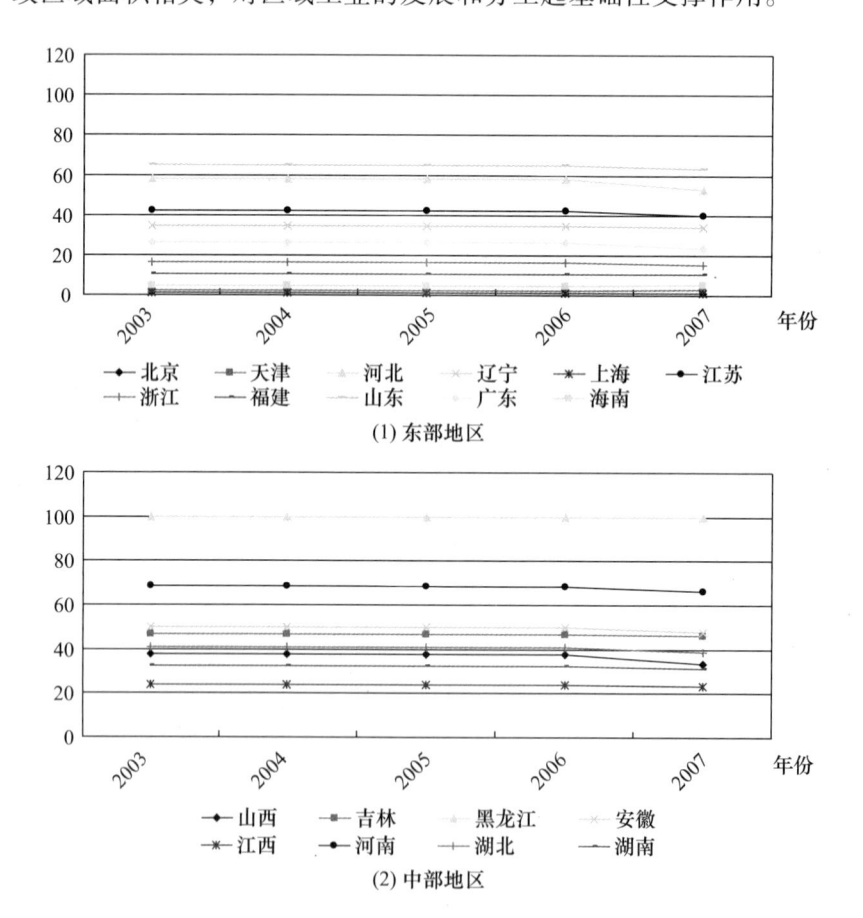

从图 3-4 的东部地区、中部地区和西部地区耕地资源动态对比可以看出，东部地区和西部地区耕地资源分布类似，在高端、低端阶段均有分布，而中部地区资源分布基本在 20 以上。该指标主要和行政区域面积相关，对区域工业的发展和分工起基础性支撑作用。

(1) 东部地区

(2) 中部地区

第三章 资源约束与区域产业分工

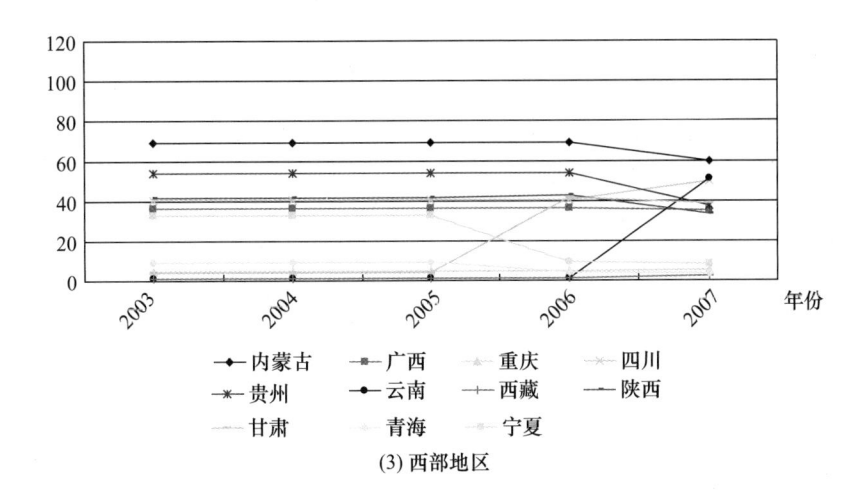

[图表：西部地区耕地资源动态对比，2003-2007年，包含内蒙古、广西、重庆、四川、贵州、云南、西藏、陕西、甘肃、青海、宁夏]

(3) 西部地区

图 3-4　东部地区、中部地区和西部地区耕地资源动态对比

（二）总资源约束的测算与分析

资源总约束是对以上四项资源约束的汇总。我们再次以熵的视角进行测算，计算出能够表示该地区资源总约束的指数化数据。表 3-8 是我们计算出的各省份资源总约束指数。

表 3-8　　　　　　　　　各省份资源总约束指数

省份	2003 年	2004 年	2005 年	2006 年	2007 年
北京	2.580333	2.182004	2.256066	2.143837	2.077097
天津	3.263633	3.333179	3.206070	2.809898	3.054424
河北	31.758257	29.514673	29.569556	29.241399	29.142211
辽宁	27.744324	23.281467	23.529729	22.892439	22.817214
上海	5.769199	6.095923	5.701854	5.282530	5.228814
江苏	29.252002	30.702334	32.278999	32.777612	32.270874
浙江	15.281362	15.933963	17.547486	17.574214	17.225575
福建	13.575250	12.811208	14.966987	15.765479	14.272212
山东	33.933033	33.544438	33.752156	33.853813	34.267823
广东	30.564957	31.760655	33.183500	34.076010	31.284845

续表

省份	2003 年	2004 年	2005 年	2006 年	2007 年
海南	3.695261	3.286759	3.595478	3.456548	3.696539
内蒙古	36.951378	39.557931	40.028507	40.043725	40.761068
广西	30.906511	29.285137	30.594968	31.156705	29.275932
重庆	3.695261	3.286759	3.595478	3.456548	3.696539
四川	33.214271	32.566981	33.991343	31.971516	36.340619
贵州	24.479048	26.391700	26.833600	27.076714	23.713990
云南	16.196094	22.927797	22.661959	22.515023	36.509863
西藏	15.948414	14.678550	15.169440	15.154558	15.536074
陕西	23.515061	24.062214	23.800656	25.503227	23.768496
甘肃	19.120574	11.694976	11.917285	20.650444	20.780847
青海	5.987321	9.345619	9.585574	8.052562	8.236726
宁夏	4.623368	11.499808	11.601849	5.817554	5.438466
新疆	35.861870	35.248899	35.562437	34.763447	35.502747
山西	22.418358	24.238914	24.555604	25.556196	24.785657
吉林	18.119798	18.601326	19.425855	18.601809	19.121676
黑龙江	42.888125	43.124086	43.690180	43.895009	43.650223
安徽	26.073021	24.485443	24.636439	24.792618	24.117254
江西	23.048434	20.203128	21.740913	22.238224	21.017242
河南	27.652283	32.945204	33.205110	33.395606	33.506204
湖北	25.243527	24.881208	25.189585	23.908339	24.547614
湖南	27.960308	27.145532	28.529922	28.960581	27.526598

2007 年，全国各省份资源总约束数据表明，黑龙江、内蒙古、云南、四川和新疆等省份受资源总约束程度最小，而北京、上海、重庆和天津 4 个经济发达直辖市及海南省资源存量较小，所受约束较紧。总体来说，从图 3-5 中的东部地区、中部地区和西部地区资源总约束状况对比可以看出，东部地区处于中下游水平，而西部地区的重庆等约束较大，但大部分省份资源丰富。中部地区整体资源存量优势较为明显。资源约束较大的省份大部分位于东部地区。

第三章 资源约束与区域产业分工

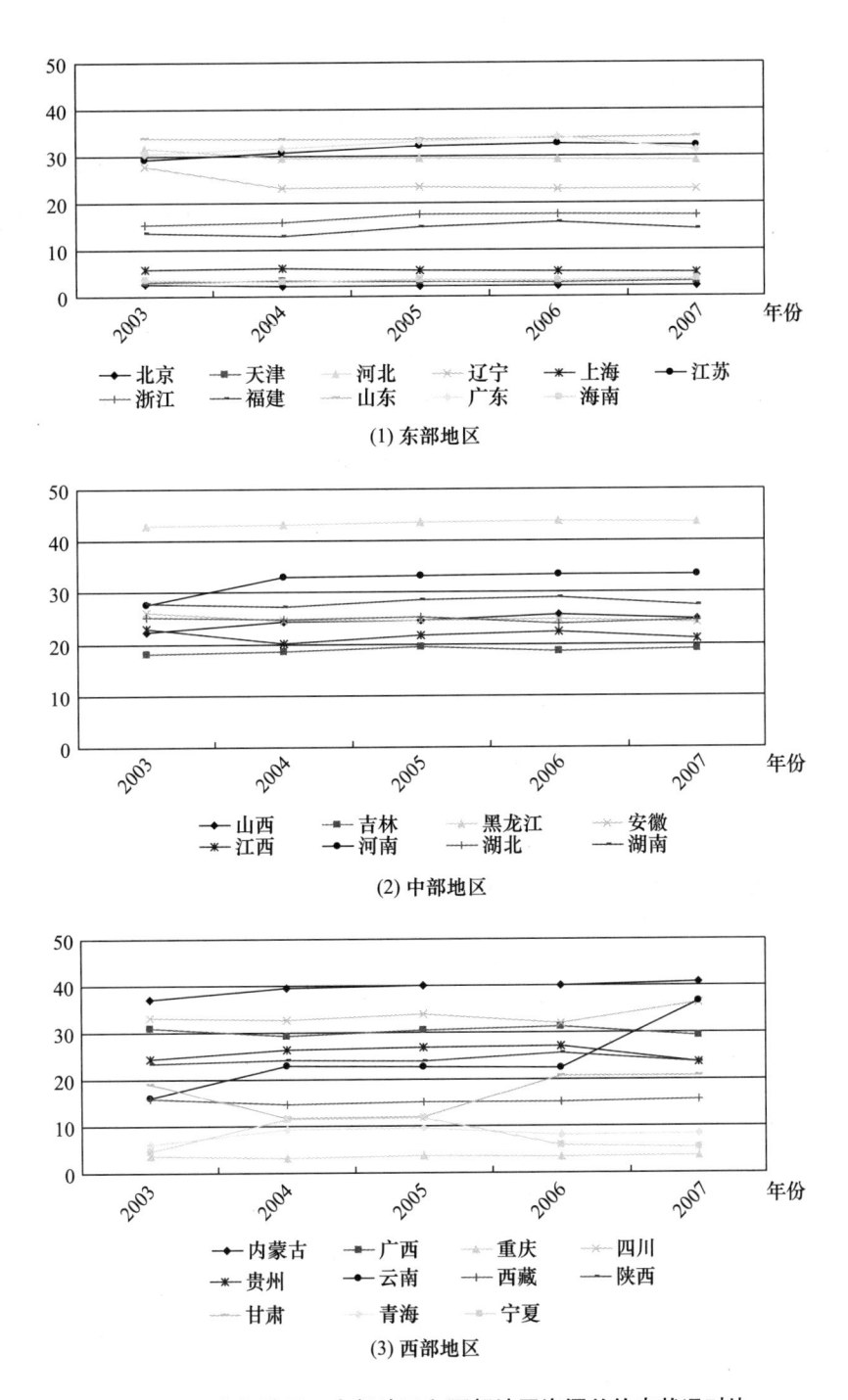

(1) 东部地区

(2) 中部地区

(3) 西部地区

图 3-5 东部地区、中部地区和西部地区资源总约束状况对比

中国的经济发展与资源利用存在矛盾。一方面，某些地区的资源禀赋较为初级，处于劣势梯度，资源存在结构性失衡；另一方面，中国经济的粗放增长方式尚未完全转变，在一些落后地区和资源富集地区尤其明显。既有工业化模式下随着经济的快速增长和居民可支配收入的持续增加，各种资源需求将继续增加，部分资源型产业低水平重复投资建设较为严重。面临日益趋紧的资源总约束，调整资源型结构失衡，平衡区域间分工关系，对我国资源型地区的长期发展非常重要。

二 资源型产业集群测算与分析

表3-9为2003—2007年各省份资源密集型产业区位商。

表3-9　　2003—2007年各省份资源密集型产业区位商

省份	2003年	2004年	2005年	2006年	2007年
北京	0.011579	0.023071	0.033429	0.032874	0.032420
天津	0.017891	0.02167	0.030743	0.030482	0.026890
河北	0.021027	0.02737	0.037791	0.038258	0.034210
辽宁	0.035425	0.042162	0.051981	0.047759	0.039415
上海	0.009873	0.012188	0.015722	0.01467	0.000161
江苏	0.006732	0.009026	0.012605	0.011839	0.010168
浙江	0.007721	0.013393	0.018091	0.017141	0.014738
福建	0.01006	0.013898	0.01779	0.017208	0.015532
山东	0.017444	0.023379	0.026863	0.026494	0.022897
广东	0.010443	0.015532	0.018842	0.018762	0.016813
海南	0.013745	0.025978	0.03401	0.048855	0.073414
内蒙古	0.029369	0.041946	0.055906	0.05886	0.056473
广西	0.013953	0.019946	0.027213	0.025849	0.025186
重庆	0.007324	0.012323	0.017771	0.01732	0.015939
四川	0.016282	0.022468	0.028691	0.028563	0.027129
贵州	0.023258	0.040539	0.054939	0.058228	0.055441
云南	0.018823	0.022224	0.030877	0.032398	0.031814
西藏	0.033311	0.038408	0.05081	0.056592	0.065807
陕西	0.044939	0.054571	0.078568	0.080457	0.071721

第三章 资源约束与区域产业分工

续表

省份	2003年	2004年	2005年	2006年	2007年
甘肃	0.053372	0.063323	0.079104	0.076094	0.069255
青海	0.055095	0.072884	0.086715	0.081019	0.071527
宁夏	0.035303	0.051383	0.068789	0.067019	0.059925
新疆	0.079499	0.09245	0.121133	0.121864	0.107273
山西	0.040966	0.067197	0.090887	0.09104	0.084275
吉林	0.01255	0.021946	0.029627	0.029328	0.000246
黑龙江	0.073755	0.081067	0.103647	0.102142	0.092288
安徽	0.016721	0.024759	0.033983	0.03108	0.025805
江西	0.021781	0.026434	0.034875	0.030265	0.025228
河南	0.026925	0.031648	0.044613	0.042382	0.039619
湖北	0.015892	0.02729	0.030237	0.030418	0.026377
湖南	0.020835	0.025402	0.03371	0.032307	0.028272

图3-6反映了我国资源密集型产业专业化指数优势地区动态变化情况。在这10个省份当中，海南位于东部地区，黑龙江和山西位于中部地区，其余均位于西部地区。值得注意的是，新疆、黑龙江、山西、内蒙古拥有丰富的资源，而海南、青海、西藏、宁夏的资源约束较紧。这两类地区在资源密集型产业上都拥有专业化优势。如海南自然资源较为贫乏，整体工业化程度较为缓慢，资源密集型产业的区位商较高，同省内其他产业相比、同全国同类省份相比具有一定的优势。

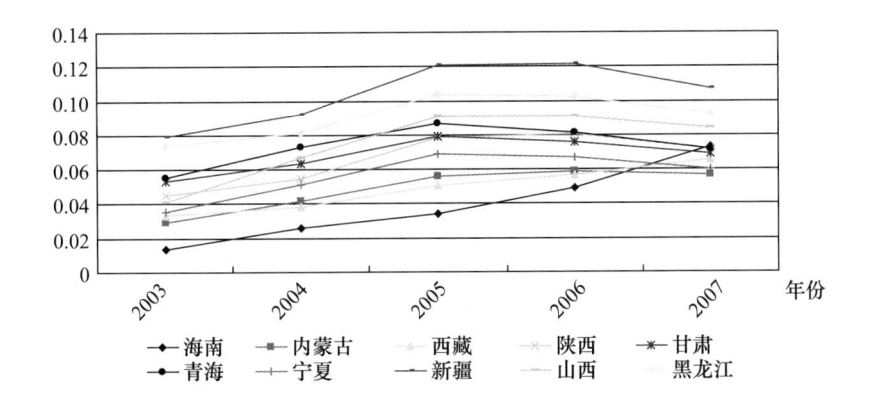

图3-6 我国资源型产业专业化指数优势地区指数动态变化

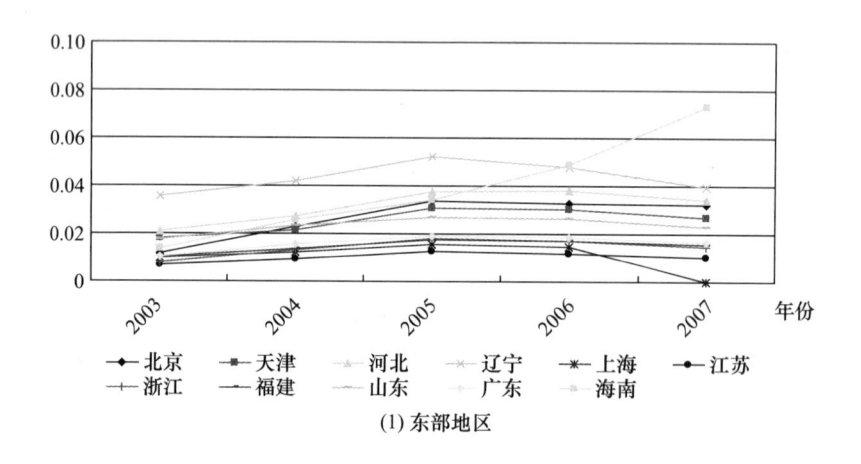

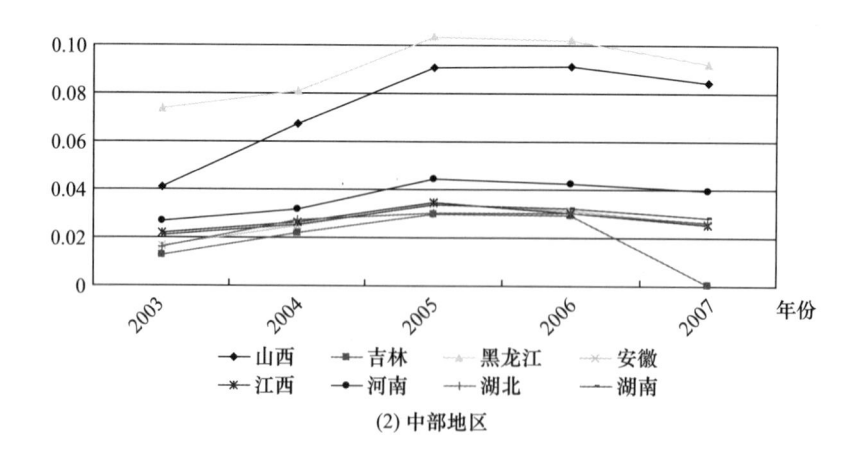

从图 3-7 的东部地区、中部地区和西部区位商分布对比可以看出，从三大区域角度来看，西部地区在资源密集型产业上拥有较大的专业化优势，而东部经济较为发达的地区专业化指数普遍较低，除海南和辽宁外，其余均位于 0.05 以下，且 2005 年之后呈下降趋势。中部地区情况类似，除黑龙江和山西专业化程度较高外，其余地区位于 0.05 以下。这说明某类产业专业化程度不仅与资源禀赋相关，也与工业发展阶段密切联系。

(1) 东部地区

(2) 中部地区

第三章 资源约束与区域产业分工

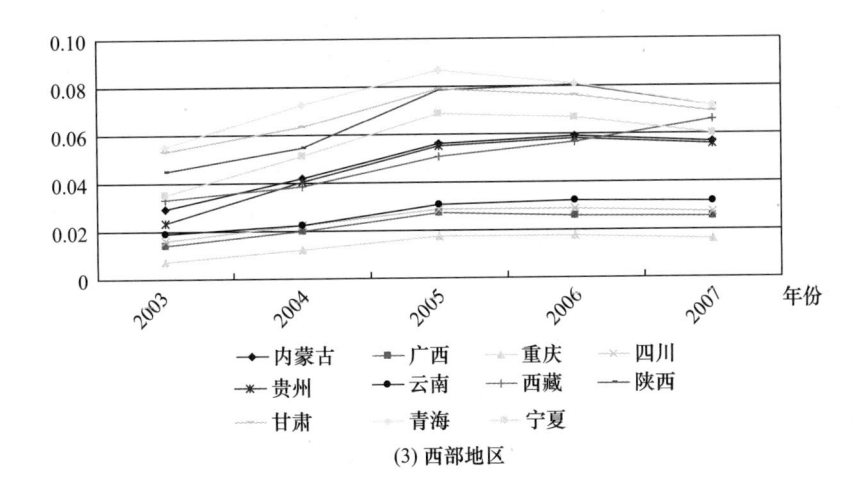

（3）西部地区

图 3-7　东部地区、中部地区和西部地区区位商分布对比

三　区域产业垂直分工指标测算与分析

根据前文所介绍的测算方法和 2003—2007 年的《中国工业经济统计年鉴》中披露的分行业和分地区的工业总产值与工业增加值数据，我们得到了历年分地区资源密集型产业垂直分工指数，测算数据如表 3-10 所示。

表 3-10　　　　　各省份资源密集型产业垂直分工指数

省份	2003 年	2004 年	2005 年	2006 年	2007 年
北京	0.321694	0.258177	0.236110	0.223205	0.251698
天津	0.457964	0.434677	0.453117	0.410115	0.417510
河北	0.513643	0.392822	0.358212	0.348431	0.351001
辽宁	0.338892	0.298412	0.279788	0.280006	0.294963
上海	0.346929	0.234274	0.197680	0.182219	0.210268
江苏	0.402237	0.295505	0.243368	0.269234	0.267182
浙江	0.422983	0.266976	0.222415	0.209314	0.213191
福建	0.471459	0.359001	0.328839	0.313375	0.322331
山东	0.494187	0.411560	0.420555	0.376927	0.354571
广东	0.437581	0.372448	0.348890	0.358734	0.344585
海南	0.565417	0.374802	0.419488	0.284499	0.229804

续表

省份	2003年	2004年	2005年	2006年	2007年
内蒙古	0.549583	0.529259	0.518716	0.522672	0.526066
广西	0.562459	0.413311	0.367045	0.352756	0.370983
重庆	0.626467	0.470284	0.386925	0.412309	0.455434
四川	0.548069	0.462660	0.427328	0.426749	0.448493
贵州	0.491228	0.400131	0.367890	0.374833	0.366574
云南	0.464431	0.422229	0.412665	0.417539	0.394281
西藏	0.605893	0.650173	0.675063	0.642857	0.676877
陕西	0.450038	0.491818	0.484126	0.513868	0.519240
甘肃	0.345074	0.272417	0.257795	0.241552	0.245245
青海	0.510232	0.465093	0.433675	0.453245	0.463220
宁夏	0.436578	0.398309	0.375406	0.346295	0.434955
新疆	0.512589	0.506552	0.494612	0.510221	0.508785
山西	0.640920	0.481243	0.428920	0.427297	0.427836
吉林	0.522465	0.495006	0.484896	0.489114	0.483549
黑龙江	0.632759	0.611571	0.591153	0.611112	0.611260
安徽	0.572339	0.430263	0.367605	0.378591	0.402516
江西	0.346373	0.401288	0.278806	0.303982	0.675991
河南	0.469700	0.399906	0.349572	0.339273	0.441077
湖北	0.415813	0.352708	0.330342	0.309603	0.355075
湖南	0.419545	0.363435	0.356956	0.340749	0.336489

图 3-8 反映了资源密集型产业垂直分工指数较高的 5 个省份与垂直分工指数较低的 10 个省份在 2003—2007 年的指标动态变化。除江西和海南的工业增加值波动较大外，工业增加值指数较高的西藏、黑龙江、内蒙古和陕西的垂直分工指数不断上升，而产业垂直分工指数较小的北京、甘肃、浙江和上海等下降幅度较为明显。

图 3-9 是产业垂直分工指数三大区域对比。图 3-9 显示，东部地区资源密集型产业垂直分工指数普遍较低且下降幅度较大，而中部地区、西部地区差别不大，西部地区略高，这与我们预测的研究相符。西部地区多数省份处于工业化的初级阶段，正处于利用资源等初级要素的高峰期。

第三章 资源约束与区域产业分工

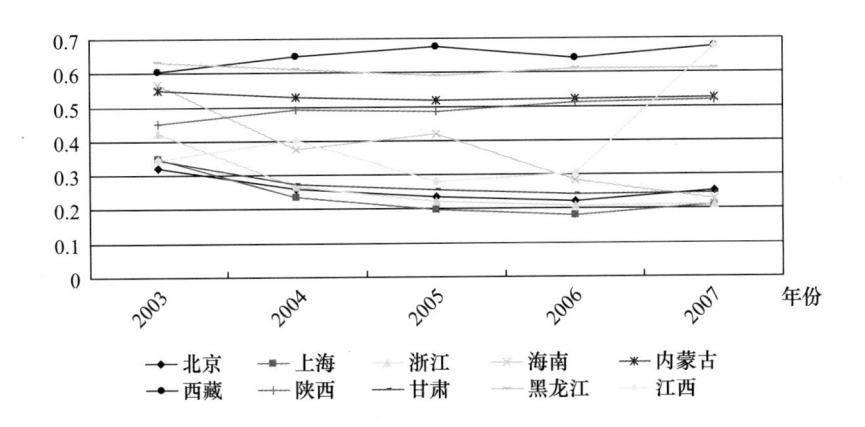

图 3-8 产业垂直分工指数

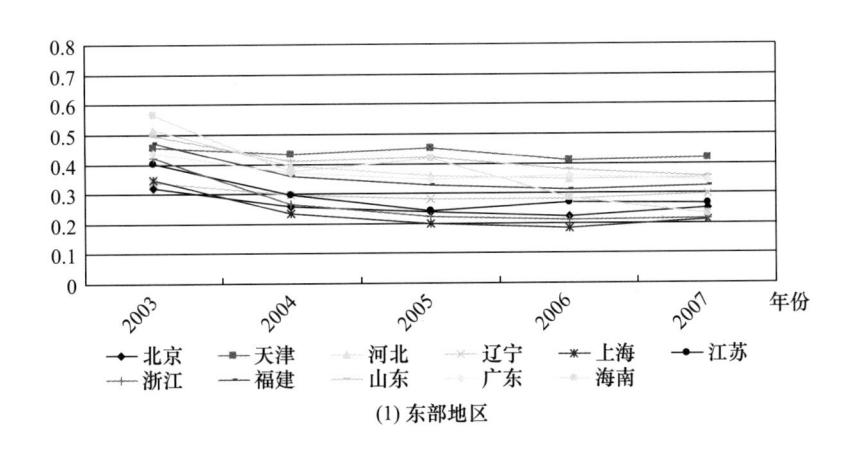

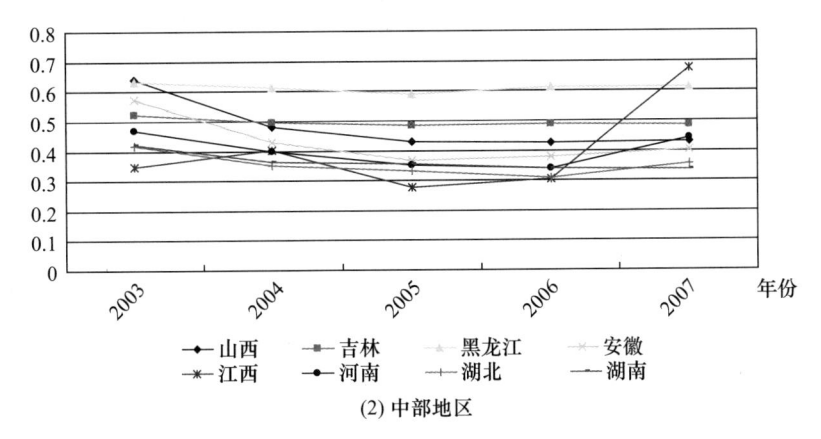

(1) 东部地区

(2) 中部地区

(3) 西部地区

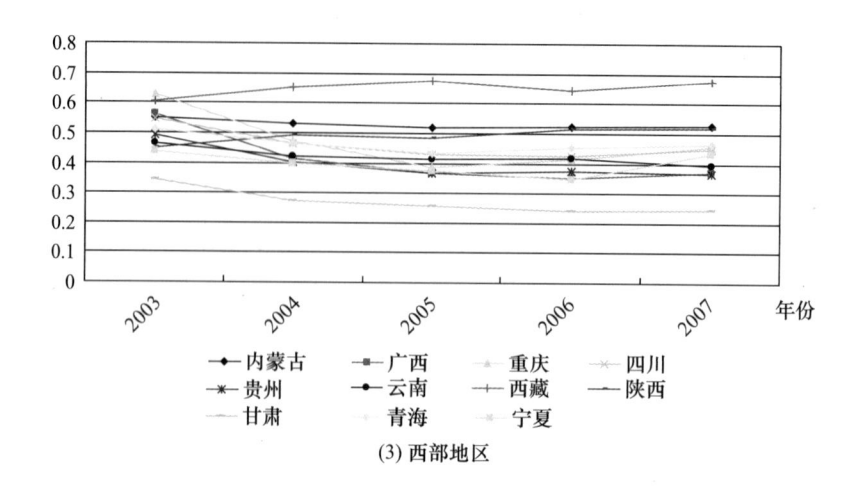

图 3-9　区域垂直分工指数三大区域对比

第四节　资源约束与产业区域分工的回归模型及结果分析

一　模型建立的依据

我们在此构建计量回归模型的依据是：某一区域内的资源约束能够影响该地区产业类型的形成和集群，从而形成不同区域的专业化分工与协作。而产业在空间上的集聚吸引资本和技术等可流动要素，对专业化分工和资源的有效配置又有进一步的促进作用。下面我们就资源约束与垂直分工的函数关系进行探讨。首先利用 SPSS 软件的计量方法进行模型的拟合，在得到 2003—2007 年的回归模型后，再对各项系数及拟合效果进行比较（见表 3-11），进一步说明两者关系的动态变化。

表 3-11　　　　　　　　模型汇总和参数估计值

方程	模型汇总					参数估计值			
	R^2	F	自由度1	自由度2	显著性（双尾）	常数	b1	b2	b3
二次	0.083	1.270	2	28	0.296	0.364	0.000	8.914E−5	
三次	0.229	2.677	3	27	0.067	0.217	0.040	−0.002	3.407E−5
复合	0.098	3.148	1	29	0.087	0.318	1.008		
幂	0.091	2.912	1	29	0.099	0.278	0.111		
S	0.086	2.739	1	29	0.109	−0.887	−0.843		
指数	0.098	3.148	1	29	0.087	0.318	0.008		

注：因变量是垂直分工指数；自变量为资源总约束。

二 模型构建及测算

我们以 2007 年数据为例来说明进行回归拟合的主要步骤，并对 2003—2007 年回归模型的拟合程度进行比较。

（一）绘制资源总约束的散点图

绘制资源总约束与垂直分工指数散点图。从图 3-10 的资源总约束散点图我们可以判断，资源总约束与垂直分工指数两者不存在明显的线性关系。因此，可以用非线性回归进行模拟，得到如图 3-11 所示的曲线。

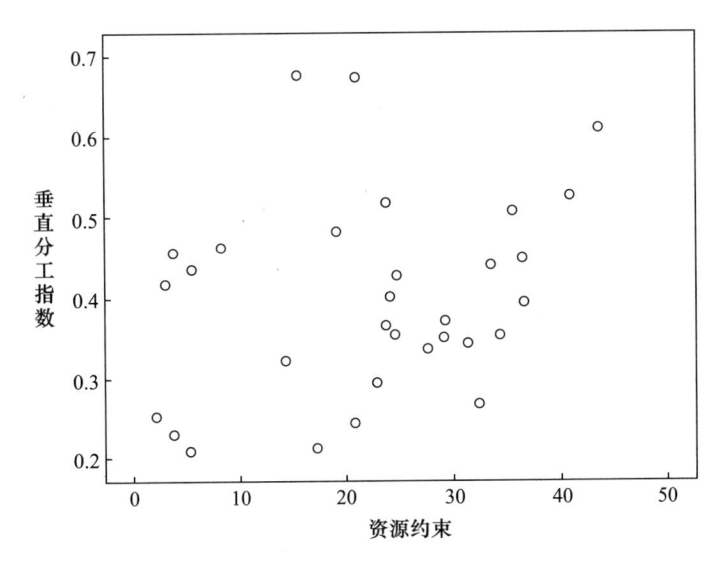

图 3-10　资源总约束散点图

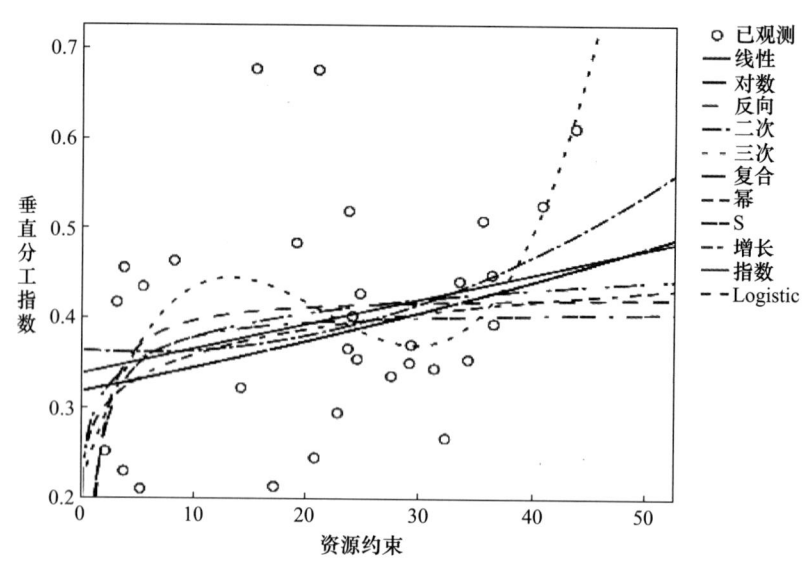

图 3-11　垂直分工指数与资源约束拟合图形

(二) 进行非线性回归模拟

从图 3-11 的垂直分工指数与资源约束拟合图形来看, 资源约束和垂直分工指数之间三次方函数拟合较好, 但 R^2 仅为 0.229, 显著性为 0.067, 没有通过检验, 说明模型整体拟合程度较低, 需要排除异常点, 进一步调整模型。

(三) 优化拟合模型

从图 3-12 的垂直分工指数和资源约束修正后的拟合图形可以看出, 2007 年, 大多数地区的资源存量同工业增加值率呈反向变动关系, 即资源约束越高, 工业增加值率越低。在资源丰富的地区, 资源密集型产业更易形成产业的集群与专业化, 通过细化分工获得较高的中间产品收益。异常点集中在垂直分工指数全国地区排名的两端。西藏和江西两个省份面临的资源约束一般, 但其资源密集型产业的垂直分工指数却很高。江苏、浙江和上海为东部发达地区, 工业发展以逐步向知识型、技术型高新产业过渡, 其资源密集型产业的发展逐步呈萎缩趋势, 这与其工业发展的阶段是相符合的。相对其他样本而言, 这些异常点并不能反映资源与垂直分工指数的整体关系, 需要剔除。调整后的模拟如图 3-12 所示。

第三章 资源约束与区域产业分工

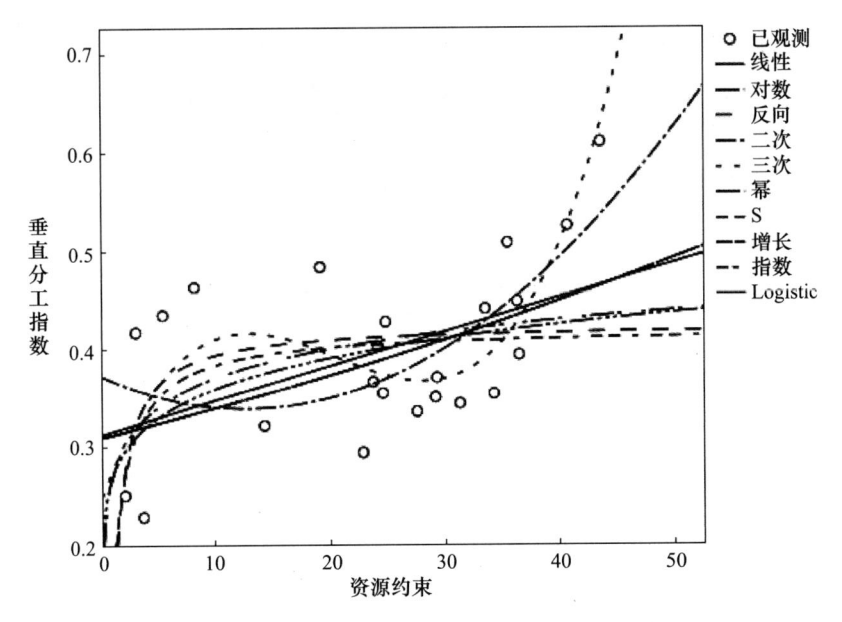

图 3-12 垂直分工指数和资源约束修正后的拟合图形

从表 3-12 可以看出，经过调整后的模型三次曲线 R^2 值为 0.557，显著性水平为 0.001，拟合优度大于 0.5，显著性水平较高，该优化模型通过检验，模拟程度最好。调整后的模拟表达式为：

$$I = 0.249 + 0.031X - 0.002X_2 + 0.00002805X_3$$

三次曲线为增函数，资源总约束与垂直分工指数呈显著的正相关关系。

表 3-12 修正后的模型汇总和参数估计值

方程	模型汇总					参数估计值			
	R^2	F	自由度1	自由度2	显著性（双尾）	常数	b_1	b_2	b_3
二次	0.359	5.604	2	20	0.012	0.373	-0.005	0.000	
三次	0.557	7.964	3	19	0.001	0.249	0.031	-0.002	2.805E-5
幂	0.223	6.033	1	21	0.023	0.272	0.122		
S	0.220	5.912	1	21	0.024	-0.867	-0.912		
指数	0.257	7.254	1	21	0.014	0.310	0.009		

注：因变量为垂直分工指数；自变量为资源总约束。

通过相同的 SPSS 分析方法和步骤，我们对 2003—2007 年的资源约束与垂直分工关系也进行了回归拟合，2003—2007 年资源约束与垂直分工水平拟合方式基本相同，经过去除异常点，调整优化后的 5 个回归方程及拟合程度分别如表 3-13 所示。

表 3-13　　　　　2003—2007 年优化回归模型

年份	优化回归模型	R^2	显著性水平
2003	$I = 0.368 + 0.017X + 0.00001495X^3$	0.582	0.002
2004	$I = 0.292 + 0.024X - 0.001X^2 + 0.00002141X^3$	0.588	0.001
2005	$I = 0.292 + 0.020X - 0.001X^2 + 0.00002063X^3$	0.645	0.000
2006	$I = 0.275 + 0.024X - 0.001X^2 + 0.00002537X^3$	0.553	0.001
2007	$I = 0.249 + 0.031X - 0.002X^2 + 0.00002805X^3$	0.557	0.001

从表 3-13 可以看出，在考察期为 5 年的回归模型中，2005 年数据得出的回归模型的 R^2 最大，为 0.645，显著性水平为 0.000，拟合程度最好，显著性水平最高。2003 年、2004 年拟合优度低于 2005 年，2006 年、2007 年拟合优度水平低于 2003 年、2004 年和 2005 年 3 个年度。虽然年份数据较少，但大致能够看出资源约束与垂直分工相关性的动态变化。2003—2005 年，资源约束对垂直分工的解释程度较大，2006 年和 2007 年资源约束对垂直分工的解释程度越来越小。这说明随着时间的推进，资源约束对垂直分工的影响虽然一直存在，但影响程度越来越小。在区域经济的发展中，其他因素如科技、知识和人力资本水平的作用可能越来越大。

第六节　本章结论与政策含义

本章以我国日益趋紧的资源约束问题和区域间产业分工为切入点，通过建立资源约束和垂直分工指标体系，以区位商、工业增加值率等指标对我国各区域资源约束和分工现状进行了多角度的评价与分析，并在标准化数据的基础上，运用 SPSS 方法研究了两者之间存在的关系，主要结论总结为以下几点：

第一，自然资源约束指标体系的测算与分析表明，我国大部分地区面临较紧的自然资源约束。能源矿产资源和金属矿产资源在三大地区间的分布差异性较为明显。水资源、耕地资源对区域经济发展起到了基础性的支撑作用。从三大经济地带角度来看，西部地区在资源密集型产业上拥有较大的专业化优势，而东部经济较为发达的地区，资源密集专业化指数普遍较低。很显然，资源密集型产业专业化程度，不仅与资源禀赋相关，而且与工业化发展阶段密切联系。东部地区资源密集型产业垂直分工指数普遍较低且下降幅度较大，而中部地区和西部地区差别不大，西部地区略高。这一实证测算的结果与我们研究的预期是相符的，即经济相对落后的西部地区的多数省份还处于工业化的初级阶段，正处于利用资源等初级要素的高峰期，地区经济发展依然依靠资源的开采与加工。

第二，区位商和垂直分工。新疆、黑龙江、山西和内蒙古等省份拥有丰富的自然资源，而海南、青海、西藏和宁夏 4 个省份的资源约束比较严重。这两类地区在资源密集型产业上都拥有专业化优势。如海南自然资源较为匮乏，整体工业化程度较为缓慢，但资源密集型产业区位商高，具有一定的专业优势。

第三，回归模型的结果表明，资源约束与垂直产业分工之间虽然不存在明显的线性关系，但有一定的非线性拟合效果，这种拟合方式在时间序列上较为稳定。从拟合曲线可以看出，资源约束对垂直分工有正向影响。不过，这种影响是有变化的：一方面，随着时间的推进，资源约束对垂直分工的影响不断减小；另一方面，在特定年份的横截面数据上，不同区域资源约束对垂直分工的正向影响程度不同。这可能说明，随着工业化进程的深入，自然资源条件在我国区域分工中的重要性呈减弱趋势，而且对于不同工业化阶段的地区或者处于不同分工环节的地区，资源的重要性是不一样的。

上述结果也间接地解释了自然资源输出地区为什么"不富"而自然资源匮乏地区却相对发达、区域经济发展差距拉大的问题。除那些已有研究所揭示的原因外，一个可能的原因是自然资源条件在区域分工中的重要性下降了。区域产业分工关系的变动是区域产业结构调整升级的基础。在这种情况下，资源丰裕地区区域经济发展的重要内容是，从资源型重化工阶段向高加工度阶段过渡，通过延伸资源型产业链条，发展高加工度制造业，或者在资源型产业的基础上发展新兴产业，承接国际先进产业的转移，逐步在产业链后端实现与发达地区的水平型分工。

第四章 资源禀赋、区域产业结构与资源效率
——基于CCA—DEA模型的实证分析

地区资源尤其是自然资源禀赋与地区产业形成和经济发展密切相关。一般来说，良好的自然资源禀赋是一个地区经济发展的优势条件，但是，我们也能找到资源禀赋差而经济获得了高质量发展的经济体，如瑞士和日本。同时，资源禀赋好而经济非常落后的经济也有很多。1993年，奥梯（Auty）在研究矿产资源丰裕国家的经济发展时，提出了"资源诅咒"的概念。他认为，丰裕的资源对一些国家的经济增长并不一定是充分的有利条件，有可能是一种限制。此后，国外很多学者对此进行了理论研究和实证分析。国内学者围绕这一假说就资源禀赋与经济增长和资源禀赋与资源效率两个层面进行了研究。陈林生和李刚（2004）研究了能源资源和区域经济发展的关系，发现自然资源丰富的地区反而停留在较低的发展水平上。张其仔和郭朝先（2008）在经济增长中纳入资源环境因素，发现我国经济增长的性质还未完全摆脱资源驱动型的特征。孟昌和陈玉杰（2011）的研究结果显示，全国综合能源效率在波动中总体呈下降趋势。各区域产业沿着高耗能的重化工业化的方向加速发展，可能是能源效率下降的直接原因，而体制性的低资源价格可能是诱因。张力小和梁竞（2010）基于2008年31个省份的能源和水资源面板数据，运用统计模型的研究表明，"资源诅咒"效应不仅作用于区域经济发展上，而且作用于资源的利用效率上。

我国的资源禀赋在区域上呈现出相对紧缺和分布不平衡的特点。经过改革开放以来的发展，资源输出省份与资源加工省份相比、资源丰富地区与资源匮乏地区相比，在经济总量、发展速度和产业结构上

出现了较大落差,这种落差的形成,固然受到改革的时序安排、体制问题以及区位条件、国家政策倾向的影响。但不可否认的是,重资源开采和轻资源深加工的产业政策在这种经济增长的差异中起到了推波助澜的作用。不同地区的资源禀赋差异巨大,产业布局与发展水平和分工程度不同,资源效率的差距更大。资源禀赋、区域产业结构和资源效率三者之间的关系如何,本章基于典型相关分析—数据包络分析(CCA—DEA)模型对此做出实证研究。

第一节 测算方法的选取说明

一 指标相关性对 DEA 模型效率的影响

数据包络分析(DEA)是评价决策单元(Decision Making Unit,DMU)有效性的典型方法,被广泛使用。但是,它在指标处理方面仍然存在不足。无论是 C^2R 模型还是 BC^2 模型,数据包络分析都只要求决策单元的输入和输出严格为正。后来的研究发现,输入和输出指标间的相关性会影响 DEA 效率值的测算。为了处理众多指标间的相关性对 DEA 效率值的影响,提高 DEA 测算的精度,Friedman 和 Sinuany–Stern 将 DEA 的相对效率思想运用到典型相关分析中,用典型相关分析来解决指标相关性对效率测度的影响,利用 DEA 方法解决无法为所有 DMU 排序的缺陷。

二 典型相关分析的基本思想

典型相关分析(CCA)是研究两组变量之间相关关系的一种多元统计分析方法。该统计方法一般设有两组随机变量(x_1,x_2,…,x_p)和(y_1,y_2,…,y_q),其研究的重点分别是找到变量(x_1,x_2,…,x_p)的一个线性组合 V 和(y_1,y_2,…,y_q)的一个线性组合 W,使得到新的综合变量 $V = a_1x_1 + a_2x_2 + \cdots + a_px_p = a'X$ 与 $W = b_1y_1 + b_2y_2 + \cdots + b_py_p = b'Y$ 之间有最大可能的相关系数,以充分反映两组变量间的关系。

我们称 a'X 和 b'Y 是 X 和 Y 的第一对典型相关变量,它们之间的相关系数为第一对典型相关系数,以此类推,可以得出第 i 对典型相关变量。在具体的研究和测算中,我们设有两组变量,一组是产业结构要素变量组,是模型的控制变量;另一组是资源禀赋变量组,为效标变量。

三 CCA—DEA 模型

用典型相关分析产生的典型变量作为综合指标应用于 DEA 方法的 C^2R 模型中,能在尽可能保留原有信息的前提下,起到降维和消除输入输出指标间相关性影响的作用,并且得到的输入输出变量间的相关性最大,而输入指标或输出指标间的相关性最小。在应用于 C^2R 模型构建帕累托(Pareto)效率边界的时候,在固定规模报酬(Constant Returns to Scale,CRS)的假设下来衡量各决策单元的相对有效性,求解得到的是综合效率值。再进一步使用 DEA 方法的 BC^2 模型来评价决策单元的技术效率是否最佳,这一步工作需要利用下列关系式:

综合效率 = 技术效率 × 规模效率

以此式推导出其规模效率,并进行规模经济分析。

第二节 基于 CCA—DEA 模型的实证分析

一 样本与指标选取

自然资源主要包括地壳的矿物岩石、地表形态、土壤覆盖层、地上与地下资源、海洋资源、淡水资源、太阳光能、热能以及生物圈的动植物界等。在对经济系统分析时,反映的往往是对土地资源、林木资源、水力资源和矿产资源的分别统计。由于自然资源是一个难以量化的指标,为研究方便起见,我们以地区能源产量来近似地表达该地区的自然资源丰度,并通过标准煤折算系数将所有能源转换为标准煤。具体包括原煤产量(x_1)、原油产量(x_2)、天然气产量(x_3)和水电和核电、风电生产量(x_4)。产出和产业结构分别用第一产业增加值(y_1)、第二产业增加值(y_2)和第三产业增加值(y_3)三个指标来反映。

分析沿用2000年国家制定西部大开发政策时的东部、中部和西部划分标准。即东部地区包括北京、天津、海南等11个省份；中部地区包括山西、吉林、黑龙江等8个省份；西部地区包括重庆、广西、内蒙古等12个省份。数据采用2008年的年度数据，由于西部地区的西藏历年的能源产量数据均缺失，西部地区不再考虑西藏。数据来自EPS数据平台。

二 典型相关分析

根据典型相关分析方法要求，计算相关变量：

输入变量组为：

能源产量 = （原煤产量 x_1，原油产量 x_2，天然气产量 x_3，水电、核电和风电生产量 x_4）

输出变量组为：

三次产业结构 = （第一产业 y_1，第二产业 y_2，第三产业 y_3）

利用SPSS分析软件，首先得到东部地区能源产量与三次产业结构典型相关分析结果，如表4-1所示。第一对典型相关系数为0.946，进行威尔克斯（Wilks）检验对应的p值为0.086，表明第一对典型相关是显著的。第二对典型相关系数为0.627，但威尔克斯检验对应的p值为0.474，因此仅考虑第一对典型相关。

表4-1 东部地区能源产量与三次产业结构典型相关分析

输入变量	典型载荷	输出变量	典型载荷
x_1	-1.325	y_1	-1.697
x_2	0.557	y_2	1.291
x_3	-0.398	y_3	-0.581
x_4	-0.269		
组内方差	0.232	组内方差	0.490
组外方差	0.208	组外方差	0.439
		典型相关系数	0.946
		p值	0.086

第四章 资源禀赋、区域产业结构与资源效率

对东部地区的典型相关分析结果中,第一典型变量将输入变量原煤和原油产量提取出来,对应的典型载荷分别为-1.325和0.557,输出变量与之对应的分别是第一产业、第二产业和第三产业,对应的典型载荷分别为-1.697、1.291和-0.581。这表明东部地区第一产业发展和原煤的相关度最强,第二产业次之,第三产业相对较小。从第一对典型变量的符号来看,原煤产量和第一产业的发展呈正相关关系,表明原煤产量的增加将会对东部地区第一产业的发展起到促进作用;原煤产量和第二产业的发展呈负相关关系,表明原煤产量的下降将会对东部地区第二产业的发展起到促进作用。

中部地区的能源产量与三次产业结构的典型相关分析结果,如表4-2所示。第一对典型相关系数为0.997,进行威尔克斯检验,对应的p值为0.027,表明第一对典型相关是显著的。第二对典型相关系数为0.906,但威尔克斯检验对应的p值为0.231,因此仅考虑第一对典型相关性。

表4-2　　中部地区能源产量与三次产业结构典型相关分析

输入变量	典型载荷	输出变量	典型载荷
x_1	0.887	y_1	-1.663
x_2	-1.324	y_2	1.400
x_3	1.678	y_3	0.665
x_4	0.163		
组内方差	0.466	组内方差	0.457
组外方差	0.465	组外方差	0.556
		典型相关系数	0.997
		p值	0.027

中部地区的典型相关分析结果中,第一典型变量将输入变量天然气和原油产量提取出来,对应的典型载荷分别为1.678和-1.324,输出变量与之对应的分别是第一产业、第二产业和第三产业,对应的

典型载荷分别为-1.663、1.400和0.665。这表明中部地区第一产业发展和天然气及原油产量相关度最强，第二产业次之，第三产业最小。从典型变量的符号来看，中部地区，天然气产量与第一产业呈负相关关系，与第二产业呈正相关关系；原油产量与第一产业呈正相关关系，与第二产业呈负相关关系。

西部地区的能源产量与三次产业结构典型相关分析结果如表4-3所示。第一对典型相关系数为0.965，进行威尔克斯检验，对应的p值为0.023，表明第一对典型相关是显著的。第二对典型相关系数为0.828，但威尔克斯检验对应的p值为0.267，因此仅考虑第一对典型相关。

表4-3　　西部地区能源产量与三次产业结构典型相关分析

输入变量	典型载荷	输出变量	典型载荷
x_1	0.624	y_1	-1.016
x_2	0.292	y_2	2.750
x_3	-0.137	y_3	-1.655
x_4	-0.495	—	—
组内方差	0.460	组内方差	0.930
组外方差	0.4280	组外方差	0.637
		典型相关系数	0.965
		p值	0.023

从西部地区的典型相关分析结果可以看出，第一典型变量将输入变量原煤和水电、核电、风电产量提取出来，对应的典型载荷分别为0.624和-0.495，输出变量与之对应的分别是第二产业、第三产业和第一产业，对应的典型载荷分别为2.750、-1.655和-1.016。这表明西部地区第二产业发展与原煤和水电、核电、风电产量相关度最强，第三产业次之，而第一产业最小。从典型变量的符号来看，西部地区原煤产量与第二产业发展呈正相关关系，水电、核电、风电产量

和第三产业的发展呈正相关关系。表 4-4 是东部地区、中部地区和西部三大经济带的能源生产总量。

表 4-4　　　东部地区、中部地区和西部地区能源生产总量

单位：万吨标准煤

地区	原煤	原油	天然气	水电、核电、风电
东部	25313.36	11935.51	1431.24	4929.38
中部	94900.37	7577.59	684.17	6498.70
西部	84121.12	8542.15	10342.83	8535.50

在进行典型相关分析时，有必要了解两组典型变量所能解释的各自原始变量变异的能力，从而测度典型变量所包含的原始信息量的大小，这就是典型变量的冗余分析。表 4-1 至表 4-3 中输入变量的组内方差是指资源变量被自身典型变量解释的方差比重，组外方差是指资源变量被产业结构变量的典型变量解释的方差比重。输出变量的组内方差是指产业结构变量被自身典型变量解释的方差比重，组外方差是指产业结构变量被资源变量的典型变量解释的方差比重。

三　DEA 分析

由典型变量值可以计算得到综合变量指标值，因为通过典型相关分析得到的综合变量指标值有可能存在负值的情况，所以，有必要对现有的综合变量指标值 V_i 和 W_i 进行修正。我们运用指数函数，把修正之后的结果代入 DEA 模型的输入和输出变量，运用 DEAP 2.1 软件计算综合效率、纯技术效率和规模效率，计算出的地区资源投入产出结构 DEA 相对有效性结果见表 4-5 至表 4-7 中的测算数据。

表 4-5　2008 年东部地区资源投入产出结构 DEA 相对有效性结果

地区	总体效率 θ^*	纯技术效率 σ^*	纯规模效率 ω^*	规模报酬
北京	0.493	0.511	0.966	递增
天津	0.485	1.000	0.485	递减
河北	0.580	0.786	0.738	递增

续表

地区	总体效率 θ^*	纯技术效率 σ^*	纯规模效率 ω^*	规模报酬
辽宁	0.827	0.907	0.912	递增
上海	1.000	1.000	1.000	不变
江苏	0.295	0.344	0.857	递增
浙江	0.687	0.713	0.964	递增
福建	0.615	0.684	0.898	递增
山东	0.617	1.000	0.617	递增
广东	0.554	0.639	0.868	递增
海南	0.421	0.438	0.962	递增

从表4-5可以看出，东部地区中，DEA总体有效（$\theta^*=1$）的是上海市，表明上海市的资源投入要素达到了最佳组合。其他省份均为DEA总体无效（$\theta^*<1$），表明这10个省份均在不同程度上存在着资源冗余问题。纯技术有效（$\sigma^*=1$）的省份有3个，分别是天津、上海和山东。表明这3个省份的资源技术效率处于最佳状态，当投入量一定时，这3个省份的产出结构能达到最佳。纯技术无效（$\sigma^*<1$）的省份有8个，分别是北京、河北、辽宁、江苏、浙江、福建、广东和海南。说明这8个省份处在技术和规模都无效的状态。纯规模有效（$\omega^*=1$）的省份是上海市，说明其规模经济不变，达到了最大的资源投入产出状态。其他10个省份为纯规模无效（$\omega^*<1$），其中，天津市为规模经济递减，表明其资源投入产出没有达到最佳比重，资源投入已经出现饱和，增加资源投入量不可能带来更大比重的产出，因此，没有必要再增加资源的投入。其余9个省份为规模经济递增，说明这9个省份的资源投入产出没有达到最佳比重，增加投入量可能会带来更多比重的产出，因此，有必要增加一定比重的资源投入。纯技术有效、纯规模无效（$\sigma^*=1$，$\omega^*<1$）的省份有两个，分别是天津和山东，表明这几个省份的资源投入并没有达到最佳投入规模。

第四章 资源禀赋、区域产业结构与资源效率

表4-6 2008年中部地区资源投入产出结构 DEA 相对有效性结果

地区	总体效率 θ^*	纯技术效率 σ^*	纯规模效率 ω^*	规模报酬
山西	0.837	0.975	0.858	递减
吉林	0.787	0.787	1.000	不变
黑龙江	0.865	0.941	0.919	递减
安徽	1.000	1.000	1.000	不变
江西	0.867	1.000	0.867	递增
河南	0.858	1.000	0.858	递减
湖北	0.883	0.936	0.943	递减
湖南	0.757	0.871	0.869	递增

由表4-6可知，中部地区中，DEA总体有效（$\theta^* = 1$）的是安徽省，表明安徽省的资源投入要素达到了最佳组合。其他省份均为DEA总体无效（$\theta^* < 1$），表明这7个省份均在不同程度上存在着资源冗余问题。纯技术有效（$\sigma^* = 1$）的省份有3个，分别是安徽、江西和河南。表明这3个省份的资源技术效率处于最佳状态，当投入量一定时，这3个省份的三次产业的产出能达到最佳。纯技术无效（$\sigma^* < 1$）的省份有5个，分别是山西、吉林、黑龙江、湖北和湖南，说明这5个省份处在技术和规模都无效的状态。纯规模有效（$\omega^* = 1$）的省份有两个，分别是吉林和安徽，说明这两个省份规模经济不变，达到了最大的资源投入产出状态。其他6个省份为纯规模无效（$\omega^* < 1$），其中，江西和湖南为规模效益递增，表明这两个省份的资源投入产出没有达到最佳比重，增加投入量可能会带来更多比重的产出，因此，有必要增加一定比重的资源投入。其余4个省份为规模效益递减，表明这时资源投入产出没有达到最佳比重，资源投入已经出现饱和，增加资源投入量不可能带来更大比重的产出，因此，没有必要再增加资源的投入。纯技术有效和纯规模无效（$\sigma^* = 1$，$\omega^* < 1$）的省份有江西和河南，表明这两个省份的资源投入没有达到最佳投入规模。

表4-7 2008年西部地区资源投入产出结构DEA相对有效性结果

地区	总体效率 θ^*	纯技术效率 σ^*	纯规模效率 ω^*	规模报酬
内蒙古	0.511	1.000	0.511	递减
广西	0.526	1.000	0.526	递增
重庆	0.623	0.631	0.987	递增
四川	0.637	0.722	0.882	递增
贵州	0.426	0.533	0.798	递增
云南	0.732	1.000	0.732	递增
陕西	0.775	1.000	0.775	递减
甘肃	0.556	0.601	0.927	递增
青海	1.000	1.000	1.000	不变
宁夏	0.489	0.493	0.991	递增
新疆	0.417	0.435	0.958	递减

由表4-7可知，西部地区中，DEA总体有效（$\theta^*=1$）的是青海，表明青海的资源投入要素达到了最佳组合。其他省份均为DEA总体无效（$\theta^*<1$），表明这10个省份均在不同程度上存在着资源冗余问题。纯技术有效（$\sigma^*=1$）的省份有5个，分别是内蒙古、广西、云南、陕西和青海，表明这5个省份的资源技术效率处于最佳状态，当投入量一定时，这5个省份的三次产业的产出能达到最佳。纯技术无效（$\sigma^*<1$）的省份有6个，分别是重庆、四川、贵州、甘肃、宁夏和新疆，说明这6个省份处在技术和规模都无效的状态。纯规模有效（$\omega^*=1$）的省份是青海，说明其规模经济不变，达到了最大的资源投入产出状态。其他10个省份为纯规模无效（$\omega^*<1$），其中广西、重庆、四川、贵州、云南、甘肃和宁夏为规模效益递增，表明这7个省份的资源投入产出没有达到最佳比重，增加投入量可能会带来更大比重的产出，因此，有必要增加一定比重的资源投入。其余3个省份（内蒙古、陕西和新疆）为规模效益递减，表明这时资源投入产出没有达到最佳比重，资源投入已经出现饱和，增加资源投入量不可能带来更大比重的产出，因此没有必要再增加资源的投入。纯技术有效而纯规模无效（$\sigma^*=1$，$\omega^*<1$）的省份有内蒙古、广西、云

第四章 资源禀赋、区域产业结构与资源效率

南和陕西，表明这 4 个省份的资源投入没有达到最佳的投入规模。

由表 4－5 得到东部地区资源投入与产出结构平均总体效率为 0.598，平均纯技术效率为 0.729，平均纯规模效率为 0.842。由表 4－6 得到中部地区资源投入与产出结构平均总体效率为 0.857，平均纯技术效率为 0.939，平均纯规模效率为 0.913。由表 4－7 得到西部地区资源投入与产出结构平均总体效率为 0.608，平均纯技术效率为 0.765，平均纯规模效率为 0.826。由此可以看出，三大经济带的资源投入总体效率中部最高，西部居中，东部最低。东部和西部资源利用效率偏低的主要原因是纯技术效率偏低造成的，也就是说，在资源开采技术和运用技术上还存在不少问题，效率改善的空间较大。中部地区资源总体效率较低的原因在于规模效率，各个省份对其资源规模进行调整，可以进一步提高中部经济带的资源效率。

第三节　本章结论与政策含义

我们通过运用典型相关分析和数据包络分析方法，从区域的角度分析了资源禀赋、产业结构和资源效率之间的关系。从分析的结果看，三大经济带不同产业的发展与不同的自然资源禀赋密切相关，呈现出差别。东部地区第一产业的发展和原煤的相关度很高，且存在正相关关系。原煤产量和第二产业的发展相关度次之，呈负相关关系。中部地区第一产业发展和天然气及原油产量相关度最强，天然气产量与第一产业呈负相关关系，与第二产业呈正相关关系；原油产量与第一产业呈正相关关系，与第二产业呈负相关关系。西部地区第二产业发展与原煤和电力产量相关度最强，两者呈正相关关系。

关于三大经济带的资源投入总体效率，中部地区最高，西部地区居中，东部地区最低。东部地区和西部地区资源利用效率偏低的主要原因是纯技术效率偏低造成的，也就是说，在资源开采技术和运用技术上还存在不少问题，效率改善的空间较大。中部地区资源总体效率较低的原因在规模效率，各个省份对其资源规模进行调整，可以进一

步提高中部经济带的资源效率。从各个省份的角度来看，DEA 总体有效的省份有 3 个，其他 27 个省份均为 DEA 总体无效，表明存在资源投入冗余或三次产业产出不足。纯技术有效的省份有 11 个，表明这 11 个省份的技术效率处于最佳状态，如果投入量适当，可以达到三次产业的最佳产出。因此，通过其规模报酬来分析投入量是否合适，在规模报酬递增时，需要进一步增加资源投入量，在规模报酬递减时，需要减少资源投入量。其他 19 个省份纯技术无效，表明这些省份需要进一步提高资源的运用技术。

第五章　资源价格市场化与区域产业结构升级
——投入产出价格模型

产业结构是各产业之间和产业内部既相互联系又相互制约的有机构成状况，主要包括三项内容：（1）各产业间和产业内部各成分之间的数量关系和比重；（2）产品升级、产业升级带来新老产业结构比重的变化或产业结构演进的趋势；（3）各产业的空间分布，即地域布局。据此，调整产业结构的意图，就是要使产业布局合理，发展比重协调，促进产业升级和产业结构高级化。产业结构升级的原动力在于创新，而资源在各产业间的流动配置使产业结构的升级得以实现。无论是创新，还是资源的流动配置，在市场经济条件下，都是通过利润率的追逐和相对价格诱导来实现。资源价格作为资源稀缺性程度的信号和重要的经济杠杆，通过调节不同产业部门的经济利益和利润率，发挥引导资金投向和资源配置取向的功能，进而反作用于产业结构。

经济发展过程中，产业结构呈现出一定的规律性变化，即第一产业的比重不断下降；第二产业比重先上升，后保持稳定，再持续下降；第三产业比重则是先略微下降，后基本平稳，再持续上升。我国目前正处于工业化的发展过程中，世界经济史显示，从工业结构的要素密集特征来看，一个国家工业化往往要经过三个阶段：第一阶段，以劳动密集型产业和资源密集型产业为主导，主要以成本优势获得经济的快速发展和积累的机会；第二阶段，成本优势受到挑战，研发和科技投入不断提高，边际效益上升，资本密集型和技术密集型产业面临快速发展的机遇；第三阶段，成本优势丧失，技术优势替代成本优势并占据主导地位，工业具备明显的国际竞争力，国家经济真正崛起。

但是，我国的资源价格仅仅反映了资源的生产成本，并没有将资源补偿、环境破坏、安全生产等成本合理地纳入资源要素价格之中，加上我国资源税比较低，导致我国资源价格长期低位运行，资源市场负向扭曲。当上游产品资源的价格与工业制成品价格相比过低时，资源开发的价值增值就会不合理地向产业链下游集中，下游产业因为扭曲的资源价格而从中获取额外的利润。因此，处于产业链下游的企业就会满足于低级的加工制造业，赚取低廉的加工费，以低价格参与市场竞争，因为没有成本和市场的压力，低级的加工制造业就没有以技术进步替代资源的内生动力，而处于更下游的资源深加工也因从中获得了额外利润而缺乏技术创新、管理创新的动力，对于节能技术和节能设施的推广则缺少了主动和热情。资源的低价位运行鼓励了企业高耗能、低附加值的粗放式经营模式，阻碍了企业通过技术和管理创新提高生产效率，从而导致产业结构的低级化，产业结构升级长期停滞不前，将我国经济也锁定在资源优势和能力劣势的路径上。因此，我国要推进资源价格市场化改革，提高能源价格，使能源价格不再单纯地依赖资源的生产成本，以此来推动我国产业结构的升级。本章对我国资源价格的市场化与产业结构升级进行实证研究。

第一节 文献述评

关于资源价格与产业结构的关系，我国学者做了大量的研究。从已有的文献来看，很多学者从理论角度研究了两者之间的关系，如金碚（2005）指出，中国经济增长越来越接近资源和环境条件的约束边界。中国目前和将来所面临的工业资源短缺性危机，第一个问题是价格问题，因此，中国的工业要从主要依靠耗费资源技术支撑工业竞争力转向主要依靠节约资源技术来支持工业竞争力，国家要完善有关资源开发利用制度并提高技术标准。金碚等（2011）指出："继续留恋于传统比较优势，主要依靠低要素成本参与国际竞争，通过消耗大量不可再生资源来实现工业增长的局面将难以为继。"中国社会科学院

第五章 资源价格市场化与区域产业结构升级

工业经济研究所课题组（2011）指出，由于我国长期对要素资源使用非市场化定价手段，这种价格信号对企业微观主体的引导作用会出现呆滞或时滞现象，致使企业缺乏动力转变经营方式或改进技术工艺，因此，要素价格扭曲阻碍了工业转型升级。付红（1992）指出，我国劳动力、土地、资源等生产要素价格被低估是产业结构低级化的症结所在，他利用国际经验的研究表明，对生产要素价格重估将推动工业结构的升级和经济结构的转型。史玉杰（2010）分析了我国要素市场扭曲使价格信号失灵，低级产业仍然有利可图，高级产业的利润被磨损，因此，弱化了企业的创新动力。孟昌（2011）认为应通过资源价格及资源产权改革，诱导产业升级和新能源产业的成长。

关于能源价格与产业结构的实证分析主要体现于关于能源价格与经济增长关系的实证分析中，其中一部分研究主要集中于能源价格与经济增长两者之间的关系。如贾亮和王礼力（2008）、霍达等（2009）、林伯强（2011）、孙宁华和江学迪（2012）等，这些研究成果主要分析了能源价格波动对产出、消费、投资、经济增长等的影响。另一部分实证分析则采用投入产出分析和可计算一般均衡模型，分析能源价格提高对经济增长、产出、产业结构的影响。如国娜（2009）在其硕士学位论文中用投入产出分析方法，分析了原油、成品油价格提高和煤电价格联动对其他行业价格的影响。林伯强和牟敦国（2008）、原鹏飞和吴吉林（2011）、胡宗义等（2008，2009，2010）运用CGE方法，研究能源价格对我国经济的影响，所得结论比较一致，能源价格上涨能够优化产业结构。林伯强和牟敦国的实证结果表明，煤炭价格比石油价格的产业紧缩作用更大，能源强度越高的产业，受能源价格带来的紧缩作用越大。原鹏飞等指出，电力价格上涨影响最大，石油天然气次之，煤炭价格影响最小。胡宗义等发现，提高能源价格，无论是短期还是长期，都能显著降低我国的能源强度并优化产业结构。林永生（2008）用数理和实证模型分析能源价格上涨对我国经济的冲击。Wang Lafang 等（2009）运用可计算一般均衡模型，以煤价提高为例，分析了能源价格波动对产业结构的影响。根据他们测算的结果，煤价提高19%，会带来与煤相关的产业价格提高，产出下降，但是，影响幅度不大，对产业结构的影响不是非常显著。

综上所述，关于资源价格与产业结构之间的关系，目前的研究文献主要集中于理论方面的分析，经验实证分析结论基本一致，即能源价格的提高能够优化产业结构，但是，对于资源价格促进产业结构升级的路径，目前的研究文献较少涉及，而对于我国不同地区的产业结构对资源价格市场化的反应如何，更是几乎没有。因此，我们提出命题：通过资源价格的市场化，使资源价格不仅反映资源的生产成本，同时将资源补偿、环境破坏、安全生产、企业发展等成本合理地纳入资源要素价格中，体现资源的真实价值。资源价格市场化将带来各行业生产成本的提高和价格水平的提高，给各行业带来成本压力，进而促进各行业改进技术，提高技术效率，使产业结构逐渐地由依靠资源投入转向依靠技术进步的产业结构高级化的道路上来。

第二节 投入产出价格模型

在市场上，各类商品的价格之间存在密切的联系，某一类（或一些）商品或部门价格的变动，会使与之存在生产联系的商品或部门成本发生变化，从而直接或间接地引起其他商品或部门的价格变化。在运用投入产出模型进行价格变动分析时，需要满足以下四个假定条件：

假设1：生产成本完全顺畅传导，不存在传导的时滞和阻滞，即价格上涨引起的成本增加会完全通过产品价格的影响全部传导出去。

假设2：假定工资等初级投入要素价格不变，价格上涨完全是由成本中物质或服务消耗费用的上涨引起。

假设3：生产技术不变。不考虑在原材料、燃料、动力价格提高后，企业可能采取的各种降低成本的措施。

假设4：不考虑产品需求发生变化对价格的影响。

假设第 n 个部门产品价格上涨 ΔP_n，那么第 j 部门在不改变生产

第五章 资源价格市场化与区域产业结构升级

技术的情况下，单位产值成本将上升 $\Delta P_n a_{nj}$，成本上涨因素在假定 1 中完全传导出去，因此，第 j 部门产品价格直接上涨 $\Delta P_n a_{nj}$，这是第 n 部门价格上涨对第 j 部门价格变动的直接影响。由于我们不考虑增加值的变化，所以，全部价格变化都是由劳动对象价格变动而引起的。其计算公式为：

$$\Delta P_j = \sum_{i=1}^{n} a_{ij} \Delta P_i, \ j=1, 2, \cdots, n \tag{5.1}$$

或 $\Delta P_j - \sum_{i=1}^{n} a_{ij} \Delta P_i = 0, \ j=1, 2, \cdots, n$

用矩阵表示为：

$\Delta P - A^T \Delta P = 0$，即 $(I-A)^T \Delta P = 0$

式中，ΔP_j 为第 j 个部门产品价格变动的指数，ΔP 为各部门价格变动指数的列向量，a_{ij} 为直接消耗系数，A^T 为直接消耗矩阵 A 的转置。

假设第 n 个部门要变动 ΔP_n，则第 n 个部门对其他 $(n-1)$ 个部门价格的影响为：

$$\Delta P_{(n-1)} = \left[(I - A_{(n-1)})^{-1} \right]^T (S_n)^T \Delta P_n \tag{5.2}$$

式中，$\Delta P_{(n-1)}$ 为第 1 至第 $(n-1)$ 个部门价格变动的列向量；$A_{(n-1)}$ 为原 n 个部门直接消耗矩阵取出第 n 行第 n 列后，形成新的消耗系数矩阵；S_n 为原注解消耗系数矩阵 A 中第 n 行元素不包括第 n 列组成的行向量。上式表示当 n 部门价格变动时，ΔP_n 在其他条件不变情况下，其他 $(n-1)$ 个部门需要变动价格的数量。

用列昂惕夫逆矩阵 $B = (I-A)^{-1} = (b_{ij})$ 代替上式，得：

$$\Delta P_{(n-1)} = (U_n)^T \frac{1}{b_{nn}} \Delta P_n \tag{5.3}$$

式中，U_n 为 $(I-A)^{-1}$ 中第 n 行元素去除第 n 列组成的行向量。b_{nn} 为 $(I-A)^{-1}$ 中第 n 列第 n 行元素。

我们知道，产品在生产过程中要相互消耗、相互提供产品，产品价格之间存在着极其复杂的关系。一类产品价格变化对其他各类产品价格的影响并不都是直接的，还包括间接作用。式 (5.1) 也可以表示为：

$$\Delta P_j = \Delta P_n a_{nj} + \sum_{i=1}^{n-1} \Delta P_i a_{ij} \ (j=1,\ 2,\ \cdots,\ n-1)$$

式中，ΔP_j 为因第 n 类产品价格变动而引起第 j 类产品价格变动的改变量；$\Delta P_n a_{nj}$ 为第 n 类产品价格变动 ΔP_n 时，对第 j 类产品价格的直接影响；$\sum_{i=1}^{n-1} \Delta P_i a_{ij}$ 为因第 n 类产品价格变动 ΔP_n 时，对第 j 类产品价格的全部间接影响。

第三节 资源价格提高对各部门产出价格影响的实证分析

我们利用2007年30个省份42部门投入产出分析表的数据分析资源部门价格提高对其他部门价格的影响，从而分析资源价格市场化对该省份产业结构变化带来的影响。在对经济系统分析时，往往反映的是对土地资源、林木资源、水力资源和矿产资源的分别统计。本章分析的资源主要包括煤炭、石油、天然气、电力、燃气和水资源。在分析中，将上述资源对应的生产部门进行合并，统称为资源生产部门。

由于42部门太多，反倒不易看出产业结构的变化，本书依据国民经济核算中对三次产业的划分，42部门的第1部门农林牧渔业即农业或第一产业。将第4—5部门金属矿采选业和非金属矿及其他矿采选业合并，作为采掘业[①]。根据轻工业的核算口径，将第6—10部门合并，称为轻工业。根据重工业的核算口径，将第11—22部门合并，

---

① 按照国民经济核算中统计指标的统计口径与解释，采掘（伐）工业，是指对自然资源的开采，包括石油开采、煤炭开采、金属矿开采、非金属矿开采和木材采伐等工业。由于我们在本章中重点分析能源和水资源等资源产品价格提高对其他部门的影响，所以，本书的采掘业口径稍窄。

第五章 资源价格市场化与区域产业结构升级

称为重工业①。建筑业仍然是第 26 部门。这样，经过部门的分类整理，第二产业包括资源产业、采掘业、轻工业、重工业和建筑业。第三产业通常分为流通产业和服务产业两类，根据其具体的口径，将第 27—31 部门合并为流通产业部门，主要包括交通运输、仓储、邮政、批发零售业、住宿和餐饮业等。将第 32—42 部门合并，主要包括金融业、房地产业、教育、文化等产业，称为服务产业。

沿用 2000 年国家制定西部大开发政策时的东部地区、中部地区和西部地区划分标准。即东部地区包括北京、天津、海南等省份；中部地区包括山西、吉林、黑龙江等省份；西部地区包括重庆、广西、内蒙古等省份。

一 东部地区资源价格提高与产业结构变动

由表 5-1 和表 5-2 可以看出，对东部地区来讲，当煤炭、石油、天然气、电力、燃气和水等资源的价格提高 10% 时，采掘业和重工业所受的影响最大，其次是建筑业，再次是轻工业，最后是农业、流通产业和服务产业。

表 5-1　　东部地区资源价格提高 10% 各产业价格变动　　单位:%

部门	部门编号	北京	天津	河北	辽宁	江苏
农业	1	0.959	0.830	0.970	0.564	0.394
采掘业	3	1.073	2.665	2.072	1.891	2.082
轻工业	4	0.912	1.088	1.410	0.820	0.826
重工业	5	1.500	1.357	2.704	2.655	1.629
建筑业	6	1.092	1.308	1.840	1.697	1.038
流通产业	7	0.709	0.690	1.348	0.708	0.525
服务产业	8	0.676	0.647	1.296	0.642	0.502
部门	部门编号	浙江	福建	山东	广东	海南
农业	1	0.567	0.233	0.833	0.506	0.505
采掘业	3	2.487	0.940	2.028	2.340	1.375

---

① 根据国民经济核算的统计口径，重工业包括采掘业、原材料工业和加工工业三大类。本章由于已经将采掘业单独列出，所以，此处的重工业不包含采掘业，主要是以制造业为主的重工业。

续表

部门	部门编号	浙江	福建	山东	广东	海南
轻工业	4	1.215	0.639	1.145	1.132	0.720
重工业	5	1.970	0.992	2.760	1.737	5.225
建筑业	6	1.673	0.705	1.778	2.341	3.291
流通产业	7	0.726	0.451	1.007	0.577	1.674
服务产业	8	0.587	0.379	0.810	0.464	1.130

表5-2　　　上海市资源价格提高10%各产业价格变动*　　　单位:%

部门	部门编号	价格涨幅
农业	1	1.320
轻工业	3	0.936
重工业	4	1.849
建筑业	5	1.849
流通产业	6	0.794
服务产业	7	0.740

注：*表示上海市2007年投入产出表中，金属矿采选业、非金属矿及其他矿采选业对应的总投入均为0，因此，在将两部门合并成采掘业之后总投入仍未0，无法计算对应的投入系数。因此，对上海市进行特殊处理，采掘业不再单列，把这两个部门并入重工业中。即上海市的重工业包括采掘业、原材料工业和加工工业三大类行业。

从采掘业来看，当煤炭、石油、天然气、电力、燃气和水等资源的价格提高10%时，天津、河北、江苏、浙江、山东和广东6个省份的采掘业所受影响较大，价格提高程度在2%以上，其中，天津的采掘业所受影响最大，价格提高了2.665%。北京、辽宁和海南3个省份的采掘业所受的影响次之，价格提高在1%以上，福建的采掘业在东部地区各省份中所受影响最小，为0.940%。

从重工业来看，当煤炭、石油、天然气、电力、燃气和水等资源的价格提高10%时，河北、辽宁、山东和海南4个省份的重工业所受影响最大，价格提高幅度在2%以上，海南重工业的价格提高幅度更是达到了5.225%。北京、天津、江苏、浙江、广东和上海6个省份的重工业所受影响次之，价格提高幅度在1%以上。福建的重工业在

第五章 资源价格市场化与区域产业结构升级

东部地区中所受影响最小,为0.992%。

从建筑行业来看,当煤炭、石油、天然气、电力、燃气和水等资源的价格提高10%时,广东和海南两个省份的建筑业所受影响较大,分别为2.341%和3.291%。福建的建筑业所受影响最小,为0.705%。其他8个省份的建筑业价格提高幅度均在1%—2%之间。

二 西部地区资源价格提高与产业结构变动

由表5-3可以看出,对西部地区来讲,当煤炭、石油、天然气、电力、燃气和水等资源的价格提高10%时,总体来说,重工业所受影响最大,其次是采掘业和建筑业,最后是流通产业、服务产业和农业。

表5-3 西部地区资源价格各提高10%产业价格变动 单位:%

部门	部门编号	内蒙古	广西	重庆	四川	贵州	云南
农业	1	0.675	0.348	0.169	0.434	0.628	0.346
采掘业	3	0.988	1.197	2.739	1.205	1.268	1.104
轻工业	4	0.689	0.607	0.901	0.690	0.670	0.361
重工业	5	2.058	1.540	1.578	1.719	2.434	1.551
建筑业	6	1.321	1.015	1.670	1.217	1.810	1.140
流通产业	7	0.797	0.477	0.634	0.740	0.793	0.536
服务产业	8	0.546	0.511	0.618	0.582	0.633	0.475

部门	部门编号	陕西	甘肃	青海	宁夏	新疆
农业	1	0.843	1.257	0.549	1.182	1.490
采掘业	3	1.798	2.265	1.067	2.700	2.103
轻工业	4	1.398	1.261	0.726	1.602	1.826
重工业	5	3.177	4.484	2.285	3.750	6.254
建筑业	6	2.114	3.014	1.636	2.510	3.558
流通产业	7	1.188	1.199	1.110	1.188	1.650
服务产业	8	1.065	1.206	1.136	1.028	1.509

从重工业来看,当煤炭、石油、天然气、电力、燃气和水等资源的价格提高10%时,内蒙古、贵州、陕西、甘肃、青海、宁夏和新疆

7个省份的重工业所受影响较大，价格提高幅度在2%以上，其中，新疆的重工业所受影响最大，价格提高幅度达到了6.254%。甘肃和宁夏的重工业价格提高幅度也较大，分别为4.484%和3.750%。其他4个省份的重工业所受影响次之，影响幅度在1%—2%之间。

从采掘业来看，当煤炭、石油、天然气、电力、燃气和水等资源的价格提高10%时，重庆、甘肃、宁夏和新疆的采掘业所受影响比较大，价格提高幅度在2%以上。内蒙古采掘业所受影响较小，价格提高幅度为0.988%。其他6个省份的采掘业价格提高幅度则在1%—2%之间。

从建筑业来看，当煤炭、石油、天然气、电力、燃气和水等资源的价格提高10%时，甘肃和新疆的建筑业所受影响较大，价格提高幅度在3%以上，陕西和宁夏的建筑业所受影响次之，价格提高幅度在2%以上。其他7个省份提高幅度则在1%—2%之间。

三　中部地区资源价格提高与产业结构变动

表5-4　　中部地区资源价格提高10%各产业价格变动　　单位:%

部门	部门编号	山西	吉林	黑龙江	安徽
农业	1	0.501	0.555	1.102	0.609
采掘业	3	1.479	2.240	1.964	1.761
轻工业	4	0.566	1.107	1.276	0.920
重工业	5	1.907	1.890	4.311	1.977
建筑业	6	1.827	1.384	2.910	1.286
流通产业	7	0.663	1.002	1.235	0.733
服务产业	8	0.761	1.214	1.387	0.877
部门	部门编号	江西	河南	湖北	湖南
农业	1	0.482	0.347	0.448	0.567
采掘业	3	2.169	1.533	1.095	2.443
轻工业	4	0.993	0.485	0.724	0.992
重工业	5	2.143	1.576	1.402	2.703
建筑业	6	1.489	1.121	0.984	1.736

第五章　资源价格市场化与区域产业结构升级

续表

部门	部门编号	山西	吉林	黑龙江	安徽
流通产业	7	1.263	0.495	0.568	0.842
服务产业	8	0.823	0.638	0.391	0.791

由表 5-4 可以看出，对中部地区来讲，当煤炭、石油、天然气、电力、燃气和水等资源的价格提高 10% 时，总体来讲，重工业所受影响最大，其次是采掘业和建筑业，再次是流通产业和服务产业，最后是农业。

从重工业来看，当煤炭、石油、天然气、电力、燃气和水等资源的价格提高 10% 时，黑龙江的重工业所受影响最大，价格提高幅度达到 4.311%。江西和湖南两个省份的重工业所受影响次之，分别为 2.143% 和 2.703%。其他 5 个省份的重工业价格上涨幅度则在 1%—2% 之间。

从采掘业来看，当煤炭、石油、天然气、电力、燃气和水等资源的价格提高 10% 时，吉林、江西和湖南 3 个省份的采掘业所受影响较大，价格提高幅度都在 2% 以上，其余 5 个省份的采掘业价格提高幅度则在 1%—2% 之间。

从建筑业来看，当煤炭、石油、天然气、电力、燃气和水等资源的价格提高 10% 时，黑龙江的建筑业价格提高幅度最大，为 2.910%，湖北的建筑业价格提高幅度最小，为 0.984%。其他 6 个省份的建筑业价格提高幅度在 1%—2% 之间。

四　东部地区、中部地区和西部地区之间的比较

从测算数据结果和分析可以看出，当煤炭、石油、天然气、电力、燃气和水等资源的价格提高 10% 时，无论是东部地区、中部地区，还是西部地区，采掘业和重工业所受影响最大，建筑业所受的影响也比较大。在三个地区中，西部地区、东部地区的海南、中部地区的黑龙江和湖南所受的影响要更大一些，东部地区的福建在各个省份中所受的影响相对较小。采掘业和重工业受影响最大的原因，可能主要是这些产业本身是高耗资源和高耗能的产业。而建筑业受影响比较大，也有类似的原因。

第四节 资源价格提高对各产业部门技术效率影响的实证分析

一 数据选取说明

从在前面资源价格与各行业价格的关系分析中,可以看出,资源价格提高,采掘业和重工业所受的影响是最大的,因此,接下来分析资源价格提高对行业技术效率的影响,重点分析资源价格提高对采掘业和重工业技术效率的影响。技术效率的测定采用 DEA 方法,将行业的利润总额作为产出,行业的固定资产投资完成额和从业人员数作为投入。鉴于数据的可获得性,选取的行业包括非金属矿采选业[①],化学原料及化学制品制造业,非金属矿物制品业,黑色金属冶炼及压延加工业,有色金属冶炼及压延加工业,金属制品业,通用设备制造业,专业设备制造业,电气机械及器材制造业和通信设备、计算机及其他电子设备制造业 10 个行业。数据为月度数据,数据时期为 2011 年 2 月至 2012 年 11 月,数据均来自 EPS 数据库[②]。资源价格选用中国人民银行公布的煤油电价格指数,同样,对应数据期为 2011 年 2 月至 2012 年 11 月。

二 各产业部门技术效率的测算

根据两年间各行业的技术效率值,做出折线图(见图 5-1)。从图中可以看出,非金属矿采选业在 2011 年 2 月和 3 月,技术效率值为 1,处于技术有效状态,但之后,技术效率直线下滑,直至 2012 年

[①] 采掘业数据仅可获得非金属矿采选业和黑色金属矿采选业较为齐备的数据,但黑色金属矿采选业的技术效率在可获得的数据期间均为 1,没有发生变化,因此,不再分析该行业技术效率与资源价格之间的关系。

[②] EPS 数据库缺少 2011 年之前各行业较为完备的数据资料,因此,数据分析期自 2011 年 2 月开始。且该数据库缺乏 2011 年 1 月和 2012 年 1 月各行业的数据资料,为了保证数据的延续性,而且为了使后续的实证分析数据观测期较长,2012 年 1 月各行业的技术效率值采用 2011 年 12 月和 2012 年 2 月的技术效率平均值来代替。

第五章 资源价格市场化与区域产业结构升级

上半年技术效率才有所提高，但是，在 2012 年下半年技术效率又有所下降。从技术效率的折线图可以看出，在这 10 个行业中，化学原料及化学制品制造业、黑色金属冶炼及压延加工业、有色金属冶炼及压延加工业三个行业的技术效率在两年时间内有明显的下降趋势，非金属矿物制品业和专用设备制造业两个行业的技术效率也呈下降态势，但是，下降趋势稍缓。通用设备制造业除在 2012 年 2 月技术效率下降较为明显外，在两年的时间内，技术效率基本处于平稳的波动状态。金属制品业、电气机械及器材制造业和通用设备、计算机及其他电子设备制造业三个行业的技术效率呈缓慢上升的态势。

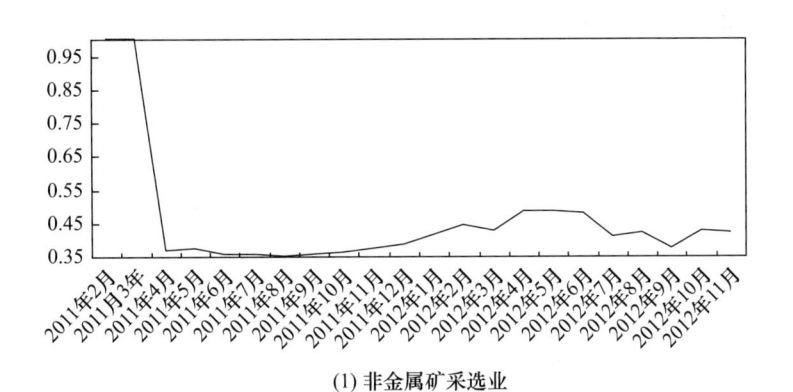

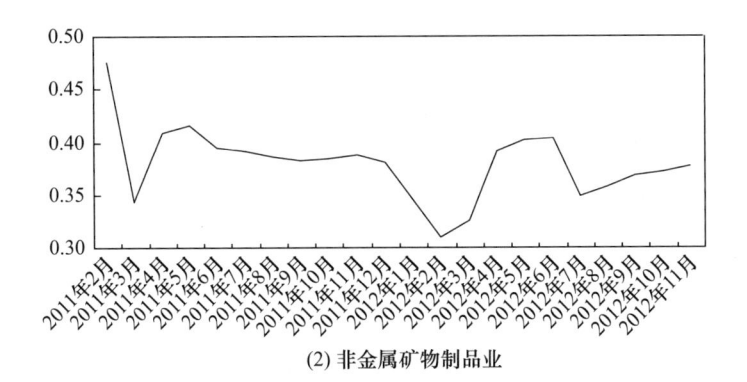

(1) 非金属矿采选业

(2) 非金属矿物制品业

(3) 化学原料及化学制品制造业

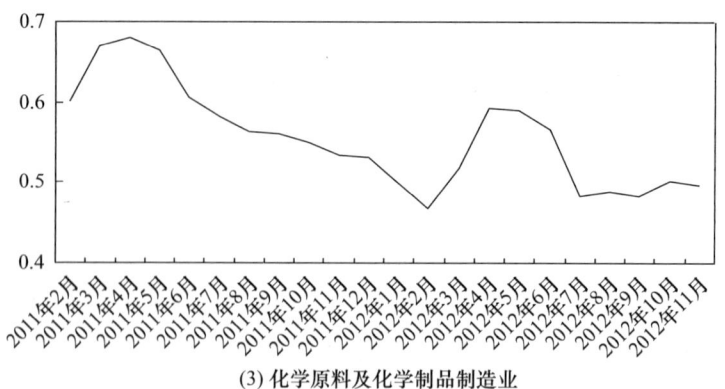

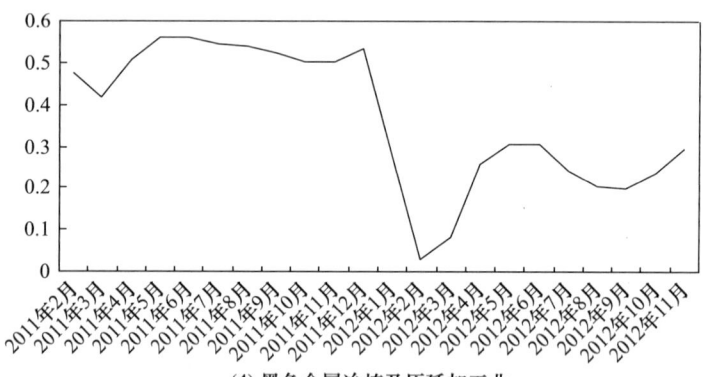

(4) 黑色金属冶炼及压延加工业

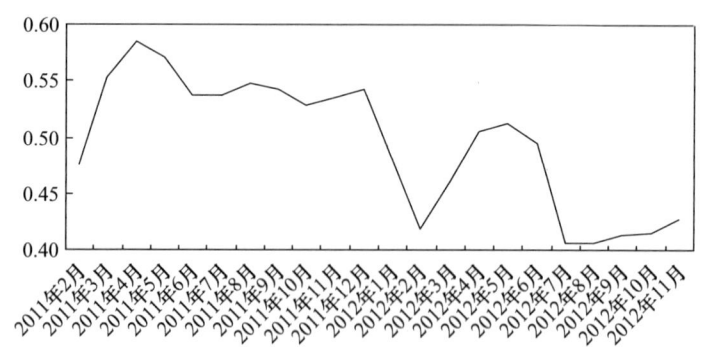

(5) 有色金属冶炼及压延加工业

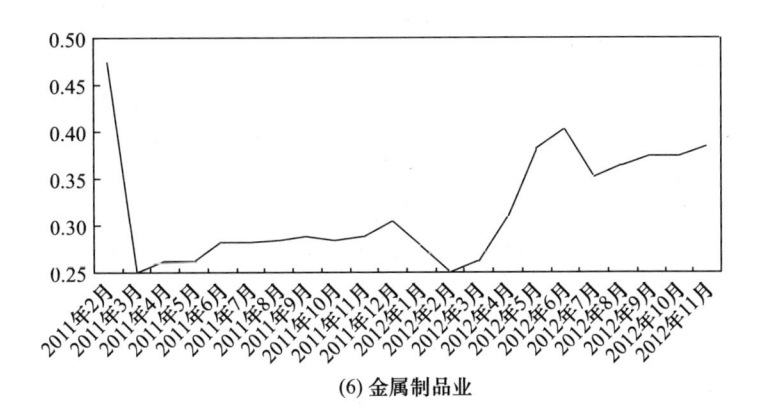

第五章　资源价格市场化与区域产业结构升级

(6) 金属制品业

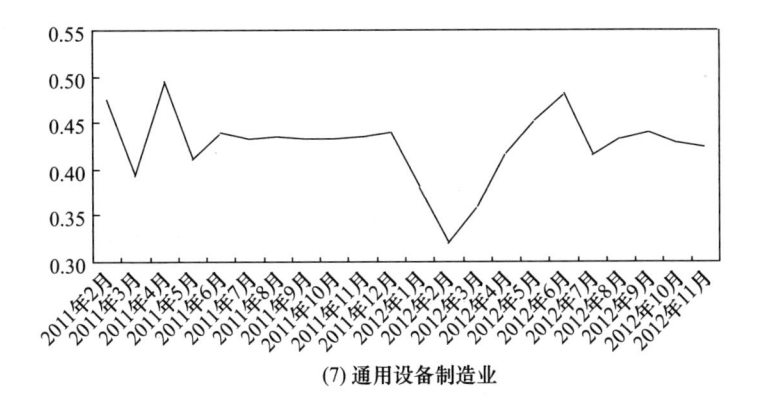

(7) 通用设备制造业

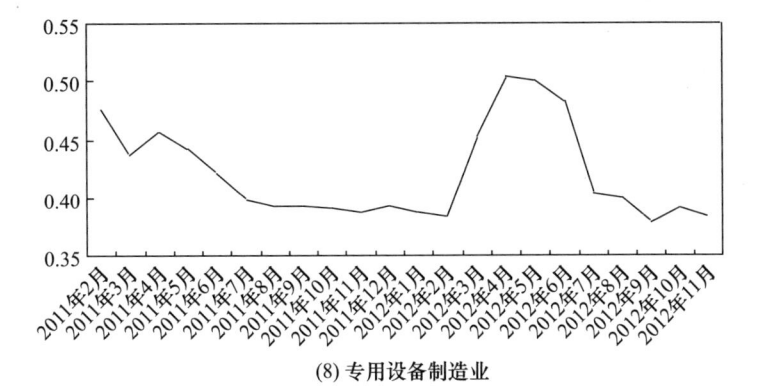

(8) 专用设备制造业

(9) 电气机械及器材制造业

(10) 通信设备、计算机及其他电子设备制造业

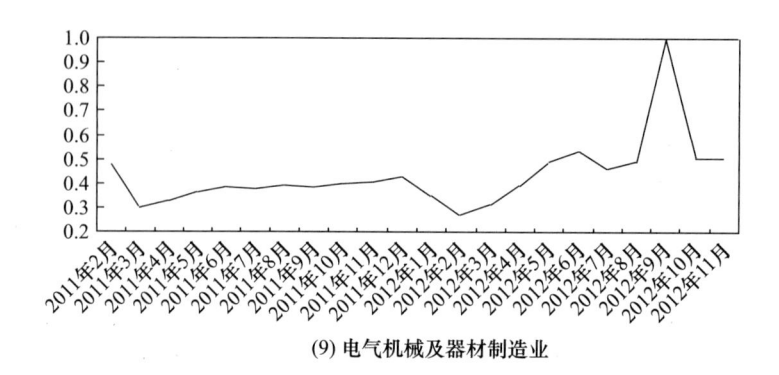

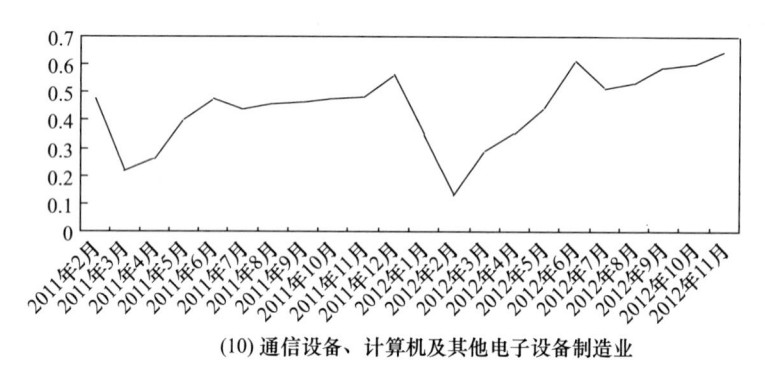

图 5-1　各行业月度技术效率变化趋势

三　模型的设定

为了考察资源价格提高引起企业成本提高，从而对采掘业和重工业技术效率是否有影响及长度如何，我们以技术效率为因变量，以资源价格指数为自变量，设定的模型如下：

$$TE_i = \alpha_i + \beta_i CGPIcoelec + \varepsilon_i$$

式中，TE 代表技术效率，$CGPIcoelec$ 代表煤油电价格指数，用来表示企业的资源成本，β_i 为系数，ε 为每个行业的误差项。

目前有 10 个行业在 2011 年 2 月至 2012 年 11 月的观测值。考虑到行业之间技术效率与资源成本之间的关系可能存在差别，不使用面板数据估计方法，而对每个行业分别采用普通最小二乘方法进行估计。因为是时间序列数据，在估计中考虑自相关性的检验。同时，考虑到技术效率提高对资源价格的反应存在滞后，根据自变量解释能力

最强的"逐步回归"原则,确定资源价格的滞后项作为解释变量,并根据 AIC 准则和 SC 准则来选定最优的回归方程。

四 计量结果

非金属矿采选业资源价格与其技术效率回归方程为:

$TE_t = -1.11 + 0.014 CGPIcoelec_{t-9}$

t 值(-2.50)(3.451)

$R^2 = 0.52$　DW = 1.93　F = 11.91(p = 0.005)

化学原料及化学制品制造业资源价格与其技术效率回归方程为:

$TE_t = 0.005 CGPIcoelec_t$

t 值(32.97)

$R^2 = 0.83$　DW = 2.28

非金属矿物制品业资源价格与其技术效率回归方程为:

$TE_t = -0.38 + 0.007 CGPIcoelec_{t-17}$

t 值(-4.05)(7.99)

$R^2 = 0.96$　DW = 2.43　F = 63.80(p = 0.004)

黑色金属冶炼及压延加工业资源价格与其技术效率回归方程为:

$TE_t = -1.57 + 0.018 CGPIcoelec_{t-1}$

t 值(-1.46)(1.78)*①

$R^2 = 0.81$　DW = 1.64　F = 20.97(p = 0.000)

有色金属冶炼及压延加工业资源价格与其技术效率回归方程〔该模型经过了 AR(1)和 AR(2)项的调整〕为:

$TE_t = -0.52 + 0.01 CGPIcoelec_t$

t 值(-3.64)(7.10)

$R^2 = 0.89$　DW = 2.20　F = 41.48(p = 0.000)

金属制品业资源价格与其技术效率回归方程为②:

---

① 资源价格回归系数对应的 p 值为 0.095,即在 10% 的显著性水平下显著,并加 * 号予以标示,后面的 * 含义相同,不再以单独说明。回归系数不加 * 均指在 5% 的显著性水平下显著。

② 化学原料及化学制品制造业、黑色金属冶炼及压延加工业、有色金属冶炼及压延加工业和金属制品业 4 个行业的模型经过了 AR(1)和 AR(2)项的调整。

$TE_t = 1.51 - 0.006 CGPIcoelec_t - 0.005 CGPIcoelec_{t-5}$

t 值 (6.74) (-3.16)　　(-1.82)*

$R^2 = 0.87$　DW = 1.99　F = 16.15 (p = 0.000)

通用设备制造业资源价格与其技术效率回归方程为：

$TE_t = 1.20 - 0.007 CGPIcoelec_{t-6}$

t 值 (3.19) (-2.08)*

$R^2 = 0.23$　DW = 1.15　LM(1) = 2.52(0.14)　LM(2) = 3.08 (0.08)① F = 5.28 (p = 0.04)

专业设备制造业资源价格与其技术效率回归方程为：

$TE_t = -1.81 + 0.02 CGPIcoelec_{t-9}$

t 值 (-3.99) (4.91)

$R^2 = 0.69$　DW = 1.39　LM(1) = 0.68(0.43)　LM(2) = 0.85 (0.46)　F = 24.13(p = 0.000)

电器机械及器材制造业资源价格与其技术效率回归方程为：

$TE_t = 2.50 - 0.02 CGPIcoelec_{t-1}$

t 值 (4.37) (-3.62)

$R^2 = 0.41$　DW = 2.03　F = 13.08 (p = 0.001)

通信设备、计算机及其他电子设备制造业资源价格与其技术效率回归方程为：

$TE_t = 4.63 - 0.038 CGPIcoelec_{t-6}$

t 值 (4.49) (-4.04)

$R^2 = 0.54$　DW = 1.56　LM(1) = 0.45(0.52)　LM(2) = 1.04 (0.38)　F = 16.28(p = 0.001)

五　计量结果的分析

从 10 个部门的计量分析结果可以看出，在这 10 个部门中，非金属矿采选业、化学原料及化学制品制造业、非金属矿物制品业、黑色金属冶炼及压延加工业、有色金属冶炼及压延加工业和专业设备制造

---

① 因为 DW 值距离 2 较远，因此，我们又做了 1 阶和 2 阶的自相关 LM 检验，括号内的数值为 p 值。

业 6 个行业在资源价格提高后,技术效率也会提高。各个行业技术效率的改进对资源价格提高的时滞有所差别,非金属矿采选业的技术效率改进对资源价格的提高有 9 个月左右的时滞,即在资源价格提高引起该行业资源成本提高,从而促进其技术效率的提高大概需要 9 个月的时间。化学原料及化学制品制造业和有色金属冶炼及压延加工业对资源价格的提高反应时滞较短,其技术效率基本在当期就会提高。非金属矿物制品业的技术效率提高比较缓慢,在资源价格提高 17 个月之后,该行业的技术效率才有所改进。黑色金属冶炼及压延加工行业的技术效率对资源价格的变化时滞大约为 1 个月,反应较为迅速。专业设备制造业的时滞也较长,在经历 9 个月之后,其技术效率才有所提高。

另外,金属制品业、通用设备制造业、电气机械及器材制造业和通信设备、计算机及其他电子设备制造业 4 个行业在资源价格提高后,技术效率不仅没有提高,反而出现下降的趋势。这 4 个行业技术效率对资源价格的反应滞后期不同,通用设备制造业和通信设备、计算机及其他电子设备制造业在资源价格变动 6 个月后出现受到影响,电气机械及器材制造业在资源价格变动一个月后即受到影响,金属制品业对资源价格变动的反应较为复杂,资源价格变动当期和滞后五期之后均会影响到该行业的技术效率。

从这一分析结果看,在资源价格发生变动时,采掘业和重工业技术效率的变动较为复杂,其中大多数行业符合本书提出的假说。但是,仍有部分行业与假说相反,资源价格的提高并不能带来这些行业技术效率的提高。需要说明的是,技术效率并不仅由要素投入成本来决定,产业结构、对外贸易、产业集聚等因素都可能影响到技术效率。

第五节　本章结论与政策含义

通过资源价格形成机制改革,使价格不仅反映资源的生产成本,而且反映资源补偿和环境成本等外部性成本。资源价格的提高,可以加大各行业的成本压力。在企业成本硬约束的条件下，激励企业由依靠资源投入获得发展转向依靠技术进步和效率提高获得发展的轨道上来。基于这样的命题，首先利用投入产出价格分析模型，分析了资源价格提高对我国各省份行业价格的影响。研究发现，当资源价格提高时，我国东部地区、中部地区、西部地区各个行业的价格均有不同程度的提高，其中，采掘业和重工业所受影响最大，而农业和第三产业所受影响较小。从地区影响来看，西部地区各行业所受影响更大一些，东部地区的海南、中部地区的黑龙江和湖南两省份所受影响也比较大，而东部地区的福建各个行业所受影响较小。接下来，在 DEA 模型的基础上测算了采掘业和重工业中 10 个部门的技术效率，实证分析了资源价格与部门技术效率之间的关系。测算结果表明，大多数被测算的部门在资源价格提高时，部门的技术效率会有所提高，从而验证了提出的命题。

因此，基于上述命题和实证分析的结果，促进我国区域产业结构的优化和升级，降低资源消耗和环境损耗的速度，提高资源使用效率，政府和管理部门既要按照科学发展观的要求，坚持市场化的改革取向，最大限度地发挥市场在资源配置中的决定性作用，充分利用价格的信号作用，建立反映资源稀缺程度、环境成本和市场供求关系的价格形成机制，以激励企业内生性地发展或使用高效低耗的技术。如果为了提高产业竞争力，促进区域产业升级转型，从长远来看，可以核算资源开采和利用的全产业链外部性成本，依照公平负担原则，谁导致了外部性，就应由谁付出相应的成本。这样做的总体趋势可能推高能源等资源型产品的价格。但是，只有在价格诱导下，企业才会想办法开发节能节约资源的技术。当然，在进行资源价格体制或政策的改革中，还要充分考虑各方面的承受能力，考虑到各地区的差异性和对资源价格市场化过程中反应的差异性，把改革的力度和社会的承受能力妥善地结合起来，力争把改革的负面影响降到最低限度。

关于企业有没有开发资源能源节约型技术的外部压力和内在激励。当资源价格全面反映外部性成本后，民营企业可能比国有企业、竞争性企业比行政性垄断企业的激励高。因为行政性垄断行业不仅有制定产品价格的能力，而且在一定程度上可以垄断上游资源的供给，或者对上游产品的议价能力很强。国有企业的盈亏责任不对等，在资源价格变得更高时，容易获得政府救助（各种政策性支持）而减弱资源节约型技术开发和利用的内在激励。

第六章 产业结构与能源消耗变动对碳强度变动的效应

全球气候变化及其所引发的国际低碳博弈愈演愈烈，使节能减排、减源增汇、推动低碳发展成为全球各主要国家的一项基本国策。人口大国和经济大国带来的压力，尤其是已成为最大温室气体排放国的事实，使作为发展中国家原本只承担"共同但有区别的责任"的中国，低碳发展压力依然空前巨大。2009年年末，哥本哈根世界气候会议上，我国承诺"到2020年碳强度较2005年下降40%—45%"，并纳入社会经济发展约束性指标。2011年年末德班气候会议上，我国再次强调采取有力行动，全面推动绿色低碳发展。

推动整个发展方式的低碳转向，既是我国对全球环境高度责任感的体现，也是我国自身建立资源节约型与环境友好型社会、推动可持续发展的内在要求。为践行这些低碳承诺，我国出台了一系列低碳规划和政策，从各方面引导和促进全社会的共同低碳努力。2011年3月通过的《国民经济和社会发展第十二个五年规划纲要》，将"坚持把建设资源节约型、环境友好型社会作为加快转变经济发展方式的重要着力点"作为指导思想之一，提出要深入贯彻节约资源和保护环境基本国策，节约能源，降低温室气体排放强度，发展循环经济，推广低碳技术，积极应对全球气候变化。2011年12月出台的《国家环境保护"十二五"规划》和2012年1月国务院印发的《"十二五"控制温室气体排放工作方案》，提出"十二五"期间碳强度比2010年再下降17%的总体控制目标，并强调要综合运用优化产业和能源结构、节能降耗、努力增加碳汇等多种手段，加快建立以低碳为特征的工业、能源、建筑、交通等产业体系和消费模式，全面推进绿色低碳行动，

第六章 产业结构与能源消耗变动对碳强度变动的效应

以提高应对气候变化能力，有效控制温室气体排放，为应对全球气候变化做出积极贡献。

本章试图将产业结构和能耗因素统一在一个框架当中，分解出它们对单位 GDP 二氧化碳排放量的效应，寻找各种减排突破口的潜力及其各自的不足，为推进节能减排政策的制定和实施提供深入的数据支撑。

现有的相关研究，分析框架多为宏观的结构分解模型，通过对影响碳排放的因素采用不同分解技术进行分解，揭示考察期中各因素对碳排放的影响，并从中找到主要的驱动因素。采用的分解技术主要有指数分解法、投入产出结构分解法和基于非参数距离函数的分解法三种类型。格林等（Greening，2004）首先采用结构分析的对数平均迪氏指数（Logarithmic Mean Divisia Index，LMDI）分解法对 10 个 OECD 国家 1971—1991 年的碳排放强度按部门进行了（分为生产部门、交通运输部门和居民消费部门）分解分析，认为生产部门碳强度下降是各区域碳排放下降的主要原因。而有关中国的代表性研究，按照结论的不同大致可划分为三类。大部分学者主张能源强度是主因，其中有 Ang 等（1998），他们同样利用分解法发现，中国工业部门总产出的变化对 1985—1990 年该部门二氧化碳排放产生了比较大的正向效应，而工业部门能源强度的变化对二氧化碳排放起到了较大的抑制作用，他们研究的因素涉及工业部门的 4 种燃料和 8 个行业；Wang 等（2005）利用对数平均迪氏指数研究了 1957—2000 年的二氧化碳排放变化情况，指出降低能源强度是减排关键，而调整能源结构的作用则并不突出。Fisher Vanden 等（2004）利用对数平均迪氏指数分解法分析了中国工业企业的碳排放状况，认为能源强度下降的主要驱动原因是企业能源效率提高带来的，而产业结构调整的作用不明显。张友国（2010）和王锋等（2010），以及刘红光和刘卫东（2009）分别利用不同时期的数据，使用结构分解的方法，也得出能源强度变化是单位 GDP 碳排放强度下降的主因，而产业结构的变化只能使排放强度微弱下降的结论。相反，也有主张产业结构是主因的。如 Liu 和 Ang（2007）的研究将对数平均迪氏指数分解法方法拓展到 1998—2005 年中国 36 个工业部门的二氧化碳排放，指出工业部门结构的变化而非能源强度，极大地减少了二氧化碳排放量。此外，还有些研究强调不同发展阶段有不同的主因。如 Wu 等（2006）利用同样的方法研究了我国 1980—2002 年碳排放变化，认为 1996 年以前主要是经济发展规模提升和能源强度下降推动了碳排放变化，产业结构调整作用很小；而 1996—2000 年能源终端利用和能源转化效率提高是碳排放下降的主要原因。基于以上分析，陈诗一（2009）认为，实现中国工业的可持续发展必须进一步发展和提高节能减排技术。王锋等（2010）则强调降低生产部门的能源强度是实现二氧化碳减排的关键手段，这有待于新能源技术的突破性进展。同时，他们提出，依靠经济结构调整实现二氧化碳减排，目前对于中国还不是一个有效的政策选择。林伯强和孙传旺（2011）认为，从产业结构因素来看，现阶段经济发展（即城市化和工业化进程）不利于中国二氧化碳减排，因而中国的低碳经济转型战略应该以节约能源为主，以发展清洁能源为辅。

总之，已有的研究多数是对历史经验做总结性实证分析。从研究结果来看，多数研究发现，改革开放以来，产业结构变化对于单位 GDP 碳排放量的影响并不显著。但现有研究在考察二氧化碳排放问题并得出相关结论时，多数是基于分割的产业关系，而对于产业链之间的相互影响尚未深入涉及，这种忽视行业间产业关联的分割式研究，得到的结论可能有失偏颇。而本书运用投入产出分析技术，不仅能够发现与产品相关的直接二氧化碳排放量，而且能发掘与产品相关的间接二氧化碳排放量，即一个行业的经济活动通过产业链所引致的间接需求所导致的排放（Mongelli et al.，2006），而分析经济中影响二氧化碳排放的关键部门及其产业链，有助于决策者找出那些在产业结构调整方面遏制二氧化碳排放的最有效的政策措施。从现实来看，从相互联系的产业链中寻求行业发展布局的调整，淘汰落后产能，也恰恰是当前发展中亟待解决的一个关键问题。这正是本章的创新点所在。

第六章 产业结构与能源消耗变动对碳强度变动的效应

第一节 基本步骤与计算模型

第一,考察各分部门的排放强度。GDP 碳强度源于各部门的碳排放,本书对各部门的碳排放量估计方法参考的是联合国政府间气候变化专门委员会(IPCC,1996)的方法,估算数据是根据历年《中国能源统计年鉴》中公布的各行业所消耗的 19 种能源数据。排放强度的主要影响因素之一为各种能源的碳排放系数。各种燃料平均热值来自《中国能源统计年鉴(2008)》;碳排放因子和氧化率主要来自 IPCC(1996)。我们先固定其他能源的碳排放系数,来计算二次能源电力热力的碳排放系数。主要计算公式为:

$$W = W^* FAE \tag{6.1}$$

式中,W^* 为 1×19 阶向量,前 17 个元素为除电力、热力之外的其他各种能源的二氧化碳排放系数,后 2 个元素为 0;19×19 阶矩阵 F 为电力、热力等能源结构矩阵,其元素 f_{ij} 表示其消耗的第 i 种能源占所消耗的能源总量的份额。19×19 阶对角矩阵 A 是电力结构矩阵,是火力发电量占整个发电总量的比重,除电力对应的主对角元素非 1 之外,其余元素均为 1,因为电力存在不同的发电方式,除火力发电外,还存在核电、水电等。能耗强度 E 是中国能源平衡表中火力发电(下文中以上标 e 表示,或供热以上标 t 表示)的煤当量与总发电量(热量)两者之比。电力生产的二氧化碳强度,主要是基于中国能源平衡表和电力平衡表来计算的。其中只有火电的生产过程耗费一次能源,因此,计算电力的二氧化碳排放量,只需考虑火力发电的能耗情况。电力二氧化碳排放系数是通过计算火力发电所耗一次能源按其二氧化碳排放系数计算得到的二氧化碳排放总量,除以当年的各类发电总量得到。

第二,基于所计算出来的各种能源二氧化碳排放系数,以及各部门耗电量,计算确定各部门分摊的二氧化碳排放量,可进一步确定各部门的二氧化碳排放强度。本章考察了 29 个生产部门的 19 种能源的消费量。这 29 个部门的划分是在现有的《中国统计年鉴》基础上，考虑到资料的可获得性，按照尽可能细化的原则进行了归并。有关计算公式为：

$$C = WF^p GL \tag{6.2}$$

式中，W 是 1×19 阶向量，其元素表示该能源的二氧化碳排放系数，它由 1×17 阶向量 W^* 扩充了二维而来，即增加了电力和热力的二氧化碳排放系数。F^p 是 19×29 阶生产部门能源结构矩阵，其元素 f_{ij} 表示部门 j 消耗的第 i 种能源占部门 j 消耗的能源总量的份额。G 是 29×29 阶向量，其元素 g_{rr} 表示部门 r 的直接产出能源强度，即各部门的终端能源消费量与其总产出的比值。L 为列昂惕夫逆矩阵，其元素表示各个部门最终使用对其他部门产品的完全消耗情况。

第三，计算了部门碳排放系数之后，再计算各部门的经济规模。因为调整最终需求的结构是降低 GDP 强度的一个手段，所以，在计算经济规模时，考虑了最终需求结构，即作为各部门提供的最终产品构成的消费、投资和出口结构。同时，也考虑了中间投入部分，因为它可以在一定程度上反映产业结构，体现产业之间的相互影响。有关计算公式为：

$$X = MNOSu \tag{6.3}$$

上式中，M 为 29×116 阶矩阵，它起到了加总一个部门终端需求的作用。N 为 116×116 阶矩阵，其元素 n_{hh} 表示部门 h 占所在产业的需求比重，它反映了以最终需求衡量的三大产业内部结构。O 为 116×4 阶矩阵，其元素反映了以最终需求衡量的三次产业结构。令其行号 $i = 4(j-1) + k$ 且 $1 \leq j \leq 29$，$1 \leq k \leq 4$。当 $j = 1$ 时，其元素表示第 k 类需求中由农业部门提供的份额；当 $2 \leq j \leq 26$ 时，其元素表示第 k 类需求中由第二产业部门提供的份额；当 $26 \leq j \leq 28$ 时，其元素表示第 k 类需求中由第三产业部门提供的份额。S 为 4×1 阶矩阵，其元素 s_k 表示第 k 类需求在最终需求中所占比重。u 为进口率加 1。

第四，获得部门的二氧化碳排放强度及其经济规模之后，进一步得到生产部门单位 GDP 的二氧化碳排放量。有关计算公式为：

$$E^p = CX = WF^p GLMNOSu \tag{6.4}$$

生活部门单位 GDP 的二氧化碳排放量的计算公式为：

$$E^h = CF^h \xi u \tag{6.5}$$

式中，F^h 是 1×19 阶居民能源消费结构矩阵，ξ 为生活部门的能源消费强度系数。

单位 GDP 的二氧化碳排放量（E），一部分来自生产部门（E^p），另一部分来自生活部门（E^h）。

$$E = E^p + E^h \tag{6.6}$$

第五，进一步对碳排放强度进行结构分解。结构分解的方法参照张友国（2010），将两期的二氧化碳排放强度的变化从两级分解，并通过 Dietzenbacher 和 Los（2000）的方法，消除中间投入系数矩阵与能源强度系数矩阵的相关性，得到各因素对碳排放强度影响的表达式如下：

$$\Delta Q = \underbrace{\begin{bmatrix} C\Delta FA_1 E_1 F_1^p E_1^p L_1 MN_1 O_1 S_1 u_1 + C\Delta FA_0 E_0 F_0^p E_0^p L_0 MN_0 O_0 S_0 u_0 + \\ C\Delta FA_1 E_1 F_1^h \varepsilon_1 u_1 + C\Delta FA_0 E_0 F_0^h \varepsilon_0 u_0 \end{bmatrix} \Big/ 2}_{1} +$$

$$\underbrace{\begin{bmatrix} CF_0 \Delta AE_1 F_1^p E_1^p L_1 MN_1 O_1 S_1 u_1 + CF_1 \Delta AE_0 F_0^p E_0^p L_0 MN_0 O_0 S_0 u_0 + \\ CF_0 \Delta AE_1 F_1^h \varepsilon_1 u_1 + CF_1 \Delta AE_0 F_0^h \varepsilon_0 u_0 \end{bmatrix} \Big/ 2}_{2} +$$

$$\underbrace{\begin{bmatrix} CF_0 A_0 \Delta EF_1^p E_1^p L_1 MN_1 O_1 S_1 u_1 + CF_1 A_1 \Delta EF_0^p E_0^p L_0 MN_0 O_0 S_0 u_0 + \\ CF_0 A_0 \Delta EF_1^h \varepsilon_1 u_1 + CF_1 A_1 \Delta EF_0^h \varepsilon_0 u_0 \end{bmatrix} \Big/ 2}_{3} +$$

$$\underbrace{\begin{bmatrix} CF_0 A_0 E_0 \Delta F^p E_1^p L_1 MN_1 O_1 S_1 u_1 + CF_1 A_1 E_1 \Delta F^p E_0^p L_0 MN_0 O_0 S_0 u_0 + \\ CF_0 A_0 E_0 \Delta F^h \varepsilon_1 u_1 + CF_1 A_1 E_1 \Delta F^h \varepsilon_0 u_0 \end{bmatrix} \Big/ 2}_{4} +$$

$$\underbrace{\begin{bmatrix} CF_0 A_0 E_0 F_0^p (E_1 L_1 - E_0 L'_1) MN_1 O_1 S_1 u_1 + CF_1 A_1 E_1 F_1^p (E_1 L_1 - \\ E_0 L'_1) MN_0 O_0 S_0 u_0 \end{bmatrix} \Big/ 2}_{5} +$$

$$\underbrace{\begin{bmatrix} CF_0 A_0 E_0 F_0^p E_0 (L'_1 - L_0) MN_1 O_1 S_1 u_1 + CF_1 A_1 E_1 F_1^p E_0 \\ (L'_1 - L_0) MN_0 O_0 S_0 u_0 \end{bmatrix} \Big/ 2}_{6} +$$

$$\underbrace{\begin{bmatrix} CF_0 A_0 E_0 F_0^p E_0 L_0 M\Delta NO_1 S_1 u_1 + CF_1 A_1 E_1 F_1^p E_1 L_1 M\Delta NO_0 S_0 u_0 \end{bmatrix} / 2}_{7} +$$

$$\underbrace{\begin{bmatrix} CF_0 A_0 E_0 F_0^p E_0 L_0 MN_0 \Delta OS_1 u_1 + CF_1 A_1 E_1 F_1^p E_1 L_1 MN_1 \Delta OS_0 u_0 \end{bmatrix} / 2}_{8} +$$

$$[CF_0A_0E_0F_0^pE_0L_0MN_0O_0\Delta Su_1 + CF_1A_1E_1F_1^pE_1L_1MN_1O_1\Delta Su_0]/2 +$$
$$\underbrace{}_{9}$$
$$\underbrace{CF_0A_0E_0F_0^h\Delta\varepsilon u_1 + CF_1A_1E_1F_0^h\Delta\varepsilon u_0/2}_{10} +$$
$$\begin{bmatrix}CF_0A_0E_0F_0^pE_0L_0MN_0O_0S_0\Delta u + CF_1A_1E_1F_1^pE_1L_1MN_1O_1S_1\Delta u + \\ CF_1A_1E_1F_1^h\varepsilon_1\Delta u + CF_0A_0E_0F_0^h\varepsilon_0\Delta u\end{bmatrix}\bigg/2 \quad (6.7)$$
$$\underbrace{}_{11}$$

式中数字表示的意思分别是：1 为电力、热力等能耗强度变化的影响，2 为电力结构变化的影响，3 为电力、热力能源结构变化的影响，4 为能源结构变化的影响，5 为能耗强度变化的影响，6 为中间投入变化的影响，7 为产业内部结构变化的影响，8 为三次产业结构的影响，9 为最终需求结构的影响，10 为生活部门能耗强度的影响，11 为进口率变化的影响。其中，与能源相关的有 1—5，与产业结构相关的有 6—8。

第二节 能源二氧化碳排放系数和 GDP 碳强度实证分析

一 数据选取与计算说明

我们选用的主要数据源于官方公布的 1997—2007 年的中国投入产出表，是因为中国官方公布的投入产出表目前只到 2007 年。而之所以选择 1997 年为起点，则是考虑到统计口径问题，1997 年前《中国统计年鉴》主要报告的是乡及乡以上工业企业数据，而 1997 年后报告的则是规模以上工业企业数据。有学者（陈诗一，2011）指出，这些数据的口径前后不匹配，无法直接比较。考虑到数据之间的联系以及与能源平衡表和分行业能源消费表的对应关系，我们将这些表合并为 15 个生产部门和 1 个生活部门，并对《中国统计年鉴》中分行业的一些名称做了对照和统一，比如，中国投入产出表与中国能源平衡表的对应：农业与农林牧渔水利业；运输邮电业和交通运输、仓储及邮电通信业，批发零售贸易、住宿和餐饮业与批发和零售贸易业，餐饮业,房地产业、租赁和商务服务业;金融保险业及其他服务业与中国能源平衡表中的"其他"项;中国投入产出表与工业分行业终端能源消费表的对应:食品制造业与食品加工、食品制造、饮料制造及烟草加工业;纺织业与纺织、服装及其他纤维制品制造及皮革、毛皮、羽绒及其制品业;等等。

为确保时间序列价值数据的可比性,需要考虑价值量数据的价格平减问题。现行的工业价格指数缩减法仍采用与工业总产值缩减类似的"单缩法"方式来缩减增加值,即用工业品出厂价格直接缩减工业增加值,没有考虑原材料等购进价格因素。产出价格平减指数基于《2009年中国城市(镇)生活与价格年鉴》提供的工业分行业的工业品出厂价格指数(上年=100),以此来构建考察期工业产出的价格平减指数。工业中间投入价格平减指数,采用《2009年中国城市(镇)生活与价格年鉴》提供的原材料、燃料、动力购进价格分类指数(上年=100)。而能源的原始数据来自历年《中国统计年鉴》和《中国能源统计年鉴》所提供的工业分行业能源消费总量(万吨标准煤),以及煤炭、原油、天然气和电力的消费量数据。

二 能源二氧化碳排放系数计算

关于能源二氧化碳排放系数的计算,分为两种情况。第一,对于一次能源,本书根据2006年联合国政府间气候变化专门委员会(IPCC)为《联合国气候变化框架公约》及《京都议定书》所制定的《国家温室气体清单指南》第二卷(能源)第六章提供的参考方法,计算出其二氧化碳排放系数。第二,对于电力、热力这样的二次能源,利用《中国能源平衡表(标准量)》中的数据,以及上述的能源二氧化碳排放系数,计算得到每千瓦时的二氧化碳排放量,见表6-1。由于在生产供应当中的能量转换中有损耗,可见,以吨煤当量为单位计算的二氧化碳排放系数要高于其他一次能源,尤其是电力能源。

利用各年数据所计算得到的电力行业每千瓦时的二氧化碳排放量呈下降趋势。1997年电力行业每度电的二氧化碳排放量为880克,2007年电力行业每度电的二氧化碳排放量为748克,10年间每千瓦时下降了 132 克。值得注意的是，这里为了便于比较，将标准煤换算为千瓦时的转换系数是 0.12，而不是国内通用的 0.404。

表 6-1　　　　　　　每千瓦时的二氧化碳排放量

单位：克二氧化碳/千瓦时

年份	1997	2000	2002	2005	2007
二氧化碳	880	804	797	766	748

利用电力行业的二氧化碳强度的计算公式，采用电力行业排放量及《中国统计年鉴》上的数据，可计算出所要求的电力排放强度数据。对以上两种方法得到的相应年份的数据进行比较，发现指标值略低，但两者反映的趋势是一致的。

表 6-2 为国际比较数据。由于计算中技术处理上有差异，在表 6-1 和表 6-2 中，中国对应年份的指标值有所不同。而从后文中的表 6-4 的国际比较数据来看，中国每千瓦时的二氧化碳排放量高于日本、美国等发达国家，但低于印度。

表 6-2　　　　　每千瓦时二氧化碳排放量的国际比较

单位：克二氧化碳/千瓦时

年份	1995	1996	1997	1998	1999	2000	2001	2002	2003	2004	2005	2006	2007
中国	803	821	804	823	798	765	740	748	776	805	787	788	758
印度	927	972	944	922	920	939	935	920	904	943	937	931	928
日本	411	408	394	381	397	401	402	422	445	428	430	419	455
美国	579	584	616	604	591	586	617	567	571	572	570	542	549

资料来源：IEA Statistics 2009，CO_2 Emissions from Fuel Combustion。

三　GDP 碳强度及其驱动因素分析

（一）GDP 碳强度变化

根据投入产出表和上述的能源二氧化碳排放系数，用上述式（6.4）和式（6.5），可计算单位 GDP 的二氧化碳强度。具体计算结果如表6-3所示,可见,考察期间碳强度降低总量为2.15吨。

表6-3　　　　　　　　　GDP碳强度变动

单位:吨二氧化碳/万元产值

年份	生产	生活	综合
1997	4.14	1.19	5.33
2000	3.69	0.85	4.54
2002	3.18	0.84	4.02
2005	2.92	0.85	3.78
2007	2.49	0.69	3.18

单位GDP二氧化碳排放量有逐年降低的趋势。从分部门的结果来看,生产部门对于单位GDP的减排贡献更大。在1997—2007年的10年间,单位GDP的生产部门碳排放强度每万元产值降低了1.65吨二氧化碳,而生活部门的碳排放强度降低较为缓慢,在1997—2007年的10年间,单位GDP的生活部门碳排放强度每万元产值降低了0.5吨二氧化碳。由此可知,生产部门对于实现2020年减排目标的意义重大。

(二) 产业结构与能源结构对碳强度的双轮驱动

能源消耗和产业结构变动是驱动单位GDP二氧化碳排放变动的两大因素。对于生产部门,影响其单位GDP二氧化碳排放量变化的因素有很多。能源结构是其关键因素之一。就已有的相关文献来看,大部分的研究都验证了能耗强度变化对二氧化碳排放的抑制作用。以1997年和2007年投入产出表为基础,我们将影响单位GDP排放强度指标的因素按照式(6.7)进行以上分解。将与能源相关要素的分解结果列示于表6-4。

表 6-4　　　　　　　　能源相关要素变动的影响

单位：吨二氧化碳/万元产值

能源相关要素	生产部门	生活部门	总计
能耗强度	-1.49	-0.58	-2.07
能源结构	0.14	0.11	0.25
总计	-1.35	-0.46	-1.82

与能源相关的因素有两项。一是行业的能耗强度。由表 6-4 可知，能耗强度，即各部门的终端能源消费量与其总产出的比值，是抑制单位 GDP 二氧化碳排放量的最主要因素。在 1997—2007 年的 10 年间，各行业能耗强度的普遍降低，推动 GDP 碳强度降低了 2.07 吨。二是能源结构，由于考察期间能源结构的变动主要表现为化石燃料占比上升，导致考察期能源结构的变动实际上推高了 GDP 碳强度 0.25 吨。在两者的共同作用下，推动 GDP 碳强度降低了 1.82 吨，约占考察期间碳强度降低总量的 84%。下面再将与产业结构变动相关要素的分解结果列示于表 6-5。

表 6-5　　　　　　　　产业结构变动的影响

单位：吨二氧化碳/万元产值

产业结构要素	生产部门
三次产业结构	0.02
产业内部结构	0.11
中间投入	-0.38
总计	-0.25

与产业相关的因素有 3 项。一是三次产业结构，由于工业的碳排放强度高，故工业化，即工业比重的提高使单位 GDP 的碳排放强度提高了 0.02 吨。二是产业内部结构，由于重工业的碳排放强度高，故重工业化，即工业中重工业比重的提高使单位 GDP 的碳排放强度提高了 0.11 吨。三是中间投入部分，即消耗系数矩阵的变化，就所关注的产业链条的变化，使单位 GDP 的碳排放强度降低了 0.38 吨。

第六章 产业结构与能源消耗变动对碳强度变动的效应

以上产业相关要素影响合计降低单位 GDP 的碳排放强度 0.25 吨,占降低比重的 12%。可见,工业化、重工业化的发展方向使我国碳排放强度有所提升,而产业链条的自发调整则在总体上抑制了碳排放水平。

(三) 现有产业结构下的能源行业减排潜力及其不足

电力是影响单位 GDP 二氧化碳排放强度的最关键能源因素。在实践中,面对减排压力,电力行业采取了节能减排、上大压小的行动,以及关停小火电机组,上 30 万千瓦、60 万千瓦及以上大机组等的诸多减排方式。现以电力行业为例,分析在现有产业结构下能源减排的潜力。

图 6-1 对不同行业分能源进行排放量的加总,从而得到不同能源的排放占比。图 6-1 中给出了各行业四大主要能源(热力、电力、原煤和焦炭)的二氧化碳排放强度情况。由图 6-1 可知,各个行业的电力能源消耗量普遍占比最大。

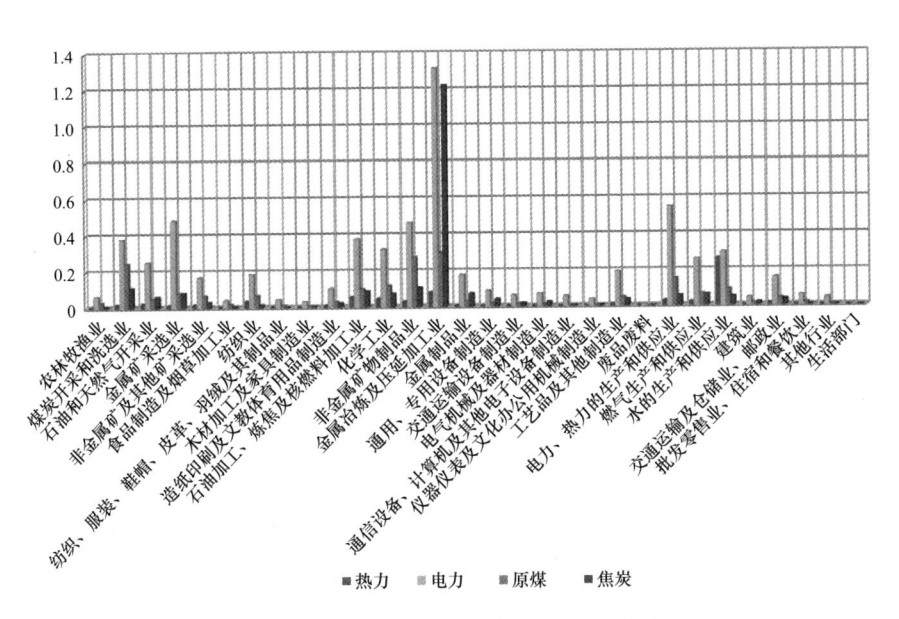

图 6-1 2007 年各部门四大主要能源的二氧化碳排放强度

下面换一个角度来看行业加总后的结果。图 6-2 是截取了 2005 年和 2007 年的数据加总后获得的各类能源的二氧化碳排放的占比情况。经过加总后，电力能源的重要性就非常明显了。电力能源排放的二氧化碳占所有二氧化碳排放量的46%左右。

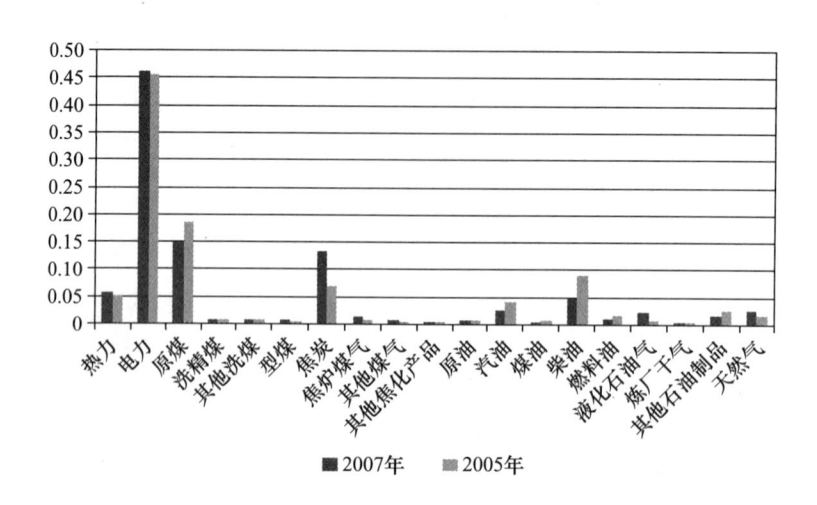

图6-2 分能源的二氧化碳排放占比

以上对单位GDP和电力行业二氧化碳排放的现状做了分析，但并未识别出两者之间的关系。从作用机制来看，电力生产是通过复杂的产业结构和产业链对单位GDP二氧化碳排放产生影响的。

基于本章投入产出分析框架，将与电力结构变动相关要素的分解结果列示于表6-6。与电力相关的因素有3项。一是电力能耗强度，即电力部门终端能源消费量与其总产出的比值，是抑制电力单位GDP二氧化碳排放量的最主要因素。在1997—2007年的10年间，电力行业能耗强度的降低，推动GDP碳强度降低了0.18吨。二是电力结构的变动。在考察期间，电力能源结构的变动主要表现为火力发电的比重增加上，因此，考察期电力能源结构的变动实际上推高了GDP碳强度。三是电力能源结构，主要体现在电力行业化石燃料的占比增加上，它在实际上推高了GDP碳强度。

电力的二氧化碳排放强度降低，可通过降低各行业电力能源消耗的二氧化碳排放强度来降低整个单位GDP的二氧化碳排放强度。电力行业的二氧化碳的强度如果下降1个百分点，那么，它带来其他各

第六章 产业结构与能源消耗变动对碳强度变动的效应

表 6-6　　　　　　　　　电力相关要素变动的影响

单位：吨二氧化碳/万元产值

电力相关要素	生产部门	生活部门	总计
电力能源结构	0.01	0.00	0.01
电力结构	0.02	0.01	0.03
电力能耗强度	-0.18	-0.05	-0.24
合计	-0.15	-0.04	-0.19

个行业的二氧化碳排放量下降加总后，相当于单位 GDP 减排 10.69 个百分点。以此类推，若要实现中国承诺的方向性减排目标，2020 年单位 GDP 碳排放强度较 2005 年下降 40%—50%，那么在保持 2007 年的投入产出结构的条件下，到 2020 年电力行业应累计减排 4%—5%。要实现这个目标，从电力能源的角度来看，降低 1 个百分点的电力能源二氧化碳排放系数，则电力行业的二氧化碳排放强度可降低 0.45 个百分点，其他行业使用电力能源的二氧化碳排放强度因电力能源的排放系数下降，也可降低 0.45 个百分点，从而整个 GDP 的单位二氧化碳排放量可下降 0.45 个百分点。因此，反过来看，要实现 1 个百分点的电力行业减排目标，则要求电力能源减排 2 个百分点。要实现 45 个百分点的电力行业减排目标，则要求电力能源减排 90 个百分点。

下面从技术层面来分析电力行业减排对实现单位 GDP 减排目标的作用程度。由于我们假设除火力发电之外，其他能源发电都是清洁的，因此，影响电力行业每度电的二氧化碳排放量的因素见表 6-7。

表 6-7　　　　　　　　　　　火力发电的技术指标

火力发电比重	2007 年	2005 年	火力发电原煤消耗比重	2007 年	2005 年	火力发电能耗强度	2007 年	2005 年
	83.0	81.9		94.7	93.9		342	350

由表 6-7 可知，电力生产供应的技术变化总体上推动了考察期 GDP 碳强度变化。这种技术变化主要体现在单位能耗降低上。发电方式在考察期内并未有很大变化，火力发电一直占主导地位，其比重逐期

有增加；同时，电力、热力的生产和供应的能源结构也只有微小变化，表现为原煤能源使用比重逐期小幅增加，这些在一定程度上增加了GDP碳强度。

电力二氧化碳减排有两种途径：一种是增加非化石能源发电比重，另一种是降低化石能源发电单位煤耗。增加非化石能源发电比重会在设备制造过程中增加二氧化碳排放，由于数据不可得而忽略，所以最终电力二氧化碳减排体现为发电单位煤耗降低。如果不降低发电单位煤耗，发电原煤消费量将是巨大的。假定经济结构和投入产出关系不变，并假设保持2007年不变价格投入产出表的能源结构、能耗强度，保持2007年电力平衡表中电力能源结构、能耗强度不变，则伴随GDP的增长，各能源的消费量增长同样倍数。两个变量之间存在以下关系：每消耗1千瓦时带来6.66元产值增值；单位GDP（元）耗电量0.15千瓦时；2005年的GDP为184937亿元，2009年以2005年不变价GDP为285068亿元，不变价GDP年增长率为11%。假设2010年及"十二五"期间和"十三五"期间的GDP增长率为7%，则2005年不变价计算的2020年GDP估测值将达60万亿元。在保持2007年单位GDP耗电量不变的情况下，电力消费量将达9万亿千瓦时，约为2005年电力消费量的3.6倍。若保持2007年的电力消费能源结构，即342吨标煤、每千瓦时83%的火力发电和94.7%的原煤消费比重，那么，这意味着原煤消费量在2020年将达到44.4亿吨。

表6-8为发电单位煤耗的敏感性分析。

表6-8　　　　　　　　发电单位煤耗的敏感性分析

发电单位煤耗（克）	34	68	103	137	171	205	239	274	308	342
电力二氧化碳强度	75	150	224	299	374	449	524	598	673	748
单位GDP二氧化碳强度	178	192	206	220	234	248	262	276	290	304
电力二氧化碳排放占比（%）	8	15	20	26	30	34	38	41	44	46

第六章 产业结构与能源消耗变动对碳强度变动的效应

那么,降低化石能源发电单位煤耗是否可行呢?我们以发电单位煤耗为变量做敏感性分析,随着其不断降低,可以得到2020年不同的电力二氧化碳强度和单位GDP二氧化碳强度。最终得到2020年电力二氧化碳强度和GDP二氧化碳强度的关系曲线,以及为实现40%—45%的目标电力二氧化碳强度需要达到的程度(见图6-3)。

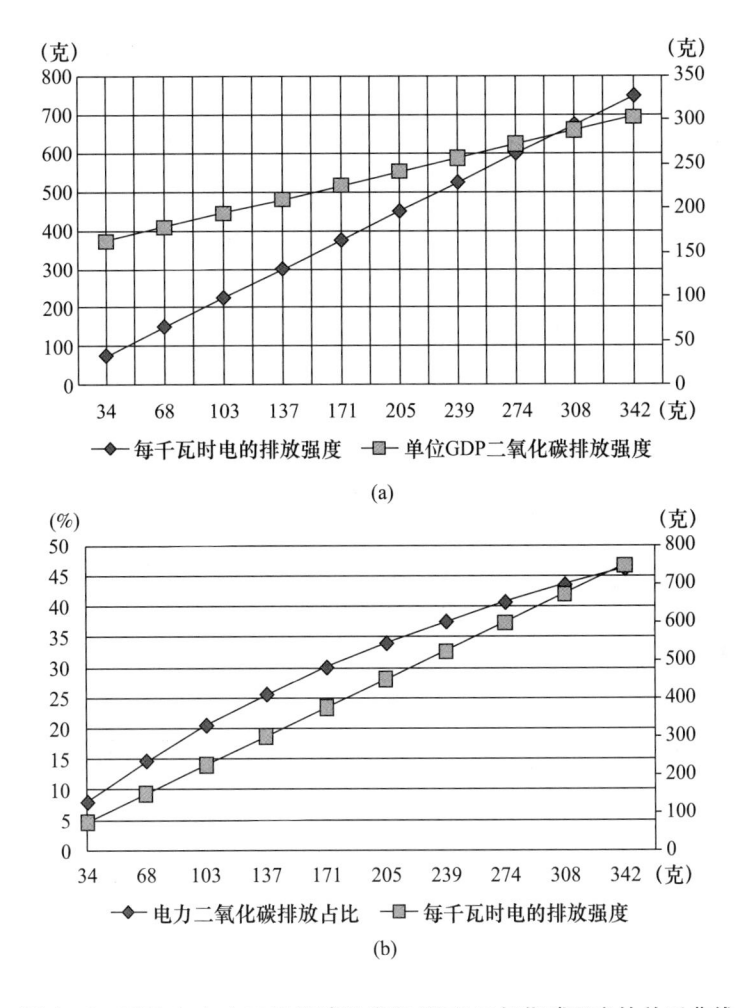

图6-3 2020年电力二氧化碳强度和GDP二氧化碳强度的关系曲线

图6-3的"2020年电力二氧化碳强度和GDP二氧化碳强度的关系曲线"中,横坐标为发电单位煤耗,由右纵轴可知,在现有产业结

构下，控制其他变量不变，要实现40%—45%的减排目标，发电单位煤耗需降低为68吨标准煤每千瓦时电［见图6-3（a）］，此时，电力二氧化碳排放仅占15%［见图6-3（a）］。因此，单纯依靠降低电力能耗强度试图达到减排目标是不太可能的①。

第三节　本章结论与政策含义

我们的实证分析表明，能耗因素和产业结构对GDP碳强度有着不同的影响路径。基于1997—2007年的10年数据，我们在研究中分解和识别出了能耗因素和产业结构变动对GDP碳强度的不同影响。结果发现，与能源相关的因素是抑制GDP碳强度的主要因素。尤其是能耗强度下降，各行业单位产出所耗用的能源的降低导致考察期的10年间GDP碳强度降低了1.82吨，占总降低量的84%。而产业结构方面，尽管表现为工业化尤其是重工业化的产业结构经济量变动引致GDP碳强度上升，但表现为产业间链条的中间投入经济量变动，则在一定程度上抑制了这种上升，使产业结构相关因素的总体影响还是降低了GDP碳强度，降低量约0.25吨。而基于现有的产业结构对电力减排潜力的分析表明，单纯依靠能源相关因素的低碳化难以达到2020年预定的减排目标。

很显然，根据我们的测算，想达到中国政府承诺的到2020年减排的预定目标，只有从产业的转型和升级入手，结合行业的能源效率的提升、能源结构改变和产业结构调整，实现由粗放型经济增长方式向集约型经济增长方式的转变，才有可能更好地实现中国政府承诺和计划于2020年完成的碳减排目标。

---

① 因受限于数据来源，我们在这里未能考虑到非化石能源替代的可能性和可行性，而仅考虑了最主要的火力发电的情况。

第七章 区域能源效率变动的描述性统计与基于 DEA 方法的实证分析

重化工业等高耗能的资源型工业部门的迅速增长和居民消费结构的变动导致能源消耗总量不断攀升，而能源效率却很低。2010年，每百万美元 GDP 消耗标准油高达 836 吨，而欧盟约 180 吨，美国约 250 吨，日本只有 90 吨，约为世界平均水平的 1/3，中国的能耗比率是日本的 9.3 倍，欧盟的 4.6 倍，美国的 3.4 倍。《2010 年上半年全国单位 GDP 能耗等指标公报》显示①，2010 年上半年，我国能源消费同比增长 11.2%，国内生产总值同比增长 11.1%，以此测算，单位 GDP 能耗同比上升 0.09%，与上年基本持平。从主要耗能行业单位增加值能耗来看，煤炭行业下降 2.69%，钢铁行业下降 1.64%，建材行业下降 7.61%，化工行业下降 4.28%，石油石化行业上升 11.35%。2009 年，我国能源消耗总量为 30.66 亿吨标准煤。截至 2010 年，在我国一次能源结构中，煤炭、石油和天然气三类不可再生的化石能源的比重依然超过 90%，其他非可再生化石能源，即水能、核能和风能约为 10%。化石能源的比重只比 1980 年的 95% 下降不到 5 个百分点，下降速度极为缓慢。而在化石能源中，碳排放最严重的煤炭能源比重一直在 70% 左右，没有明显的下降。作为一个国土面积大而各地区经济发展和区域产业发展不平衡的经济体而言，搞清楚不同地区的能源消费和效率差别及其变化情况，对理解中国经济的总体转型升级非常重要。

---

① 《2010 年上半年全国单位 GDP 能耗等指标公报》，由国家统计局、国家发展和改革委员会和国家能源局共同编制完成。

对中国省级能源效率的研究大多使用非参数法中的数据包络分析（DEA）。Hu 和 Wang（2006）利用 DEA 方法对中国各地区在 1995—2002 年的多要素能源效率进行了比较，结果显示，中国的能源效率随时间而呈倒"U"形变化。若不考虑西部地区，中国的能源效率总体上随经济增长提高，但区域间的能源效率差距较大，中部地区能效最低。魏楚和沈满洪（2007）沿用 Hu 和 Wang 的方法，用 1995—2004 年的分省份面板数据进行了能源效率测算，支持了中国整体能源效率变动的倒"U"形特征假说。他们的计算显示，倒"U"形转折点出现在 1999—2002 年，而省际能源效率差距在 1999 年之后逐渐扩大。杨红亮和史丹（2008）对各地区单要素能源效率和多要素能源效率进行了对比，发现我国总体能效水平很低，中西部地区和东部地区的能源效率差异很大。李世祥和成金华（2008）基于 DEA 方法对 13 个主要工业省份 1990—2006 年的能源效率的研究表明，技术进步和工业内部结构的差异导致了较大的省际能效差异。屈小娥（2009）用 DEA—Malmquist 生产率方法测算了 1990—2006 年全国 30 个省份全要素能源效率、技术进步和技术效率指数，结果显示，东部地区的全要素能源效率一直处于效率前沿面上，中西部地区均远离前沿面。史丹、吴利学、傅晓霞和吴滨（2008）的实证研究结果表明，省际能源效率有较大差距，而全要素生产率的差异是中国能源效率地区差异扩大的主要原因。

已有研究文献在能源效率的测算方法和数据选取上有较大差异，尤其在研究我国省际和区域能源效率方面，方法各不相同，在样本数据的整理和时间跨度上差别很大，可比性不高。本章基于我国省际面板数据，首先采用可变规模报酬（VRS）假设下的投入法 DEA 模型，计算 1995—2010 年的省际和大区域的能源效率及其变化。在借鉴已有研究能源效率测算方法的基础上，采用官方公布的最新数据，尽量把样本数据的时间跨度拉长。在描述性统计分析中，时间跨度是 1980—2010 年的 30 年。在 DEA 分析中，我们的样本数据是 1995—2010 年的 15 年，比 Hu 和 Wang（2006）的时间长 8 年，比魏楚和沈满贯的研究数据跨度长 6 年，以搞清楚我国工业化加速期的区域能源效率的变动轨迹,观察能源效率的纵向变动特征和横向的区域间差别。为了与已有研究的结果进行对比,我们还使用了不变规模报酬(CRS)假设下的DEA模型进行了测算。

第一节 中国能源消费与能源效率变动的描述性特征

一 能源消费总量变动

我们用发电煤耗计算法计算,我国的能源消费量从1980—2010年增加了5倍多。如图7-1所示,自1980年以来,我国能源消费总量一直呈上升趋势,其中2003年是关键点。2003年以前,我国能源消费量小幅平稳增长,从1980年的60275万吨标准煤增长到2003年的183792万吨标准煤。从2003年开始,增长速度加快,2010年已达324939万吨标准煤。能源消费量的迅速上升标志着我国的工业化已经处于加速期,也可能反映出较低的能源利用效率。

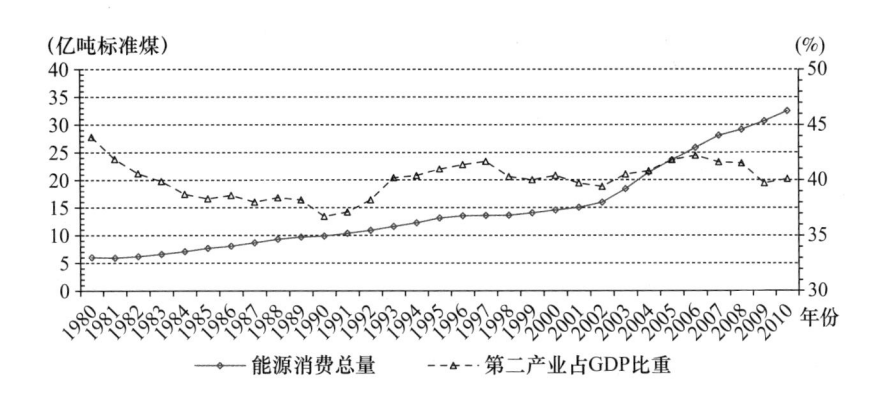

图7-1 1980—2010年我国能源消费总量变化

注:能源消费总量按发电煤耗计算法计算,第二产业占比按当年价格计算。
资料来源:《中国能源统计年鉴(2011)》。

如图 7-2 所示，1980—2009 年，我国 GDP 年均增长率为 10%，能源消费年均增长率为 5.7%。GDP 年增长率与能源消费年增长率的变化趋势总体是一致的。另外，自 1980 年以来，我国的能源消费年增长率在 2004 年达到了 16.1% 的最高值，超过 1984 年我国 GDP 年增长率的最高值 15.2%。

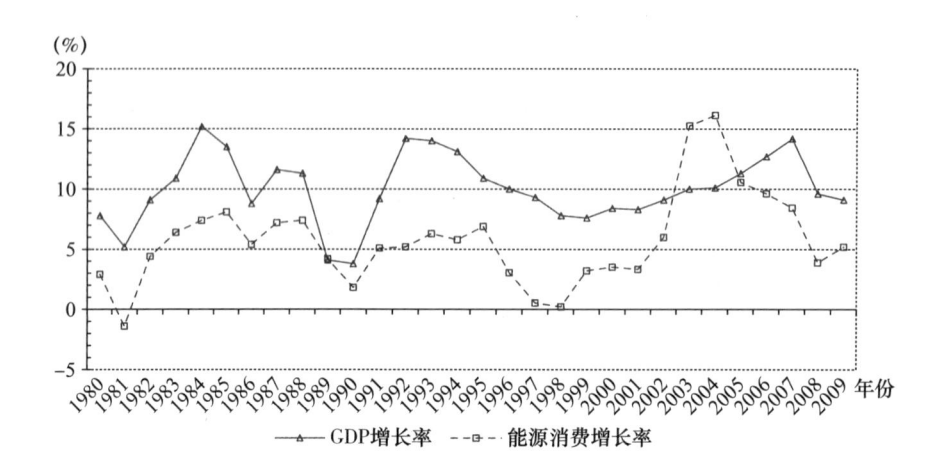

图 7-2　1980—2009 年能源消费增量和 GDP 增量变化

注：GDP 增速按可比价格计算，能源消费增速采用等价值总值计算。
资料来源：《中国能源统计年鉴（2010）》。

二　省际能源消费特征

我国各地区能源消费差距很大。如图 7-3 所示，2010 年，我国能耗最高的 5 个省份依次为山东、河北、广东、江苏和河南。山东以 34808 万吨标准煤高居第一位。能耗最低的 5 个省份分别为海南、青海、宁夏、甘肃和江西。能源消费量高的省份多集中在东中部地区，而较低的省份多集中于西部地区。我国各省份的能源消费量的多少与其产业结构有着密切关系，如北京和海南，这两个省份的服务业产值比重很大，显然是其综合能耗水平低的重要原因。

根据《中国能源统计年鉴（2011）》的数据，1980—2010 年，在总体能源消费量上涨的情况下，我国占能源消费总量比重 70% 的第二

第七章 区域能源效率变动的描述性统计与基于 DEA 方法的实证分析

产业能源消费量也同步上涨，但其增加值占比上升并不明显。由此推测，第二产业的能源利用效率总体出现了下降趋势。如图 7-4 所示，从 2010 年的省际数据看，除北京、海南和西藏外，各省份第二产业产值在 GDP 中的比重在 40%—60% 之间，上海为 42.1%，河南为 57.3%，山东为 54.2%。地区生产总值高的省份能源消费量也大。另外，各省份第二产业增加值占比与能源消费量有很强的相关性。第二产业增加值占比高的省份，其相应的能源消费量也高。综合来看，各省份的能源消费情况与整体的能源消费情况呈现出很好的一致性。

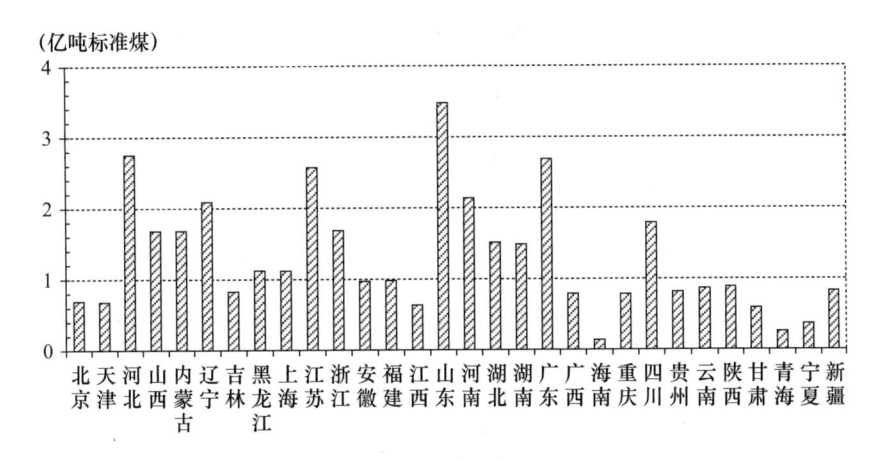

图 7-3 2010 年分地区能源消费量

资料来源：《中国能源统计年鉴（2011）》。

三 省际能源消耗强度

单位 GDP 能耗即能源消耗强度，既反映了综合能源经济效率，也反映了对经济能源的依赖程度。《中国能源统计年鉴（2011）》显示，1980—2010 年，我国人均能源消费量逐年递增。据《2009 年各省、自治区、直辖市单位 GDP 能耗等指标公报》，当年全国单位 GDP 能耗为 1.077 吨标准煤/万元，比 2008 年降低 3.61%。根据第二次经济普查的结果，2005—2008 年全国单位 GDP 能耗分别被修订为 1.276 吨标准煤/万元、1.241 吨标准煤/万元、1.179 吨标准煤/万元、1.118 吨标准煤/万元，2006—2008 年单位 GDP 能耗变动率分别被修订为 -2.74%、-5.04% 和 -5.20%。各省份的数据也相应地做了修订。

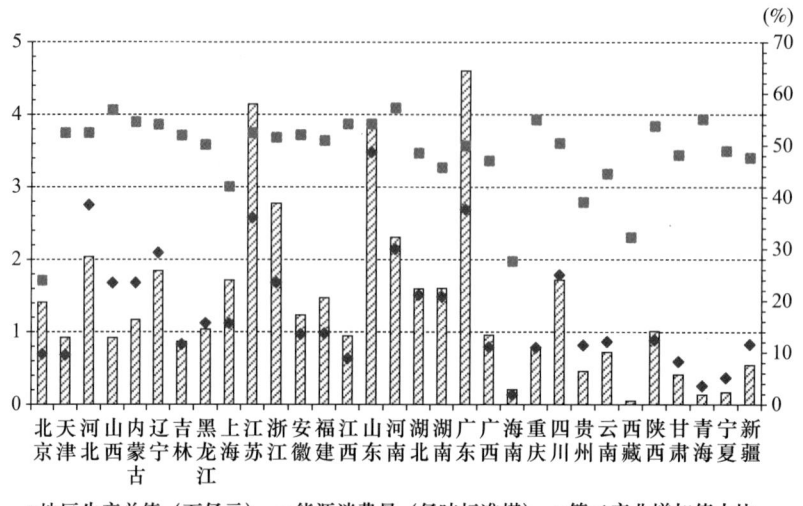

图 7-4　2010 年各省份地区生产总值、第二产业增加值占比和能源消费量

注：地区生产总值按当年价格计算。

资料来源：《中国统计年鉴（2011）》。

2010 年各省份单位地区生产总值能耗如图 7-5 所示。在已公布数据的省份中，北京的单位 GDP 能耗降幅为 26.59%，比排名第二的山西低近 4 个百分点。从绝对值来看，北京以 0.582 吨标准煤/万元的绝对值处于全国最低水平。而国家统计局等联合发布的《2010 年第一季度至第三季度各省份单位 GDP 能耗降低率》显示，2010 年第一季度至第三季度吉林的单位 GDP 能耗同比下降幅度最大，为 5.30%；其次是贵州，为 4.39%，广西、青海、宁夏和新疆的单位 GDP 能耗同比均上升，其中尤其是青海的上升幅度最大，为 2.33%。

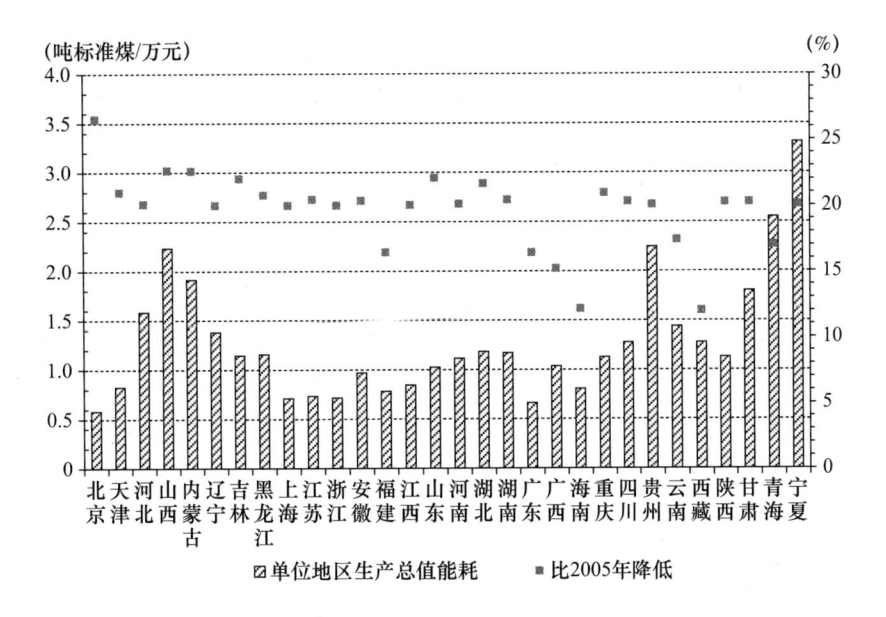

图 7-5　2010 年各省份单位地区生产总值能耗

注：按 2005 年价格计算。

资料来源：《中国统计年鉴（2011）》。

第二节　基于省际面板数据 DEA 方法的能源效率测算

一　方法说明与数据处理

使用 DEA 方法计算能源效率时，通常有投入法和产出法两种计算方法。而使用这两种 DEA 方法计算时，基于不变规模报酬（CRS）假设和基于可变规模报酬（VRS）假设的计算结果是不同的。在 CRS 假设下，投入法和产出法计算的效率是相等的。在 VRS 假设下的投入法和产出法计算的效率是不相等的。但是，当不完全竞争等因素可能导致决策单元（Decision Making Unit，DMU）没有在最优规模上运作时，CRS 方法可能导致技术效率测度被规模效率混淆，而 VRS 方法则允许剔除受规模效率影响的技术效率的计算。本书主要采用 VRS 假设下的 DEA 模型。另外，在投入主导型还是产出主导型模型的确定方面，已有研究大多倾向于投入主导型模型，而我们侧重对投入因素的综合考虑，因此，首先采用 VRS 假设下基于投入法的 DEA 模型，然后再用 CRS 假设下的计算结果进行对照讨论。

我们参考魏楚和沈满贯（2007）采集和处理数据的方法，但尽量将研究时间跨度拉长，以 1995—2010 年 29 个省份的资本形成总额、劳动力和能源消费量为投入要素，以各省份 GDP 作为产出要素进行区域能源效率分析。GDP 取各省份当年 GDP，数据来自《新中国六十年统计资料汇编》和有关年份《中国统计年鉴》。资本形成总额是指常驻单位在一定时期内获得的减去重置资本后的固定资产和存货的净额，包括固定资本形成总额和存货增加两部分，数据来自 1995—2011 年的《中国统计年鉴》。劳动力数据主要来自《新中国六十年统计资料汇编》和 1996—2011 年的《中国统计年鉴》，当年的就业人数按照公式（当年年底就业人数 + 上年年末就业人数）/2 计算，取平均数计算得到。能源消费量来自各年度的《中国能源统计年鉴》，并折算成标准煤。

数据采集和处理，参照该领域文献的通行做法，宁夏缺少 2001 年的数据，我们取前后两年的平均值。为保持统计口径的一致性，重庆的数据归入四川。西藏各年度的能源数据缺少，样本内不包括西藏。另外，我们采用魏楚和沈满贯（2007）研究中关于能源效率测算的定义和计算方法，即固定能源投入下实际生产能力达到的最高产出水平。

二　测算结果

我们利用 DEAP 2.1 软件包，计算出 1995—2010 年 15 年间我国 29 个省份、四大区域和全国的能源效率值。具体计算结果见表 7-1。图 7-6 和图 7-7 则直观表现了能源效率的变化。

（一）省际能源效率

表 7-1 VRS 假设下的区域能源效率显示，上海、广东、海南等省份的能源效率最高。这 3 个省份在 1995—2010 年均处于前沿曲线上。北京、天津、辽宁、福建和湖南 5 个省份在 1995—2010 年间也有若

第七章 区域能源效率变动的描述性统计与基于 DEA 方法的实证分析

干年位于前沿曲线上。能源效率均值最低的省份是山西和贵州等省份，均值在 0.5 以下，而新疆、内蒙古、甘肃和河北等省份则次之，均不到 0.6。

表 7-1　　　　　　　　VRS 假设下的区域能源效率

地区	1995 年	1996 年	1997 年	1998 年	1999 年	2000 年	2001 年	2002 年
北京	0.779	0.878	0.772	0.744	0.752	0.767	0.947	1.000
天津	0.844	1.000	0.928	0.909	0.944	0.874	0.858	0.917
河北	0.890	0.819	0.750	0.732	0.732	0.715	0.713	0.381
山西	0.449	0.497	0.583	0.555	0.563	0.495	0.427	0.217
内蒙古	0.855	0.824	0.809	0.807	0.794	0.780	0.696	0.373
辽宁	1.000	1.000	1.000	1.000	1.000	1.000	1.000	0.438
吉林	0.873	0.799	0.881	0.870	0.857	0.874	0.928	0.451
黑龙江	1.000	1.000	0.985	0.879	0.964	1.000	0.993	0.520
上海	1.000	1.000	1.000	1.000	1.000	1.000	1.000	1.000
江苏	0.913	0.898	0.904	0.924	0.956	0.966	0.891	0.930
浙江	0.966	0.938	0.906	0.901	0.911	0.885	0.878	0.829
安徽	0.946	0.859	0.866	0.876	0.914	0.906	0.904	0.568
福建	1.000	1.000	1.000	1.000	1.000	1.000	1.000	0.900
江西	1.000	1.000	0.977	1.000	0.945	0.969	0.938	0.726
山东	0.888	0.881	0.783	0.824	0.856	0.735	0.771	0.594
河南	0.957	0.914	0.851	0.841	0.820	0.812	0.771	0.566
湖北	0.936	0.914	0.826	0.822	0.791	0.778	0.658	0.536
湖南	1.000	1.000	1.000	0.960	1.000	1.000	0.883	0.659
广东	1.000	1.000	1.000	1.000	1.000	1.000	1.000	1.000
广西	0.976	0.982	1.000	1.000	1.000	1.000	1.000	0.702
海南	1.000	1.000	1.000	1.000	1.000	1.000	1.000	1.000
四川	1.000	0.796	0.908	0.863	0.862	0.872	0.770	0.557
贵州	1.000	0.468	0.581	0.514	0.594	0.510	0.279	0.251
云南	0.912	0.855	0.797	0.806	0.834	0.885	0.788	0.487
陕西	0.774	0.772	0.809	0.757	0.775	0.709	0.721	0.529

续表

地区	1995年	1996年	1997年	1998年	1999年	2000年	2001年	2002年
甘肃	0.895	0.616	0.864	0.849	0.831	0.719	0.423	0.350
青海	1.000	1.000	1.000	1.000	1.000	1.000	1.000	1.000
宁夏	1.000	0.901	1.000	1.000	1.000	0.764	1.000	1.000
新疆	0.790	0.796	0.766	0.698	0.791	0.875	0.409	0.421
东部	0.921	0.919	0.877	0.882	0.896	0.865	0.878	0.776
东北	0.974	0.958	0.970	0.936	0.961	0.977	0.984	0.464
中部	0.828	0.830	0.818	0.806	0.803	0.783	0.716	0.492
西部	0.953	0.762	0.838	0.801	0.830	0.814	0.658	0.515
全国	0.908	0.870	0.867	0.852	0.867	0.850	0.807	0.616

地区	2003年	2004年	2005年	2006年	2007年	2008年	2009年	2010年	均值
北京	1.000	1.000	1.000	1.000	1.000	1.000	1.000	1.000	0.915
天津	1.000	1.000	1.000	1.000	1.000	1.000	1.000	1.000	0.955
河北	0.540	0.548	0.537	0.534	0.408	0.424	0.428	0.436	0.599
山西	0.412	0.432	0.334	0.284	0.282	0.295	0.313	0.340	0.405
内蒙古	0.370	0.351	0.354	0.368	0.391	0.458	0.476	0.487	0.575
辽宁	0.449	0.427	0.485	0.489	0.499	0.514	0.530	0.554	0.712
吉林	0.559	0.544	0.561	0.591	0.595	0.595	0.610	0.621	0.701
黑龙江	1.000	1.000	1.000	1.000	0.545	0.543	0.538	0.557	0.845
上海	1.000	1.000	1.000	1.000	1.000	1.000	1.000	1.000	1.000
江苏	0.932	0.891	0.876	0.873	0.882	0.903	1.000	1.000	0.921
浙江	0.853	0.872	0.885	0.885	0.878	0.876	0.883	0.917	0.892
安徽	0.905	0.846	0.849	0.827	0.684	0.695	0.724	0.757	0.820
福建	0.873	0.866	0.860	0.839	0.820	0.747	0.764	0.781	0.903
江西	0.739	0.753	0.797	0.799	0.816	0.820	0.788	0.841	0.869
山东	0.665	0.622	0.605	0.617	0.623	0.656	0.685	0.680	0.718
河南	0.777	0.731	0.751	0.715	0.594	0.599	0.586	0.591	0.742
湖北	0.741	0.732	0.811	0.791	0.548	0.573	0.601	0.624	0.730
湖南	0.895	0.873	0.894	0.890	0.579	0.607	0.622	0.637	0.844
广东	1.000	1.000	1.000	1.000	1.000	1.000	1.000	1.000	1.000
广西	0.951	0.920	0.867	0.805	0.704	0.693	0.613	0.612	0.864
海南	1.000	1.000	1.000	1.000	1.000	1.000	1.000	1.000	1.000

第七章 区域能源效率变动的描述性统计与基于 DEA 方法的实证分析

续表

地区	2003 年	2004 年	2005 年	2006 年	2007 年	2008 年	2009 年	2010 年	均值
四川	0.693	0.685	0.665	0.668	0.533	0.547	0.557	0.573	0.722
贵州	0.361	0.372	0.453	0.466	0.322	0.344	0.348	0.347	0.451
云南	0.771	0.771	0.661	0.648	0.490	0.504	0.502	0.502	0.701
陕西	0.636	0.626	0.713	0.650	0.617	0.602	0.627	0.638	0.685
甘肃	0.553	0.577	0.560	0.587	0.403	0.409	0.421	0.431	0.593
青海	1.000	1.000	1.000	1.000	1.000	1.000	1.000	1.000	1.000
宁夏	0.522	0.606	0.678	0.691	0.706	0.737	0.737	0.747	0.818
新疆	0.434	0.404	0.415	0.422	0.418	0.368	0.391	0.421	0.551
东部	0.821	0.810	0.801	0.801	0.782	0.792	0.815	0.820	0.841
东北	0.633	0.616	0.654	0.660	0.532	0.539	0.549	0.569	0.748
中部	0.671	0.653	0.662	0.635	0.525	0.547	0.561	0.580	0.682
西部	0.634	0.638	0.634	0.633	0.522	0.528	0.527	0.538	0.676
全国	0.724	0.713	0.717	0.710	0.638	0.649	0.663	0.675	0.758

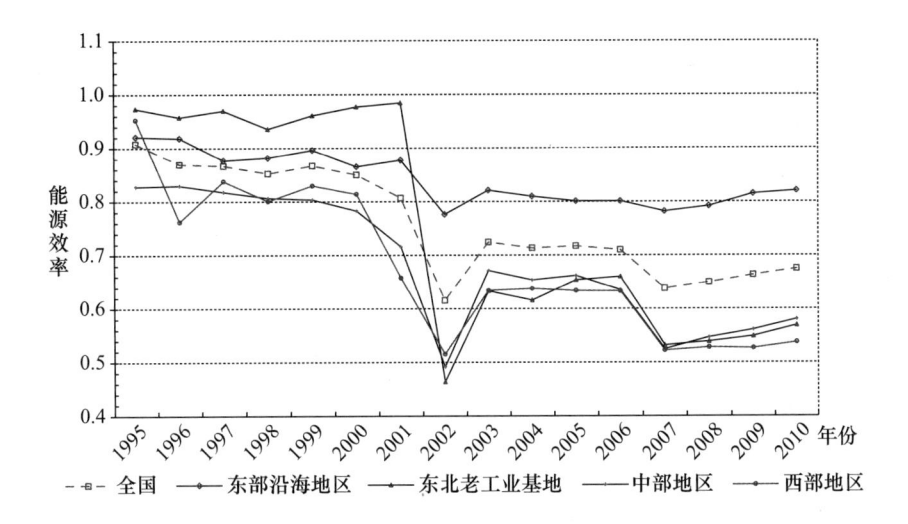

图 7-6 VRS 假设下 1995—2010 年不同区域能源效率变化情况

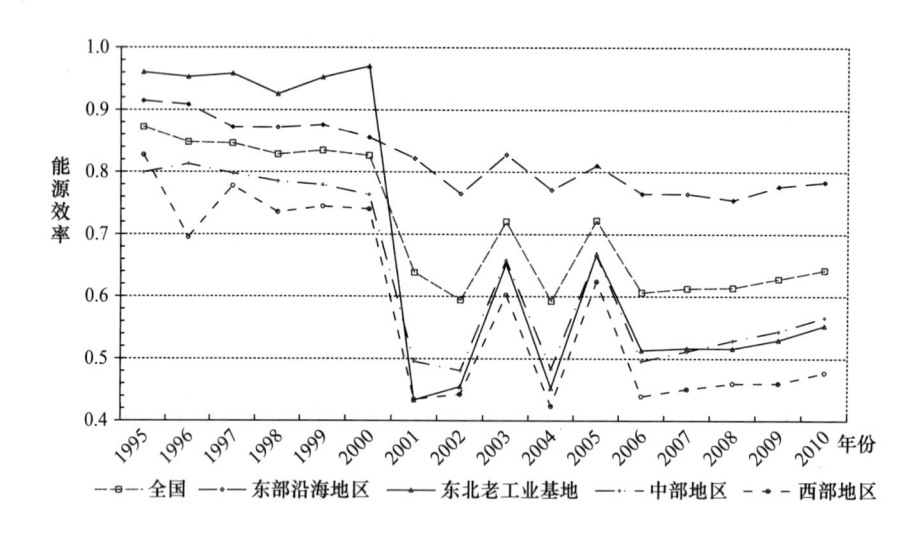

图 7-7 CRS 假设下 1995—2010 年不同区域能源效率变化情况

（二）四个大区域的能源效率

我们还将 29 个省份依常规方法进行了大区域归类，以考察不同发达程度和工业化水平的经济带的能源效率差异。测算结果显示，东部沿海地区 1995—2010 年的能源效率均值最高，为 0.841，其能源效率波动幅度最小。其次是东北老工业基地，均值为 0.748，但其波动是最大的。而西部地区的能源效率均值最低，为 0.676，其波动幅度也较大。若不考虑波动，仅就各区域的能源效率均值的比较来看，这一结果与大部分已有研究的结果是一致的。

从图 7-6 中的各区域能源效率变化来看，各区域均在 2001 年和 2007 年发生较大转折。1995—2001 年，东部沿海地区和西部地区两大区域均呈现出能源效率波动中下降的变化趋势，中部地区在此期间一直保持下降的趋势，没有回升，而东北老工业基地则在波动中略有上升。而到了 2001 年，四个大区域的能源效率均发生不同程度的下降，其中，东北老工业基地的下降幅度最大，从 2001 年的 0.984 迅速下降为 2002 年的 0.464。经济大省辽宁从 1.0 降至 0.438，降幅超过 50%，是整个东北老工业基地能源效率下降的主要来源。东部沿海地区在下降中降幅最小，仅从 2001 年的 0.878 小幅下降到 2002 年的

0.776。各区域能源效率经过2002年的普降后，到2003年均有小幅回升，并保持3年的平稳态势，但到了2007年，各区域的能源效率几乎均回到了2002年的水平，如东部沿海地区2002年为0.776，2007年为0.782。在经历了两次较大转折后，2007—2010年各区域能源效率均保持微小而平稳的上升趋势。

关于各大区域的能源效率，VRS假设下的结果与魏楚和沈满贯（2007）的结果有一些差异。他们的结果是：东部沿海地区为0.815，高于中部地区的0.72和西部地区的0.68。结果不同的原因可能是模型不同和资本取值不同。魏楚和沈满贯采用CRS假设下基于投入法的DEA模型，通过计算资本存量来定义资本取值。我们直接将《中国统计年鉴》中的资本形成总额作为资本取值，首先采用VRS假设下基于投入法的DEA模型。另外，本书研究时间跨度更长也是一个原因。

为了使研究结果的可比性更强，我们又用了基于CRS假设（规模报酬不变假设）下的能源效率测算方法。图7-7是CRS假设下的能源效率变动状况。除省份差异较明显以外，全国和各大区域的能源效率变动轨迹与VRS假设下的结果有较好的一致性，只是在2001—2006年，CRS假设下的能源效率波动幅度更大。两种方法计算的结果均显示，东部沿海地区的波动最小，其他地区均出现较大波动。显然，全国平均能源效率波动比东北老工业基地、中部地区和西部地区更弱的主要原因是，东部沿海地区在出现了轻微波动的同时，所占比重很大，从而较大地削弱了全国平均波动幅度。

（三）全国的总体能源效率

全国能源效率变动可以从表7-1、图7-6和图7-7观察。表和图显示，在考察期内，全国能源效率变动总体上呈下降趋势，而在整体下降的趋势中又表现出了明显的波动性特征和较弱的"类周期性"特征。若按照图7-6将15年划分为三个阶段，可以看出，第二个阶段（2001—2006年）比第一个阶段（1995—2000年）有较大幅度的下降。而第三个阶段（2007—2010年）虽然比第二个阶段有所上升，但仅仅是微弱的上升。第三个阶段明显比第一个阶段更低。CRS假设下的情况基本一致，仅在局部的波动幅度上有差别（见图7-7）。因此，能源效率在15年的总体下降轨迹中有较弱的"U"形特征，也就是说，"U"形线本身向右下方倾斜了。

虽然测算结果总体上不支持魏楚（2007）关于中国总体能源效率变动在1995—2005年的10年间呈倒"U"形特征的结论。但是，不论从省份、大区域还是从全国平均水平来看，能源效率变动确实在某些阶段有局部的倒"U"形特征。全国能源效率在1998—2002年和2002—2007年的两个局部阶段表现出了倒"U"形特征。而区间1998—2002年与Hu和Wang（2006）中的样本时间跨度（1995—2002年）差别较小，局部支持了Hu和Wang关于中国能源效率变动呈现倒"U"形变动轨迹的结论，但这在我们的研究中仅仅是一个只占全部时期长度约1/3的局部阶段。

第三节 测算结果讨论

我们的数据测算表明，全国、各大区域和大部分省份在1995—2010年这15年间的能源效率总体上呈下降趋势（2007年以来略有平稳回升），有些年份的下降幅度很大。而且在这一变动过程中，局部阶段能源效率波动的幅度较大。这一测算结果颇令人困惑，尤其是经济最发达的东部沿海地区的一些省份能源效率也呈下降趋势，是很难理解的。因为在此期间，从中央政府到各级地方政府一直进行"致力于经济增长方式转变"的各种努力，能源效率理应有所提高，至少不应该有明显下降。但是，如果我们考察中国经济尤其是中国区域经济在此期间还发生了哪些事情和变化，就能够做出解释。能源效率变动轨迹，至少说明了以下两个重要事实。

一 总体经济增长质量和工业经济增长质量均不高，结构性低效率特征明显

尽管我们用了GDP数据作为产出，但是，由于工业产值比重最大，且消耗了70%以上的能源（2009年的工业能源消耗高达71%，若加上交通运输和建筑业，则接近80%），因此，能源效率总体降低

第七章 区域能源效率变动的描述性统计与基于 DEA 方法的实证分析

的事实实际上说明，工业增长的质量不高，产业结构变动不合理。耗能低的第三产业比重的上升没能有效遏制总体能源消耗增加的趋势，工业整体上向高耗能的重化工业化方向发展，这一趋势在 2001 年后的几年非常明显。始自 2000 年的能源效率下滑实际上并不能说明 2001 年之前的单位工业产值的能耗处于低水平，显然是由耗能更多的工业产值的比重相对于 2001 年以后的比重更低造成的。换言之，是 2001 年以后各地区兴起的工业重型化发展趋势导致了近十年来能源效率的整体下降。除图 7-6 外，图 7-1 和图 7-4 也直观地反映了这一情况。结果和判断与一些关于产业结构与能效关系的研究结论基本吻合。有研究显示，我国产业结构调整对能源效率的提高有反向作用（史丹，2002；王玉潜，2003；吴巧生和成金华，2006）。而沈能（2010）的研究也显示，产业结构升级抑制了能源效率的提升，且从东部至西部均呈现出了作用效果递减的变动趋势。

我们和上述文献揭示的情况可能说明了各省份的产业规划和产业政策偏向于将促进 GDP 增长为首要任务，而没有很好地兼顾到优化产业结构和提高经济增长质量的目标。因此，如果工业化必须考虑中国的资源约束条件、能源供给的可持续性和环境耗减问题，那么，2000 年以来国家和各地区的产业结构政策及产业发展模式是需要反思的。

二 现有资源价格支持的垂直区域产业分工可能抑制了产业结构升级转型

低资源价格支持的垂直区域产业分工格局可能抑制了产业结构的升级转型，导致了资源配置的低效率。产业升级和产业结构变动应该是沿着节约稀缺性资源的方向进行的，而我国的产业沿着高耗能方向变化，并没有沿着能源效率提高的方向进行，说明价格发出了能源资源"不稀缺"的错误信号。结合我国要素价格扭曲、资源性产品市场化程度低、国有垄断以及能源资源低价格管制的事实，这一结果能够得到较好的解释。资源尤其是能源价格没有充分反映其稀缺性，很可能是关键原因。我们的计算显示，各省份之间和各大区域之间存在较大的能源效率差距，能源效率低的省份或地区往往是能源资源相对丰裕的地区，尤其是山西和内蒙古最为典型，其煤炭能源资源丰富，低开采成本和低价格诱使了低能源效率。而且更为重要的是，在区域产业垂直分工的格局下，低能源资源价格也间接地诱使了其他相对发达地区的产业重型化和高能耗趋向。我们的这一判断与王军和仲伟周（2009）的结论是一致的，即资源禀赋好的地区的资源相对价格低，能源效率也低。张曙光和程炼（2010）也认为，要素价格扭曲导致了我国的资源配置低效率。叶振宇和叶素云（2011）认为，要素价格的上升能明显改善制造业效率。由于制造业占据了能耗的70%以上，能源价格的提高无疑会迫使企业开发能源节约型或替代型技术。能源价格可以通过要素替代而使能源投入发生变化（Stern，2004），提高能源价格能够改善能源效率（Birol and Keppler，2000）。许多关于中国能源效率的研究表明，能源相对价格的提高对改善能源效率有明显的激励作用（尹宗成、丁日佳和江激宇，2006；刘畅、孔宪丽和高铁梅，2008），这些实证结果支持了提高市场化程度能够改善能源效率的观点（史丹，2002；孟昌，2011）。

第四节 本章结论与政策含义

描述性统计和基于省际面板数据 DEA 方法的能源效率测算显示，在 1995—2010 年的 15 年间，全国平均能源效率在波动中总体呈下降趋势，且表现出弱的"类周期性"。变动轨迹仅有局部时间段呈倒"U"形特征，而没有在样本数据的整个阶段表现出明显的倒"U"形特征，因此不支持中国能源效率整体呈倒"U"形特征的判断。从省际结果来看，上海和广东的能效最高，而山西和贵州的能效最低，新疆、内蒙古、甘肃和河北等省份的能源效率也处于低水平。从大区域来看，东部沿海地区的能源效率最高，其次为东北老工业基地、中部地区和西部地区。大区域之间能效差距的这一结果与大部分相关研究和一般性的经验判断是一致的。各区域产业沿着高耗能的重化工业化的方向加速发展，可能是能源效率下降的直接原因，而体制性的低资

第七章　区域能源效率变动的描述性统计与基于 DEA 方法的实证分析

源价格可能是诱因。结果可能表明，各省份的产业规划和政策首先服务于促进本地区 GDP 增长这个目标，没有很好地兼顾优化产业结构和提高增长质量的目标，能源效率变动（滞后）与中国"政府换届周期"较为吻合。考虑中国的资源约束条件、能源供给的可持续性和环境耗减问题，那么已有的产业结构政策和发展模式需要重新考虑。

基于以上实证结果和分析，能源效率提高的关键是产业升级转型和产业结构高级化。在产业结构方面，不论从产出还是从投入来看，工业的比重最大而单位产值的耗能量最高。因此，提高能源效率的关键是工业能耗的降低，使能源资源的价格反映市场供求状况，以价格手段降低能源消费量，是提高能源效率的关键。通过产业升级转型来实现能源效率的提高，资源投入品的价格要真实地反映所有经济成本，产出价格要通过市场竞争来施加硬约束。而长期以来，我国由资源富集地区的"体制性"自然资源低价格供给支持的纵向区域产业分工格局，既弱化了发达地区产业升级和企业自主创新的动力，也将资源富集地区的经济结构固化在资源型产业上并抑制了一些地区的发展。很多资源禀赋好的区域的产业结构低级化严重，产业层次低而落后，产业转型和升级速度慢。而通过产业升级促进节能、减排和降耗，关键变革是通过资源价格及产权改革来诱使或者促进产业升级和新型能源的开发，走价格诱导型的产业升级和节能降耗之路。1995—2010 年，不仅是中国经济快速工业化的阶段，也是快速市场化的阶段。市场化转型应该提供了诱导型节能降耗的体制基础，但是，由于这一领域的国家控制严格、产权虚置问题严重、行政垄断势力强而预算约束软化，束缚了市场机制在提高能效上的"信号"作用和诱导作用。我国的资源型企业普遍是大型国有企业，企业与政府讨价还价的能力很强，有很强的定价权。因此，在这一领域，除了继续推进资源市场化改革和价格体制改革，破除行政垄断也是重要举措之一。

第八章 碳排放约束条件下的产业结构升级
——投入产出模型与敏感性分析

第一节 文献述评与问题的提出

全球气候变化及其所引发的愈演愈烈的国际低碳博弈，使中国这样一个人口大国和经济大国承受了巨大的减排压力，尤其是已成为最大温室气体排放国的事实，使原本作为发展中国家只是承担"共同但有区别的责任"的我国，低碳发展压力空前巨大。2009年年末哥本哈根世界气候会议上，中国政府承诺"到2020年碳强度较2005年下降40%—45%"，并纳入社会经济发展约束性指标。2011年年末德班气候会议上，我国再次强调采取有力行动，全面推动绿色低碳经济的转型与发展。

推动整个发展方式的低碳转向，既是我国对全球环境高度责任感的体现，也是我国自身建立资源节约型与环境友好型社会、推动可持续发展的内在要求。为践行这些低碳承诺，我国出台了一系列低碳规划和政策，从各方面引导和促进全社会共同发展低碳经济。2011年3月通过的《国民经济和社会发展第十二个五年规划纲要》，将"坚持把建设资源节约型、环境友好型社会作为加快转变经济发展方式的重要着力点"作为指导思想之一，提出要深入贯彻节约资源和保护环境基本国策，节约能源，降低温室气体排放强度，发展循环经济，推广低碳技术，积极应对全球气候变化。2011年12月出台的《国家环境保护"十二五"规划》和2012年1月国务院印发的《"十二五"控

第八章 碳排放约束条件下的产业结构升级

制温室气体排放工作方案》，提出"十二五"期间碳强度比2010年再下降17%的总体控制目标，并强调要综合运用优化产业和能源结构、节能降耗、努力增加碳汇等多种手段，加快建立以低碳为特征的工业、能源、建筑、交通等产业体系和消费模式，全面推进绿色低碳行动，以提高应对气候变化能力，有效控制温室气体排放，为应对全球气候变化做出积极贡献。

进一步的减排，我们必须明确目前的排放问题是部门内部的生产要素导致，还是最终需求导致，从而明确当前减排的方向和重点是技术改进，还是消费行为改变。对政策制定者而言，可选择的应对政策包含技术层面、需求端和产业链条等。而所有这些方面的政策都将直接或间接地影响到中国产业结构的升级。本章基于投入产出框架的敏感性分析的方法，量化分析关键部门结构系数（技术和需求系数）变化所引起的二氧化碳排放量的变化，以期找出减排效果最佳的经济活动部门及其努力的方向。

现有研究分析框架多为宏观的结构分解模型，通过对影响碳排放的因素采用不同分解技术进行分解，揭示考察期中各因素对于碳排放的影响，并从中找到主要的驱动因素。所采用的分解技术主要有指数分解法、投入产出结构分解法和基于非参数距离函数的分解法三种类型。格里宁（Greening，2004）首先采用结构分析的对数平均迪氏指数分解法对10个OECD国家1971—1991年碳排放强度进行了按部门（分为生产部门、交通运输部门和居民消费部门）分解分析，认为生产部门碳强度下降是各区域碳排放下降的主要原因。

有关中国问题的代表性研究，按照结论的不同大致可划分为三类。大部分学者认为能源强度是主因。如Ang等（1998）利用同样分解法发现，中国工业部门总产出的变化对1985—1990年该部门二氧化碳排放产生了比较大的正向效应，而工业部门能源强度的变化对二氧化碳排放起了较大的抑制作用，该研究的因素分解涉及工业部门的4种燃料和8个行业。Wang等（2005）利用对数平均迪氏指数分解法研究了1957—2000年二氧化碳排放变化情况，指出降低能源强度是减排关键，而调整能源结构作用则并不突出。费希尔·范登等

(2004）利用对数平均迪氏指数分解法分析了中国工业企业的碳排放状况，认为能源强度下降的主要驱动原因是企业能源效率提高带来的，而产业结构调整的作用不明显。张友国（2010）、王锋等（2010）、刘红光和刘卫东（2009）分别利用不同时期的数据，使用结构分解方法，也得出能源强度变化是单位 GDP 碳排放强度下降的主因，而产业结构的变化只使排放强度微弱下降的结论。相反，也有主张产业结构是主因的。如 Liu 和 Ang（2007），将对数平均迪氏指数分解法拓展应用到 1998—2005 年中国 36 个工业部门二氧化碳排放，指出工业部门结构的变化而非能源强度，极大地减少了二氧化碳排放量。此外，还有些研究强调不同发展阶段有不同的主因。Wu 等（2006）利用同样的方法研究了我国 1980—2002 年碳排放变化，认为 1996 年以前主要是经济发展规模提升和能源强度下降推动了碳排放变化，产业结构调整作用很小；而 1996—2000 年能源终端利用和能源转化效率提高是碳排放下降的主要原因。基于以上的分析，陈诗一（2009）认为，实现中国工业的可持续发展必须进一步发展和提高节能减排技术。王锋等（2010）则强调降低生产部门的能源强度是实现二氧化碳减排的关键手段，这有待于新能源技术的突破性进展。同时，他们提出，依靠经济结构调整来实现二氧化碳减排目前对中国还不是一个有效的政策选择。林伯强和孙传旺（2011）认为，从产业结构因素来看，现阶段经济发展（即城市化和工业化进程）不利于中国二氧化碳减排，中国的低碳经济转型战略应该以节能为主、发展清洁能源为辅。

  以上研究多数对历史经验做总结性实证分析。从研究结果来看，多数结论认为，产业结构变化在改革开放以来对于单位 GDP 碳排放量的影响并不显著。但现有研究在考察二氧化碳排放问题并得出相关结论时，多数是基于分割的产业关系，而对于产业链之间的相互影响尚未深入涉及，这种忽视行业之间产业关联的分割式研究，结论可能存在片面性。我们运用投入产出分析技术，不仅能够发现与产品相关的直接二氧化碳排放量，而且能发掘与产品相关的间接二氧化碳排放量，即一个行业的经济活动通过产业链所引致的间接需求所导致的排

第八章 碳排放约束条件下的产业结构升级

放（Mongelli et al.，2006），分析经济中影响二氧化碳排放的关键部门及其产业链，有助于决策者找出那些在产业结构调整方面遏制二氧化碳排放的最有效的政策措施。从现实来看，从相互联系的产业链中寻求行业发展布局调整，淘汰落后产能，也恰恰是当前发展中亟待解决的一个关键问题。这正是本书的创新点所在。

刘红光、刘卫东和唐志鹏（2010）在非竞争型投入产出分析框架下，建立了区域碳排放的结构分析模型及其敏感性分析方法，并利用中国2007年非竞争型投入产出表，研究了中国产业能源消费中碳排放的根源，以及其对中国经济结构调整的碳排放敏感性。但他们的研究依然仅停留在最终需求端分析，限于篇幅未能分析产业间的链条问题。已有研究均假设固定结构系数和固定经济结构，不允许改变经济结构和技术结构，而我们的研究不仅分析了规模要素改变对排放的影响，还分析了结构变化本身的影响。

第二节 分析框架和模型

影响生产部门二氧化碳排放的因素结构分析框架可以用图8-1来表示。

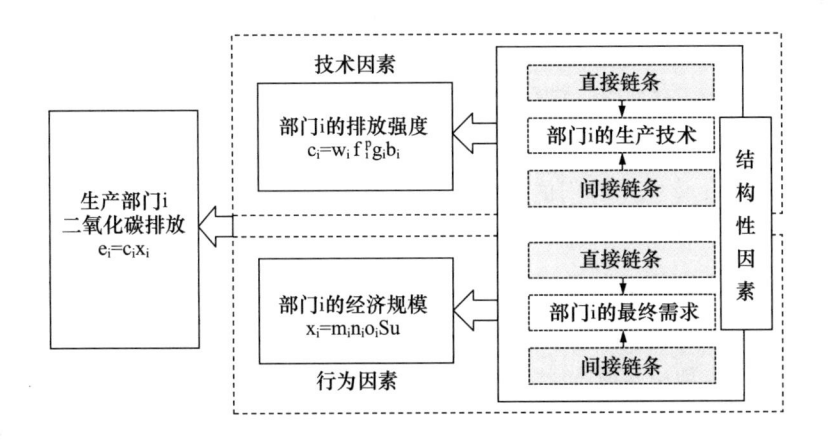

图8-1 生产部门二氧化碳排放的因素结构分析框架

基于现有研究文献，我们预设了影响碳排放的4个关键因素。

（1）部门碳排放强度：每一个部门的单位产出可能带来高低不同的碳排放，排放强度取决于部门技术水平和工艺。

（2）经济规模因素：经济规模由需求端构成，由GDP的各个成分的价值加总获得，在部门排放强度不变的条件下，规模越大，排放量越大。

（3）生产技术结构因素：二氧化碳的排放水平和变化与投入产出链条有关，一个行业向另一个行业销售产品所引致的排放量可能大于另一行业，从而导致排放量的不同。我们考察了诸多主要行业，这些行业的产品可用于其他不同的行业，从而引致排放量不同。产业链对于我们所要考虑的碳排放问题至关重要。

（4）需求因素：行业的最终需求结构也会影响排放，一个行业的产品单位增加，可能导致总排放大幅增加，我们将对最重要的几类最终需求进行分析。

在上述因素中，需求和技术因素为结构因素，因为排放与行业和经济主体之间的生产性及经济性活动有关。我们试图考察这两类因素的结构联系。技术要素可视为供给要素，因为它取决于单位产出的生产性过程中投入的组合。相反，最终需求因素取决于关键行业对各类最终需求的满足。两者对于排放的影响都是以产业链及间接交易的形式来贯穿整个经济。排放强度和技术要素关系非常密切，因为两者都取决于各部门中技术的可行性；而规模要素和需求要素则取决于经济主体的资源配置行为。基于这个框架，做了下列数据计算工作。

（1）计算生产部门的二氧化碳排放量。为此，首先看分部门的排放强度。排放强度的影响因素为W，即各种能源的碳排放系数。对各部门碳排放量的估计是根据历年《中国能源统计年鉴》中公布的各行业所消耗的19种能源数据展开的。估算方法参考的是IPCC（1996）的方法，各种燃料平均热值来自《中国能源统计年鉴（2008）》；碳排放因子和氧化率主要来自IPCC（1996）。我们固定其他能源的碳排放系数，来计算二次能源电力热力的碳排放系数主要的计算公式参见

第八章　碳排放约束条件下的产业结构升级

第六章第二节式（6.1）。

（2）基于计算出来的各种能源的二氧化碳排放系数，再根据各部门耗电量计算确定各部门分摊的二氧化碳排放量，进一步可确定各部门的二氧化碳排放强度。本章考察了29个生产部门的19种能源的消费量。这29个部门的划分是在现有年鉴基础上，考虑到资料的可获得性，按照尽可能细化的原则进行了归并。有关计算公式参见第六章第二节式（6.2）。

（3）计算了部门碳排放系数之后，计算各部门的经济规模。因为调整最终需求的结构，是降低单位GDP碳排放强度的一个手段，所以，在计算经济规模时，我们考虑了最终需求结构，即作为各部门提供的最终产品构成的消费、投资和出口结构。同时，也考虑了中间投入部分，因为它可在一定程度上反映产业结构，体现产业之间的相互影响。有关计算式参见第六章第二节式（6.3）。

最后，获得部门的二氧化碳排放强度及其经济规模之后，我们进一步得到生产部门单位GDP的二氧化碳排放量其计算公式参见第六章第二节式（6.4）。

至此，可得到各生产部门单位GDP的二氧化碳排放量。基于这个数据计算各行业的排放占比，并据此来确定影响较大的关键部门。对于这些关键部门，将影响其排放占比的因素进一步分解为排放强度和需求端，并得到关键部门碳排放结构表。根据该表，分析各关键部门排放占比高的原因。

以上分析框架在找到一个综合考虑技术、行为和结构等因素的最佳调整组合策略，以推动技术、消费行为和产业结构向低碳经济导向的改变。为此，首先对关键行业的碳排放做敏感性分析，然后基于敏感性分析的结果，提出产业结构调整的方向和策略。

排放敏感性分析即某一部门经济活动水平变化一个百分点时引起碳排放总量的变化程度。根据这个定义，可以计算关键部门的技术敏

感系数和需求敏感系数①,其计算公式为:

$$\varepsilon_{e_i a_{kl}}(d) = \frac{a_{kl} x_l b_{ik}}{(1 - d a_{kl} b_{lk}) x_i} \tag{8.5}$$

上式中,i 是找到的关键行业部门,a_{kl} 为直接消耗系数(用第 l 产品部门的总投入 x_l 去除该产品部门生产经营中直接消耗的第 k 产品部门的货物或服务的价值量 x_{kl}),d 为 a_{kl} 的变动,通常取 1%,b_{ik} 和 b_{lk} 是列昂惕夫逆系数(表明第 k 部门增加一单位最终使用时,对第 i 和 l 产品部门的完全需要量),x_i 为关键行业部门的总投入,$\varepsilon_{e_i a_{kl}}(d)$ 表示 e_i 对 a_{kl} 变动的弹性。

$$\varepsilon_{e_i h_{kl}} = \frac{b_{ik} h_{kl} g_l}{x_i} \tag{8.6}$$

上式中,i 为找到的行业部门,h_{kl} 为最终使用结构系数,是指国民经济各部门提供给某项最终使用货物或服务的价值量占该项最终使用总额的比重,h_{kl} 的变动通常取 1%,g_l 为第 l 项最终使用总额,$\varepsilon_{e_i h_{kl}}$ 表示 e_i 对 h_{kl} 变动的弹性。

第三节 基于投入产出表的数据测算与结果分析

一 数据说明

选用的主要数据源自官方公布的 1997—2007 年的中国投入产出表。截至 2007 年,是因为中国官方公布的投入产出表只到 2007 年。之所以选择 1997 年为起点,是考虑到统计口径问题,1997 年前《中国统计年鉴》主要报告的是乡及乡以上工业企业数据,而 1997 年后《中国统计年鉴》报告的是规模以上工业企业数据,这些数据的口径

---

① 舍曼和莫里森(Sherman and Morrison,1950)推导得到了列昂惕夫逆系数与直接消耗系数之间的关系。

第八章 碳排放约束条件下的产业结构升级

前后不匹配,无法直接比较①。考虑到数据之间的联系性以及与能源平衡表和分行业能源消费表的对应关系,将这些表合并为 15 个生产部门和 1 个生活部门,并对《中国统计年鉴》上分行业的一些名称做了对照和统一,比如,中国投入产出表与中国能源平衡表的对应:农业与农林牧渔水利业,运输邮电业和交通运输、仓储及邮电通信业,批发零售贸易、住宿和餐饮业与批发和零售贸易业、餐饮业,房地产业、租赁和商务服务业、金融保险业及其他服务业;中国投入产出表与工业分行业终端能源消费表的对应是:食品制造业与食品加工、食品制造、饮料制造及烟草加工业,纺织业、服装及其他纤维制品制造及皮革、毛皮、羽绒及其制品业等。

为确保时间序列价值数据的可比性,需要考虑价值量数据的价格平减问题。现行的工业价格指数缩减法仍采用与工业总产值缩减类似的"单缩法"方式来缩减增加值,即用工业品出厂价格直接缩减工业增加值,没有考虑原材料等购进价格因素。我们所使用的产出价格平减指数基于《2009 年中国城市(镇)生活与价格年鉴》提供的工业分行业的工业品出厂价格指数(上年为 100),以此来构建考察期工业产出的价格平减指数。工业中间投入价格平减指数,采用了《2009 年中国城市(镇)生活与价格年鉴》提供的原材料、燃料、动力购进价格分类指数(上年为 100)。能源资源的原始数据来自历年出版的《中国统计年鉴》和《中国能源统计年鉴》所提供的工业分行业能源消费总量(单位:万吨标准煤),以及煤炭、原油、天然气和电力的消费量数据。

二 能源二氧化碳排放系数计算

关于能源二氧化碳排放系数的计算,分为两种情况。第一,对于一次性能源,我们根据 2006 年联合国政府间气候变化专门委员会为《联合国气候变化框架公约》及《京都议定书》所制定的《国家温室气体清单指南》第二卷(能源)第六章提供的参考方法,计算出其

---

① 参见陈诗一《中国工业分行业统计数据估算:1980—2008》,《经济学》(季刊) 2011 年第 4 期。

二氧化碳排放系数。第二，对于电力和热力这样的二次能源，利用《中国能源平衡表（标准量）》中的数据，以及上述的能源二氧化碳排放系数，计算得到每度电的二氧化碳排放量，见表8-1。由于在生产供应当中能量转换有损耗。可见，以吨煤当量为单位计算的二氧化碳排放系数要高于其他一次能源，尤其是电力能源。

表8-1　　　　　　　　每度电的二氧化碳排放量

单位：克二氧化碳/千瓦时

年份	1997	2000	2002	2005	2007
二氧化碳	880	804	797	766	748

利用各年数据所计算得到的电力行业每千瓦时的二氧化碳排放量呈下降趋势，1997年电力行业每千瓦时的二氧化碳排放量为880克，2007年电力行业每千瓦时的二氧化碳排放量为748克，10年间每千瓦时下降了132克。值得注意的是，为了便于比较，将标准煤换算为千瓦时的转换系数是0.12，而不是国内通用的0.404。

利用电力行业的二氧化碳强度的计算公式，采用电力行业排放量及《中国统计年鉴》上的官方数据，可得出所要求的电力排放强度数据。对以上两种方法得到的相应年份的数据进行比较，发现指标值虽然略低，但两者反映的趋势是一致的。

表8-2为国际数据的比较。由于计算时技术处理上有差异，两表中，中国对应年份的指标值有所不同。而从表8-4的国际数据比较来看，中国每千瓦时的二氧化碳排放量高于日本和美国，且幅度较大，但低于印度。中国的二氧化碳排放量在波动中总体呈下降趋势。

表8-2　　　　　　每千瓦时二氧化碳排放量的国际比较

单位：克二氧化碳/千瓦时

年份	1995	1996	1997	1998	1999	2000	2001	2002	2003	2004	2005	2006	2007
中国	803	821	804	823	798	765	740	748	776	805	787	788	758

续表

年份	1995	1996	1997	1998	1999	2000	2001	2002	2003	2004	2005	2006	2007
印度	927	972	944	922	920	939	935	920	904	943	937	931	928
日本	411	408	394	381	397	401	402	422	445	428	430	419	455
美国	579	584	616	604	591	586	617	567	571	572	570	542	549

资料来源：IEA Statistics 2009, CO_2 Emissions from Fuel Combustion。

三 碳排放关键行业的确定及影响因素分解

我们收集了1997—2007年有投入产出数据的年份，计算了各行业各年份的二氧化碳排放占比，历年各行业的二氧化碳排放占比变化情况如表8-3所示。

表8-3　　　历年各行业的二氧化碳排放占比变化情况　　　单位:%

行业	1997年	2000年	2002年	2005年	2007年
金属产品制造业	14.8	7.4	14.8	6.3	16.7
化学工业	11.8	11.1	10.8	9.5	10.8
机械设备制造业	8.3	7.1	8.5	5.6	9.7
建筑材料及其他非金属矿物制品业	8.8	10.6	7.7	14.4	8.1
建筑业	6.6	6.2	6.8	8.5	7.7
炼焦、煤气及石油加工业	6.3	8.0	6.4	8.6	6.4
电力、热力及水的生产和供应业	5.8	5.9	5.5	5.1	6.1
采掘业	5.9	5.3	5.4	4.1	5.6
纺织、缝纫及皮革产品制造业	5.1	4.1	5.5	5.4	5.5
其他制造业	5.1	6.8	5.1	6.7	5.4
运输邮电业	4.8	6.6	5.6	4.4	4.9
其他（包括房地产、金融、其他服务业）	4.4	7.7	6.6	7.5	3.8
食品制造业	4.6	4.9	4.3	4.8	3.6
农业	4.1	4.4	4.0	4.6	3.1
批发零售贸易、住宿和餐饮业	3.5	4.0	3.2	4.5	2.8

资料来源：历年《中国统计年鉴》。

表 8-4 按 2007 年排放占比从大到小对数据进行了排序。由表 8-3 可知，总体来看，工业、建筑业的排放占比最高，农业的排放占比较低，服务业的排放占比也普遍低于工业，略高于农业。从工业内部来看，金属产品制造业的排放占比分别在 1997 年、2002 年和 2007 年位列第一，但波动较大。化学工业的排放占比则保持在 10% 上下小幅波动。为建筑业提供原料产品的建筑材料及其他非金属矿物制品业的占比也有趋高的势头。与工业化、现代化息息相关的机械设备制造业的占比总体来看也趋高。

为了进一步分析碳排放占比变化的原因，先做影响因素分解，看是否存在技术和行为方面的原因，为此需要计算强度指数和规模指数，区分高排放产生的原因是技术还是规模。技术与生产部门生产过程中的投入相关，它取决于列昂惕夫的技术系数；而行为则与最终需求方的购买行为有关。为了更好地构建两类指数，计算了两者的均值，并根据新指数值进行了排序。需要注意的是，为了更好地反映截面情况，我们采用了 2007 年中国投入产出表的部门数据。因篇幅所限，截面仅分析排放占比大于 1% 的关键行业。分解结果如表 8-4 所示。

表 8-4　　　　　　　　2007 年关键部门的碳排放结构

关键行业	排放强度	需求端	排放占比
金属冶炼及压延加工业	0.218	0.019	0.227
化学工业	0.056	0.033	0.102
建筑业	0.008	0.194	0.083
交通运输及仓储业、邮政业	0.052	0.027	0.079
非物质生产行业	0.006	0.234	0.078
通用、专用设备制造业	0.015	0.071	0.061
纺织业	0.028	0.028	0.044
通信设备、计算机及其他电子设备制造业	0.008	0.090	0.038
交通运输设备制造业	0.011	0.052	0.031
电力、热力的生产和供应业	0.067	0.008	0.029
非金属矿物制品业	0.087	0.006	0.029

续表

关键行业	排放强度	需求端	排放占比
批发零售业、住宿和餐饮业	0.007	0.065	0.026
金属制品业	0.028	0.016	0.025
食品制造及烟草加工业	0.007	0.063	0.025
农林牧渔业	0.009	0.046	0.024

资料来源：《2007年中国投入产出表》，并做相应处理：$\sum_{i=1}^{n} c_i/n = 100, \sum_{i=1}^{n} x_i/n = 100$。

测算结果显示，关键部门的高排放占比，原因或在于排放强度高或在于规模相对大。要解释总排放的部门来源（以及由此可采取的措施），两个指数应该结合使用。因为高强度指数、低规模指数意味提高强度指数对于总减排效果非常有限。高产出但低强度指数的部门意味着旨在改变行为的措施比旨在改进技术的措施更为有效。

由表8-4可知，2007年碳排放占比大于1%的部门有15个，其中排放占比最大的三个行业依次是金属冶炼及压延加工业、化学工业和建筑业，合计超过40%。尤其是金属冶炼及压延加工业排放占比超过20%。

下面根据各关键行业排放占比高的特点做分类讨论。

第一类排放占比高的主要原因是行业排放强度大。最突出的是金属冶炼及压延加工业，该行业排放强度指数超过20%，而需求端占比并不大，在关键行业中，其需求端占比仅高于非金属矿物制品业、金属制品业和非金属矿物制品业。旨在改进某些部门（非矿金属）的排放强度的措施效果非常有限，因为其排放主要来自其燃烧活动。因此，对于此类行业，应根据行业碳排放强度目标，适度提高进入门槛，限制高能耗、高排放的企业进入。

第二类排放占比高的主要原因是需求端规模大。最突出的行业是建筑业，该行业需求端占比接近20%，但行业自身排放强度不足1%。建筑业是水泥石灰等非金属产品、钢铁铝材等金属材料以及塑钢等化工产品的最终使用大户，建筑业需求增加必然间接地引起这些相关行业碳排放的增加。在关键行业中，同样具有这种特点的行业还有非物质生产行业，通用、专用设备制造业，通信设备、计算机及其他电子设备制造业，交通运输设备制造业，批发零售业、住宿和餐饮业，食品制造及烟草加工业，农林牧渔业。这些行业均靠近需求终端，可以通过改变行为方式来减排。通过改变规模指数来减排，降低最终需求意味着降低GDP。对于减排而言，降低最终需求无疑能获得效果，但很少有部门会选择这种做法，尤其是关键部门，如建筑业、商业和食品业等。此类部门涉及生计问题，政治上要实现此类减排将碰到的阻力也极大。

第三类排放占比高的行业两方面原因都有，包括关键行业中的化学工业，交通运输及仓储业、邮政业，纺织业。这类行业一般需求端规模较大，碳排放强度也较大。这些行业可通过减排措施和改变行为方式两种途径来减排。

四 低碳化消费

能否有效地通过行为方式的改变来推动低碳发展，需要看需求弹性。所谓弹性是相应系数变动引致的排放变动。例如，食品制造及烟草加工业的居民消费弹性0.53，表示居民在支出份额中每减少1%，二氧化碳排放可减少0.53%。关键行业的需求弹性结果如表8-5所示。

表8-5 需求端影响大于0.01的部门弹性

行业	需求端	影响占比	需求弹性
农林牧渔业	居民消费	0.03	0.28
食品制造及烟草加工业	居民消费	0.05	0.53
纺织业	出口	0.02	0.54
纺织、服装、鞋帽、皮革、羽绒及其制品业	居民消费	0.02	0.38
纺织、服装、鞋帽、皮革、羽绒及其制品业	出口	0.02	0.38
化学工业	出口	0.02	0.21
金属冶炼及压延加工业	出口	0.02	0.14
金属制品业	出口	0.01	0.24
通用、专用设备制造业	资本形成	0.05	0.20
通用、专用设备制造业	出口	0.02	0.55
交通运输设备制造业	资本形成	0.03	0.47

第八章 碳排放约束条件下的产业结构升级

续表

行业	需求端	影响占比	需求弹性
电气机械及器材制造业	资本形成	0.01	0.22
电气机械及器材制造业	出口	0.02	0.30
通信设备、计算机及其他电子设备制造业	资本形成	0.01	0.23
通信设备、计算机及其他电子设备制造业	出口	0.06	1.11
建筑业	资本形成	0.17	0.95
交通运输及仓储业、邮政业	出口	0.01	0.15
批发零售业、住宿和餐饮业	居民消费	0.04	0.32
批发零售业、住宿和餐饮业	出口	0.01	0.11
其他非物质生产行业	居民消费	0.09	0.30
其他非物质生产行业	政府消费	0.10	0.33
其他非物质生产行业	资本形成	0.01	0.05
其他非物质生产行业	出口	0.01	0.04

总体来看，资本形成（或投资）和出口是需求弹性较大的两类需求，减少经济增长中对投资和出口的依赖是减排的首选。对于影响占比大于0.01的关键行业，其需求弹性普遍较大（大于0.1，普遍大于下文中的技术系数），因而从需求端寻找行为方式的改变对于减排的重要性就不言而喻了。下面按照需求端的影响占比大小排序，给关键行业排序。

（1）建筑业。从需求端来看，建筑业的使用在最终需求端主要表现为资本形成的方式，即建筑业的最终使用主要被用于投资，2007年建筑业所形成的固定资产总额占当年固定资产形成总额的一半以上。建筑业资本形成的需求弹性高居第二位，在固定资产形成总额中减少1%的建筑业固定资产形成，则可减少碳排放0.95%。

（2）通信设备、计算机及其他电子设备制造业。2007年通信设备、计算机及其他电子设备制造业出口占当年出口总额的22%，虽在整个需求排放中占比不算太高，但其需求弹性最高。在出口中减少1%的通信设备、计算机及其他电子设备制造业产品出口，可降低碳排放1.11%。需求弹性如此之高，说明降低通信设备、计算机及其他电子设备制造业出口的减排效率高，但是，由于其在需求中占比不算太高，因此，规模上的经济性比不上建筑业。除出口外，该行业的资本形成碳排放占比仅为0.01，但资本形成的需求弹性远低于出口的需求弹性，这说明在需求端通信设备、计算机及其他电子设备制造业低碳化的着力点应该在出口上，而不是在资本形成上。

（3）通用、专用设备制造业。该行业的情况与通信设备、计算机及其他电子设备制造业类似。从需求端影响占比来看，资本形成和出口是通用、专用设备制造业低碳化所要关注的要点。与通信设备、计算机及其他电子设备制造业不同，通用、专用设备制造业的资本形成比出口对碳排放影响程度更大，资本形成的影响占比0.05，而出口占比0.02。尽管如此，通用、专用设备制造业的出口需求弹性还是大于资本形成的需求弹性，出口中减少1%的通用、专用设备制造业产品，可减少碳排放0.55%，资本形成中减少1%的通用、专用设备制造业产品，可减少碳排放0.2%。

（4）其他非物质生产行业，包括房地产、金融、其他服务业。随着行业的逐渐壮大，非物质生产行业在需求端的影响占比变大。非物质生产行业的影响途径主要是居民消费和政府消费，两者的需求弹性均在0.3左右。在最终消费中减少非物质生产行业的消费1%，可减少碳排放0.33%。

（5）批发零售业、住宿和餐饮业。该行业的影响途径主要是居民消费。在居民消费中减少批发零售业、住宿和餐饮业消费1%，可减少碳排放0.32%。出口是批发零售业、住宿和餐饮业的另一条影响途径，但这条途径的占比较小，需求弹性也相对较小。

（6）交通运输设备制造业。交通运输设备制造业产品的使用在最终需求端主要表现为资本形成的方式，即最终使用主要被用于固定资产投资，其资本形成的需求弹性为0.47，在固定资产形成总额中减少1%的建筑业固定资产形成，则碳排放可减少0.47%。

（7）农林牧渔业。农林牧渔业产品的使用在最终需求端主要表现为居民消费的方式，即最终使用主要被用于居民消费，其居民消费的需求弹性为0.28，在居民消费中减少1%的农林牧渔业产品，则碳排放可减少 0.28%。但是，作为基本生存需要，这部分需求的减少空间很小。

（8）纺织业和纺织、服装、鞋帽、皮革、羽绒及其制品业。这两个行业的出口在需求端的影响占比均为 0.02。从需求弹性来看，纺织业的需求弹性较大为 0.54，在出口中减少 1% 的纺织业产品，则碳排放可减少 0.54%；纺织、服装、鞋帽、皮革、羽绒及其制品业出口的需求弹性相对较小，但它还能通过居民消费这条途径影响排放，两者的需求弹性均为 0.38。

（9）化学工业和电气机械及器材制造业。两者出口在需求端影响占比均为 0.02，但需求弹性后者较大，后者除出口这个途径外，还通过资本形成途径影响碳排放。

（10）金属冶炼及压延加工业。该行业虽然在总排放中占比大，但是，由于它们远离最终需求端，故其对需求端的影响较小，需求弹性也不大。

总体而言，各个关键行业需求端的消费行为改变都存在减排的空间。按照需求端分类来看，各关键行业又存在各自的重点行业。在各类需求当中，出口需求的影响占比为 0.22，在各行业间分布较分散，各行业的需求弹性相差较大，最高的通信设备、计算机及其他电子设备制造业为 1.11，最低的其他非物质生产行业为 0.04，平均为 0.34；居民消费的影响占比为 0.23，在各行业间分布较均匀，最高的食品制造及烟草加工业为 0.53，最低的农林牧渔业为 0.28，平均为 0.36；资本形成的影响占比为 0.28，在各行业间分布较分散，各行业的需求弹性相差较大，最高的建筑业为 0.95，最低的其他非物质生产行业为 0.05，平均为 0.35；政府消费的影响占比仅为 0.1。且只有其他非物质生产行业的政府消费的影响超过 0.01。

五 低碳化的产业链条

碳减排的另一个策略是改变行业间的产业链条。换言之，就是在不降低 GDP 水平的同时，减少关键部门与高排放强度的行业之间的链接。

一个行业的经济活动可通过直接消耗和间接消耗两种方式或链条

造成碳排放影响。所谓直接消耗是在产品生产过程中对有关产品的第一轮消耗，而间接消耗是通过被消耗品的媒介关系而形成的对有关产品的消耗。简单地讲，比如，炼钢过程直接消耗生铁和电力，间接通过生铁生产要消耗焦炭和电力，这是第一次间接消耗，链条不断传递下去，所形成的间接消耗之和即为间接消耗。因此，总排放又可以细分为直接排放和间接排放。直接排放是该行业生产中第一轮消耗的能耗碳排放，但除直接排放（与该关键部门直接相联系的另一个部门或最终需求变化所带来的排放）外，它还会引致相关行业的二氧化碳排放量的变化，这种非直接需求通过产业链而引致的排放，即所谓的间接排放。如果直接排放占比高，说明生产的中间消耗（直接链条所带动的消耗）是其排放的主要来源。如果间接排放占比高，说明它的间接消耗（间接链条所带动的消耗）是排放的主要来源。如果只考察各行业的直接排放量，会忽视一些具有较强产业关联效应的行业。仅仅通过获取其他部门的中间产品而引致的其他部门的碳排放量，很可能会低估这些部门在减排中的作用，从而造成政策上的失误。因此，区分行业直接碳排放量和间接碳排放量的测度具有重要的现实意义。

我们将前表的碳排放进一步分解为直接排放和间接排放两大类。分解结果见本章附表8-1各关键行业的技术弹性和排放比较。从总排放占比来看，尽管关键行业中直接排放占比较高的行业的总排放占比高于间接排放占比较高的行业，但间接排放依然是影响决策的一项重要因素[1]。

前面我们已经计算了关键行业的完全排放，已经知道29个行业的完全排放占比的排序。下面对这个排序做进一步分解。直接排放占比较高的行业要多于间接排放占比较高的行业，包括金属冶炼及压延加工业，建筑业，通用、专用设备制造业，金属制品业，食品制造及烟草加工业和电气机械及器材制造业。直接排放中金属冶炼行业是最

---

[1] 早在1998年，Lenzen就验证了间接排放的重要性。实际上，根据本书测度的数据，如果把金属矿冶炼业去除，两者排放占比并没有明显的差异。

第八章　碳排放约束条件下的产业结构升级

大的直接排放部门。间接排放占比较高的关键行业有：化学工业，交通运输及仓储业，邮政业，其他非物质生产行业，通信设备、计算机及其他电子设备制造业，农林牧渔业。间接排放中化学工业是最大的间接排放部门。

接下来，我们将上面找到的关键部门，按照弹性的计算公式计算其直接链条和间接链条的技术弹性。根据技术弹性计算公式，利用 2007 年中国投入产出表和分行业碳排放系数，可以得出我国分行业的技术弹性（见附表 8-1）。附表列示了各关键行业技术弹性最大的几个产业链条（技术弹性表示的是系数变动 1%，导致关键部门排放的变动百分比）。我们按链条将其分为两类，附表 8-1 中，第二栏为直接链条的技术弹性，第三栏为间接链条的技术弹性，间接链条中我们仅列示了各链条对于电力、热力的生产和供应业的影响，因为电力、热力的生产和供应是我们特别关注的二次能源生产部门。

我们首先看第二栏，直接链条的技术弹性，技术弹性越大，说明该链条的技术进步的减排效率越高。总体上看，需要特别注意的是，特定关键行业产品的内部耗用往往是该关键行业技术弹性最大的链条。其中通信设备、计算机及其他电子设备制造业对本行业产品的耗用的技术弹性甚至高达 1.13，如果在中间耗用中降低对本行业产品的耗用 1%，则可减排 1.13%。下面我们分关键行业来说明。

（1）金属冶炼及压延加工业和建筑业的直接链条技术弹性在所有关键行业当中是最大的。其中，金属冶炼及压延加工业的直接链条的技术弹性为 1.67，说明金属冶炼及压延加工业耗用金属矿采选业的系数变动 1%，可导致金属矿采选业的排放变动 1.67%。尤其是对金属冶炼及压延加工业而言，它对几乎所有其他行业的直接链条技术弹性均大于 0.01，因此，金属冶炼及压延加工业应成为减排的攻坚对象，该行业单位产出所耗用的其他行业产品一旦降低，可以较大幅度地降低其他行业的碳排放。

（2）建筑业情况类似。建筑业近年规模迅速扩张，非金属矿物制品业、非金属矿及其他矿采选业、金属冶炼及压延加工业是建筑业的主要材料来源，建筑业耗用这些行业产品的技术弹性较大，建筑业减少与这些高排放强度行业的链接，有助于减排。此外，建筑业的兴盛也引致了交通运输及仓储业、邮政业这个链条的碳排放。

（3）化学工业的引致作用相对要小，相对而言化学工业耗用非金属矿及其他矿采选业的弹性较大，若化学工业耗用非金属矿及其他矿采选业的系数变动1%，可导致非金属矿及其他矿采选业的排放变动0.098%。合成氨、烯烃以及氯碱行业以及煤化工业是化工行业排放最大的子行业。化工行业虽然本身是碳排放较高的行业，但它在减排中有自己独特的价值，发展化工行业的保温材料、照明节能、塑料包装、低温洗涤等，有助于其他行业的碳减排。

（4）交通运输及仓储业、邮政业耗用通用、专用设备制造，金属冶炼及压延加工，仪器仪表及文化办公用机械制造等行业，产品的技术弹性均较大。交通运输及仓储业、邮政业的中间耗用中降低通用、专用设备制造业产品1%，可减排0.105%；减耗金属冶炼及压延加工业产品1%，可减排0.101%；减耗仪器仪表及文化办公用机械制造业产品1%，可减排0.077%。

（5）通用、专用设备制造业耗用电气机械及器材制造业，通信设备、计算机及其他电子设备制造业等产品的技术弹性较大。通用、专用设备制造业的中间耗用中降低电气机械及器材制造业产品1%，可减排0.094%；减耗通信设备、计算机及其他电子设备制造业产品1%，可减排0.048%。

（6）纺织业耗用化学工业，纺织、服装、鞋帽、皮革、羽绒及其制品业产品的技术弹性较大。纺织业的中间耗用中降低化学工业产品1%，可减排0.089%；减耗纺织、服装、鞋帽、皮革、羽绒及其制品业产品1%，可减排0.028%。

（7）通信设备、计算机及其他电子设备制造业耗用化学工业、金属制品业、电气机械及器材制造业产品的技术弹性较大。通信设备、计算机及其他电子设备制造业的中间耗用中降低化学工业产品1%，可减排0.076%；减耗金属制品业产品1%，可减排0.070%；减耗电气机械及器材制造业产品1%，可减排0.057%。

（8）交通运输设备制造业耗用通用、专用设备制造，金属冶炼及

第八章 碳排放约束条件下的产业结构升级

压延加工业，仪器仪表及文化办公用机械制造业产品的技术弹性较大。交通运输设备制造业的中间耗用中降低通用、专用设备制造产品1%，可减排0.105%；减耗金属冶炼及压延加工业产品1%，可减排0.101%；减耗仪器仪表及文化办公用机械制造业产品1%，可减排0.077%。

（9）电力、热力的生产和供应业耗用仪器仪表及文化办公用机械制造业，电气机械及器材制造业，石油加工、炼焦及核燃料加工业产品的技术弹性较大。电力、热力的生产和供应业的中间耗用中降低仪器仪表及文化办公用机械制造业产品1%，可减排0.137%；减耗电气机械及器材制造业产品1%，可减排0.074%；减耗石油加工、炼焦及核燃料加工业产品1%，可减排0.069%。

（10）非金属矿物制品业耗用非金属矿及其他矿采选业、废品废料产品的技术弹性较大。非金属矿物制品业的中间耗用中降低非金属矿及其他矿采选业产品1%，可减排0.439%；减耗废品废料产品1%，可减排0.088%。

（11）批发零售业、住宿和餐饮业耗用食品制造及烟草加工业，交通运输及仓储业、邮政业，水的生产和供应业以及其他非物质生产行业产品的技术弹性较大。批发零售业、住宿和餐饮业的中间耗用降低食品制造及烟草加工业产品1%，可减排0.145%；减耗交通运输及仓储业、邮政业产品1%，可减排0.097%；减耗水的生产和供应业产品1%，可减排0.065%；减耗其他非物质生产行业产品1%，可减排0.057%。

（12）金属制品业耗用金属冶炼及压延加工业、木材加工及家具制造业产品的技术弹性较大。金属制品业的中间耗用降低金属冶炼及压延加工业产品1%，可减排0.168%；减耗木材加工及家具制造业产品1%，可减排0.034%。

（13）食品制造及烟草加工业耗用造纸印刷及文教体育用品制造业，农林牧渔业，交通运输及仓储业、邮政业产品的技术弹性较大。食品制造及烟草加工业的中间耗用降低造纸印刷及文教体育用品制造业产品1%，可减排0.084%；减耗农林牧渔业产品1%，可减排0.052%；

减耗交通运输及仓储业、邮政业产品1%，可减排0.039%。

（14）农林牧渔业耗用食品制造及烟草加工业，化学工业，交通运输及仓储业、邮政业产品的技术弹性较大。农林牧渔业的中间耗用降低食品制造及烟草加工业产品1%，可减排0.149%；减耗化学工业产品1%，可减排0.109%；减耗交通运输及仓储业、邮政业产品1%，可减排0.028%。

接下来再看第三栏。我们选取了二次能源部门电力、热力的生产和供应业来进行分析。希望从中发掘影响电力、热力的生产和供应业的最重要的间接链条。

首先，结合第二栏数据，得到的一个总体印象是各关键行业耗用电力、热力的直接链条技术系数普遍较大，在直接链条当中，电力、热力的生产和供应业的技术系数普遍能够进入前4名。由此，我们可以给出一个推论，就是各关键行业降低电力、热力的耗用对于减排的效率普遍是较高的。

其次，尽管降低电力、热力的耗用对于各关键行业的减排是一条效率较高的途径，但是，对于电力、热力的生产和供应业减排往往还有效率更高的间接链条。以金属冶炼及压延加工业为例，对电力、热力的生产和供应业减排效率最高的不是该行业耗用电力、热力效率的提高，而是降低该行业内部的产品耗用。金属冶炼及压延加工业若减耗金属冶炼及压延加工业产品1%，可减排0.154%，而金属冶炼及压延加工业减耗电力、热力1%，则只能减排0.149%。此外，旨在降低电力、热力的生产和供应业排放的间接链条还有化学工业产品内部耗用，建筑业对非金属矿物制品和金属冶炼及压延加工产品耗用、交通运输及仓储业、邮政业对交通运输设备制造业和金属冶炼及压延加工产品的耗用，通用、专用设备制造业对金属冶炼及压延加工产品的耗用，纺织业产品内部耗用，通信设备、计算机及其他电子设备制造业产品内部耗用，交通运输设备制造业的内部耗用及其对金属冶炼及压延加工产品耗用、金属制品业耗用、金属冶炼及压延加工业、农林牧渔业对化学工业的耗用。也就是说，在电力、热力的生产和供应业之外，还可以寻找到很多降低电力、热力的生产和供应业排放的间

第八章 碳排放约束条件下的产业结构升级

接链条。

以上分析的结论可以归纳如下：

第一，直接链条的弹性比间接链条的影响大，但间接链条的影响也很大。间接链条的作用不易观察，因为不同部门之间的生产链接是不可观测的。这里主要做的是识别这些链接及其对排放的影响。

第二，在直接排放当中，各关键行业对电力、热力的生产和供应业的耗用弹性均较大，在一定程度上验证了电力、热力能耗强度降低对于减排的有效性。

第三，在间接链条当中，金属冶炼及压延加工业对后向链条的碳排放起到重要作用，减少耗用金属冶炼及压延加工业产品的减排效果最好。

六 低碳化的产业结构调整方向

上文系统地分析了二氧化碳排放量在行业间的联系，但单纯数据的分析往往无法反映出每个行业的技术经济特殊性，因为效率不等于效果，特定行业减排的效果不仅取决于其技术的可行性，还取决于其成本的有效性。不同行业减排技术的可用性、不同技术方案的成本差异、产品功能和产品市场的特点等技术经济特点，可能使在一个行业可行的技术在另一个行业不可行。因此，我们这里要回到现实经济，对上文的数据做一个互补性分析。

以上的数据分析并没有考虑到不同行业在碳减排上边际成本的不同，以及各行业的减排能力和意愿的不同，这是单纯数据分析的缺陷，由于无法获得各行业的边际减排成本，这里暂不考虑减排的边际成本因素。除了边际成本因素，影响行业低碳化发展的因素还有很多。

首先，各行业碳排放的历史对减排潜力有重要影响。如果一个行业过去已经重视排放问题，则减排的潜力不大。反之，则可能存在较大的减排潜力。为此，我们对1997年和2007年数据进行比较，旨在借用前面的框架将这种变化按各指数分解。分解所得的期间各指数的变化趋势，具体参见表8-6 1997—2007年各指数的变化趋势。

表 8 – 6　　　　　　1997—2007 年各指数的变化趋势

行业	强度指数	最终需求	中间需求	完全需求	综合
建筑业	+	持平	–	–	–
机械设备制造业	+	+ +	+ +	+ + +	+ + +
食品制造业	+	–	–	–	–
纺织、缝纫及皮革产品制造业	+	–	–	–	–
化学工业	+	持平	持平	+ +	–
农林牧渔业	+	–	–	–	–
金属制品业	–	+ +	+ +	+ +	+ +
其他制造业	+	+	–	+	持平
批发零售贸易、住宿和餐饮业	持平	持平	–	–	持平
建筑材料及其他非金属矿物制品业	+	–	–	–	–
运输邮电业	持平	+ +	+	+ +	+ +
炼焦、煤气及石油加工业	–	持平	+	+ +	持平
电力、热力的生产和供应业	–	持平	+ +	+ + +	持平
采掘业	–	持平	持平	+	持平
其他非物质生产行业	–	+ +	持平	+ +	–

注：从这个表中，我们可以推断出一些结论：一是规模指数与强度指数同样重要。历史地看，许多关键行业的综合排放占比提高，很大程度上可归因于规模指数的提高。二是几乎所有行业都存在减排机会，政府在政策设计时可同时着眼于推动企业清洁技术的创新和推广，并通过最终消费者行为来改变规模指数。

从强度指数来看，若强度指数长期未变或变大，就说明这些行业过去对于减排问题未予以重视，存在减排空间。关键行业自 1997—2007 年强度指数未减反增的行业有建筑业，机械设备制造业，食品制造业，纺织、缝纫及皮革产品制造业，化学工业，农林牧渔业，建筑材料及其他非金属矿物制品业。反之，1997—2007 年，强度指数有所减少的行业有金属产品制造业，炼焦、煤气及石油加工业，电力、热力的生产和供应业，采掘业以及其他非物质生产行业，这些行业大部分是能源密集型工业，能耗在总成本中已占了相当大的比重，靠自身能耗技术改进减碳强度的潜力相对较小。

从需求端来看，行业需求变动一定程度上反映了行业需求弹性和

第八章 碳排放约束条件下的产业结构升级

预期需求变化。需求弹性小的行业，可以较好地转嫁碳排放成本。分关键行业来看，完全需求变动非常显著的行业有机械设备制造业和电力、热力的生产和供应业，前者需求上升的原因主要在最终需求中的出口以及中间需求；后者则主要在消费，且可预期随着经济的发展和人民生活水平的提高，这部分的消费可能有增无减。从需求弹性来看，炼焦、煤气及石油加工业的需求弹性相对较小，这些行业的议价力较强，可转嫁碳排放成本。

其次，从现实来看，一个行业的减排潜力还取决于它的减排成本是否能有效地转嫁到消费者身上。这个减排成本的转嫁能力，一方面取决于需求弹性，另一方面还取决于这个行业的国际化程度。一个行业的国际化程度高，它将减排成本转嫁到消费者上的可能性就小，否则相对于那些未采取减排措施的国家，它的价格竞争力将削弱。建筑业和电力等行业国际化程度低，成本转嫁通过能力相对高。相反，国际化程度相对高的行业，比如纺织、缝纫及皮革产品制造业，金属制品业等行业，则成本转嫁制造通过能力较低。

决定成本转嫁通过能力的第三个因素是市场结构。竞争性市场中的企业，其成本转嫁能力较差，而市场集中度高、企业垄断势力强的市场，如电力、石油和钢铁等行业里，企业成本转嫁能力相对要高[1]。

实际上，发生排放的链条位置也是决定一个行业减排潜力的重要因素。生产过程中产生的二氧化碳排放，相对于燃烧当中的二氧化碳排放，更难在短期内找到技术上的解决办法，因为生产过程中的二氧化碳更难找到替代品（低排放燃料），比如水泥、钢铁等生产行业。

---

[1] 参见孟昌《行政性进入壁垒下企业高报成本的道德风险》，《中国流通经济》2011 年第 7 期。企业的所有制性质也是决定成本转嫁通过能力的一个重要因素。如果行业中的企业兼具国有制和强的垄断势力，即属于行政性壁垒保护下的国有制企业，那么很容易通过高报成本来转嫁成本，也就是说，存在高报成本的道德风险，这实际上也是一种预算软约束现象。

第四节 本章结论与政策含义

实证分析结果显示，公共政策可以在一定程度上影响碳排放水平。公共政策可以尝试在一定程度上改变消费行为，也可以鼓励采用清洁技术。但是，如果试图通过改变行业间的生产联系来减少二氧化碳排放，则困难得多。这是因为投入产出的技术联系对排放的影响是复杂的。这些生产链条是相对刚性和"固定"的。因此，在政策的制定上，应该针对不同生产行业的具体情况，考虑每个行业的技术经济特殊性和排放的贡献，采用包括经济手段（以鼓励更具成本效益的减排手段）在内的多种政策工具，如规制（如建筑业中规制使用能源效率高的材料和太阳能）、行业自律（如交通部门通过自愿协商达成能源使用协议）、信息和教育（通过公共教育提高公众对节能减排的意识和知识）。对于排放强度较大的行业，政策的重点应该放在推动清洁技术的创新和扩散（包括能源效率措施和清洁能源使用）；对于一些规模较大的行业，政策的重点应在鼓励最终消费者行为的改变。分行业来看，具体措施如下：

（1）非金属矿物制品业和建筑业。这些高二氧化碳强度的行业（水泥、砖瓦、石灰和玻璃），基本上很少有可替代材料，降低排放强度的空间较小。中国房地产发展迅速，这部分的二氧化碳排放量估计会继续增长。从政策上看，降低行业排放强度的政策很难奏效，而规模扩张的势头不可能立马打住，这些行业减排在政策上要取得成效需假以时日。需求方面，政府应加强信息宣传活动，同时，加强节能减耗的强制性规范建设，比如绿色建筑的技术规范等。通过提高建筑物的质量、延长建筑物的使用寿命、减少建筑业的浪费可以有效地避免碳排放的增长。发展小户型住宅，抑制大规模基础设施特别是高速公路的盲目建设，提高城市的紧凑型对我国的节能减排具有重要意义。

（2）电力的生产和分配。电力行业的排放量取决于需求方的规模

第八章 碳排放约束条件下的产业结构升级

指标和供应方面的强度指标。如果遏制电力需求的努力无效，则规模指数的增加将超过强度指数的下降，导致二氧化碳排放量的整体增加。从需求趋势来看，电力需求是很难降低的。生活方式的现代化和城市化必然会带动家用电器的普及，商业设施和服务设施的扩张及用电的增加。在强度方面，政策上可以采取有效措施，以减少对供应方的排放量，例如，促进发电结构的变化。电力行业通过节能减排、上大压小的行动，关停小火电机组，使在30万千瓦、60万千瓦及以上大机组已成为主力。同时，应积极发展可再生能源和核能发电，减少化石能源等高碳排放强度行业的连接。

（3）重新认识战略产业和高新产业的碳排放问题。虽然通信设备、计算机及其他电子设备制造业这类高新产业的直接碳排放较小，但其间接排放却相当大，某些传统的战略产业和高新产业对金属等高碳排放强度行业的需求拉动正是导致这些高碳排放强度行业占比提高的原因所在。本研究对产业链条的碳排放技术弹性的研究为调整产业链条提供了一个决策依据。但我们同时要注意产业链条调整的可行性和成本效率。对于传统行业，产业链条是长期演进形成的，已经固化，但对于高新产业和新兴的战略产业而言，技术密集型的特点使其产业链条相对灵活，这些行业产业链的调整显得非常重要，也是产业链条调整的重点所在。提高交通运输和电气设备制造业的技术水平，对金属和化工等高耗能的原材料实施进口替代战略，发展高附加值的产业可以显著抑制我国碳排放的增长。

（4）出口拉动的影响。出口是中国碳排放总量迅速增加的主要推动力之一。对金属、化工、纺织、非金属等高耗能产品的出口进行严格限制，也是减缓碳排放增加的有效途径之一。2007年，中国对外贸易导致的净出口碳占中国碳排放总量的29.1%。中国基础性原材料出口的增加以及机械设备、家电、服装等商品的大规模出口对基础原材料的大量间接需求，最终导致中国在对外贸易中流失了大量二氧化碳权益。

本书在方法上与传统的投入产出法有所区别。传统的投入产出分析固定投入与产出之间的技术比重，不考虑替代的可能性，重点分析经济变量的流动变化。相比之下，本书所采用的分析方法能充分考虑生产结构变化造成的碳排放影响。它结合了投入产出和跨行业的灵敏度分析，找出了关键行业的二氧化碳排放量的系统性来源，找出了行业二氧化碳排放的前后向生产联系。方法上的优势在于，它是对已有研究方法的拓展，允许对生产结构变化进行分析，同时识别生产结构变动对碳排放的影响，这在一定程度上是对现有研究的补充。而需要进一步的研究方向有以下三个方面。

（1）数据问题。自 2007 年以来，尤其是 2008 年国际金融危机发生之后，中国的经济结构已经和正在发生明显的结构性变化。节能降耗和减排技术变革已在一些工业部门，甚至在整个经济中逐步推开。在此变化背景下，一些技术性的系数可能已经改变。作为弥补，我们对这个问题进行了趋势性分析。

（2）技术问题。技术不是孤立的，而是与其他行业相互关联的一个技术体系，因而单个技术系数短时间内是很难孤立变化的。然而，书中的不同系数是分别考虑的，但这些系数之间有重叠的可能性，给分析结论造成局限性。今后的研究应在技术系统分析上进行完善。此外，因为缺乏相关的成本效益数据，技术的可行性在分析上也有所缺失。

（3）能源问题。在考察行业碳排放问题时，对能源的处理是间接的。本书只利用行业的能源消耗计算了行业的碳排放强度，讨论围绕碳排放来展开。与能源消耗强度的研究路径相比，本书的研究可以识别到整个行业的二氧化碳排放，因为能耗强度的研究路径未考虑到能源之间在碳排放强度上的不同。虽然本书的研究因此更全面，但需要注意的是，对于公共政策而言，这种研究取向是有局限性的。因为大部分非能源行业所消耗的能源的碳排放强度是自身无法控制的，决定权不在行业自身，而是在能源生产者（电力部门）手中。因此应尽可能地结合到能源问题上的进一步说明。

第八章 碳排放约束条件下的产业结构升级

附表 8-1 各关键行业的技术弹性和排放比较

关键行业	直接链条的技术弹性	对电力、热力的生产和供应业间接链条的技术弹性	直接排放占比	间接排放占比
金属冶炼及压延加工业	0.15 石油加工、炼焦及核燃料加工业 0.67 废品废料 1.63 金属矿采选业 1.67 金属冶炼及压延加工业	0.087 金属矿采选业 0.149 电力、热力的生产和供应业 0.154 金属冶炼及压延加工业	0.231	0.225
化学工业	0.011 石油加工、炼焦及核燃料加工业 0.014 金属矿采选业 0.037 化学工业 0.098 非金属矿及其他矿采选业	0.052 电力、热力的生产和供应业 0.058 化学工业	0.096	0.103
建筑业	0.164 交通运输及仓储业、邮政业 0.235 非金属矿及其他矿采选业 0.262 金属冶炼及压延加工业 0.712 非金属矿物制品业	0.043 电力、热力的生产和供应业 0.073 金属冶炼及压延加工业 0.091 非金属矿物制品业	0.100	0.078
交通运输及仓储业、邮政业	0.077 仪器仪表及文化办公用机械制造业 0.101 金属冶炼及压延加工业 0.105 通用、专用设备制造业 0.506 交通运输设备制造业	0.019 电力、热力的生产和供应业 0.028 金属冶炼及压延加工业 0.049 交通运输设备制造业	0.058	0.085
通用、专用设备制造业	0.048 通信设备、计算机及其他电子设备制造业 0.094 电气机械及器材制造业 0.291 通用、专用设备制造业	0.045 通用、专用设备制造业 0.047 电力、热力的生产和供应业 0.063 金属冶炼及压延加工业	0.057	0.084
纺织业	0.028 纺织、服装、鞋帽、皮革、羽绒及其制品业 0.089 化学工业 0.637 纺织业	0.020 化学工业 0.029 电力、热力的生产和供应业 0.042 纺织业	0.070	0.059

续表

关键行业	直接链条的技术弹性	对电力、热力的生产和供应业间接链条的技术弹性	直接排放占比	间接排放占比
通信设备、计算机及其他电子设备制造业	0.057 电气机械及器材制造业 0.070 金属制品业 0.076 化学工业 1.133 通信设备、计算机及其他电子设备制造业	0.022 电力、热力的生产和供应业 0.089 通信设备、计算机及其他电子设备制造业	0.043	0.044
交通运输设备制造业	0.077 仪器仪表及文化办公用机械制造业 0.101 金属冶炼及压延加工业 0.105 通用、专用设备制造业 0.506 交通运输设备制造业	0.019 电力、热力的生产和供应业 0.028 金属冶炼及压延加工业 0.049 交通运输设备制造业	0.035	0.039
电力、热力的生产和供应业	0.069 石油加工、炼焦及核燃料加工业 0.074 电气机械及器材制造业 0.137 仪器仪表及文化办公用机械制造业	0.590 电力、热力的生产和供应业	0.030	0.031
非金属矿物制品业	0.088 废品废料 0.202 非金属矿物制品业 0.439 非金属矿及其他矿采选业	0.026 非金属矿物制品业 0.075 电力、热力的生产和供应业	0.027	0.030
批发零售业、住宿和餐饮业	0.057 其他非物质生产行业 0.065 水的生产和供应业 0.097 交通运输及仓储业、邮政业 0.145 食品制造及烟草加工业	0.042 电力、热力的生产和供应业	0.029	0.029
金属制品业	0.034 木材加工及家具制造业 0.148 金属制品业 0.168 金属冶炼及压延加工业	0.042 电力、热力的生产和供应业 0.047 金属冶炼及压延加工业	0.025	0.027
食品制造及烟草加工业	0.039 交通运输及仓储业、邮政业 0.052 农林牧渔业 0.084 造纸印刷及文教体育用品制造业 0.252 食品制造及烟草加工业	0.019 食品制造及烟草加工业 0.024 电力、热力的生产和供应业	0.032	0.023

第八章 碳排放约束条件下的产业结构升级

续表

关键行业	直接链条的 技术弹性	对电力、热力的生产和 供应业间接链条的技术弹性	直接排放占比	间接排放占比
农林牧渔业	0.028 交通运输及仓储业、邮政业 0.109 化学工业 0.149 食品制造及烟草加工业	0.024 电力、热力的生产和供应业 0.024 化学工业	0.031	0.023
			0.019	0.025

第九章 资源环境约束与产业结构变动
——演化型和干预型模式的国际经验与借鉴

第一节 演化型产业结构变动模式

正如前文所述，对产业结构优化和产业升级的研究主要有两种思路：一种思路是通过总结工业化国家的经验来分析产业的演变规律，另一种思路是基于工业化国家经验来分析政府如何通过产业政策加速实现产业升级。不同国家或地区产业结构变迁与升级的模式虽然具有很大的差异性，但最早实现工业化和经济现代化的国家，如英国和美国等发达国家，其产业成长与产业结构的变动是在市场经济中"演进"的。对于经济的"演进"而言，尽管无法预测未来往哪个方向变化，但是，"后来者"可以看到这些工业化国家"走过的历史道路"。基于对经验的观察，这些国家产业演进的道路总有一定的规律可循。如果后发国家或地区承认或者期待通过工业化来实现经济发展，是现代化的必由之路。那么，理论上说，发达国家的经验就为后发国家或地区提供了少走乃至不走"弯路"的模板。后发国家或地区学习这样的经验或模式，能减少工业化过程中的学习成本和"试错"的代价。这就是所谓的"踩路效应"。以英国和美国为代表的经济体，工业化过程中主导产业群在企业的微观决策中更迭变化，政府所起作用较小，产业成长和结构变化与升级相对来说独立于政府，基本上是市场机制诱导产业结构变动的模式，可称为自然演化型或市场诱导型

第九章 资源环境约束与产业结构变动

的产业结构升级模式。很多学者从不同角度对这些传统工业化国家的发展尤其是产业成长过程进行了经验统计,发现了一些具有普遍性的变动特征,如罗斯托的经济成长阶段理论、钱纳里的工业化经验规律和霍夫曼工业化经验规律。

一 产业结构演化的经验规律:钱纳里和霍夫曼特征性经验事实

钱纳里(1986)利用投入产出分析方法,对第二次世界大战后9个准工业化国家1960—1980年制造业内部各产业部门地位和作用的变动进行了考察,并根据不同制造业起重要作用的不同时期,将制造业分类为初期产业、中期产业和后期产业,这些是经济发展不同阶段的代表性产业。

第一,初级产业,是指经济发展初期对经济发展起主要作用的制造业部门,例如食品、皮革、纺织等部门,一般为劳动密集型。该类制造业是不发达经济阶段(产业结构以农业为主)和工业化初级阶段(工业主体为轻工业)的代表性产业。

第二,中期产业,是指经济发展中期对经济发展起主要作用的制造业部门,例如非金属矿产品、石油、化工、煤炭制造等部门,一般为资本密集型。该类制造业在工业化中期阶段(工业主体偏重工业)和工业化后期阶段(第三产业高速增长)起着较大的作用。

第三,后期产业,是指在经济发展后期起主要作用的制造业部门,例如电子信息产品制造业,一般为技术密集型,对应的社会阶段为后工业化社会和现代化社会。

早期发达国家历经早期、中期和后期三个工业化阶段,各发展阶段的代表性产业很明确。钱纳里在研究中突出需求结构变动对产业结构变动的影响,而需求结构变动是由于人均收入水平提高和产业间的关联效应引起的,他认为经济总量的增长促进了产业的成长和结构的升级。这一点和罗斯托"产业的成长和升级决定经济总量的增长"看法不同。

欧美工业发达国家,其产业结构的变动过程呈现出平稳渐进的升级模式,具有一般演进的规律特征:

第一,从工业化发展的阶段来看,分为前工业化、工业化(初期、中期、后期)、后工业化时期。各个时期的主导产业部门也都按照一定顺序转换,是以农业为起点、需求为导向,循序渐进地实现由低级向高级产业的过渡过程。

第二,从三大产业的内部变动来看,呈现出以第一产业为主导,到以第二产业为主导,到以第三产业为主导的方向演进,第一、第二、第三产业内部也有各自的演进方向,如第二产业有从以轻工业为主到以重工业为主的演进,劳动密集型产业向资本密集型、技术密集型产业演进等方向。

第三,产业结构的演变与发展具有相对的独立性,产业结构一旦形成,就会具有相对的稳定性,因此,除了重大的科技突破,在一般情况下,只能在既定基础上进行微调,既不会出现重大跃进,也不会出现太大的波动。

这种自由演进式的升级模式是经济的内生性升级,过程往往比较漫长,英国前工业化阶段就经历了300年。西方发达国家从以传统技术为基础的劳动密集型产业到以现代高新技术为基础的技术、知识密集型产业发展过程,花了200多年(景跃军,2004)。可见,演化型产业结构变迁,一般要经历很长时间。

二 资源环境约束与产业结构演化:美国的经验

美国经济发展中先后经历了以农业为主导和以工业为主导的发展阶段,目前是以第三产业为主导的服务经济社会。美国的产业结构在基于市场机制的自然演化中向"现代化和高级化"演化。可以说,美国式的产业结构演变规律为产业结构理论提供了经验支持(吕炜,2010)。现阶段的服务业主导型产业结构被认为是符合经济发展的后工业化阶段特点的最优产业结构。

(一)工业和农业结构的转变

1884年以前的美国经济基本处于农业经济时期。南北战争前夕,美国农业收入在国民收入中仍占30.8%的比重,制造业仅占12.1%(张华光,1988)。而到19世纪70年代末,美国的产业革命全面完成,由农业国开始向工业国过渡。18世纪60年代至19世纪60年代,在第一次产业革命推动下,形成了以纺织工业为核心的包括纺织工

第九章　资源环境约束与产业结构变动

业、冶金工业、采煤工业、早期制造业和运输业五大部门为代表的主导产业群。19世纪20年代开始，美国工业的增长速度开始超过农业，但在工业高速发展的同时，传统的农业生产并没有衰退，恰恰相反，通过技术革新和要素替代实现了农业的产业化和现代化。1850—1900年，美国工业增长了15倍，农业也增长了3倍。1884年，工业在国民经济中的比重才超过农业，占工农业净产值的53.4%。从工业开始成为带动经济增长的主导产业到基本实现工业化，美国用了约60年的时间。

在传统发达国家，产业结构的第一次"质变"，即在农业国变成工业国的大潮中，英国得益于充分发展的市场、众多的殖民地产品需求拔得头筹（张跃发、迟桂芝，1991）。随着19世纪30年代铁路的兴起和其他国家纺织业的发展，英国纺织业竞争力逐渐减弱，市场条件的变化必然使资本从劳动密集型转向相对附加值高、较为先进的技术密集型产业，如机械、冶金和造船等。英国出口商品变成机器军火与铁路设备，这些产品的国内国外市场需求都很大，带动了机械和冶金等工业的迅速发展。

（二）轻重结构的转变

美国完成工农业层次的产业结构升级后，虽然工业在整体经济中占有较大比重，但轻工业产值长期大于重工业，纺织业为经济的主导产业部门。随着传统纺织业的逐渐衰落和新兴部门的高速成长，工业结构从以轻工业为主到以重工业为主过渡。以德国和美国为中心的第二次技术革命（1870—1914年）的主要内容为电力发明和应用，美国利用本次技术革命形成了以钢铁工业为核心包括电力工业、铁路运输、重型机械工业、汽车工业等主导产业群体，钢铁工业替代了纺织工业成为主导产业，并一直延续到20世纪五六十年代。1860年的美国工业产值中，轻工业占75%。19世纪40年代，美国的重工业进入了快速发展时期，1929年轻工业比重才降至47.4%，从开始工业化进程到实现工业结构的重工业化，美国用了100年的时间（薛伯英，1988）。这次技术革命带来的是本国产业重工业化，新兴工业高速发展（电力、汽车等部门），第二产业的升级换代以及工业产值在三次产业中占有更大比重。在第一次世界大战、第二次世界大战期间，由于国内、国外市场需求充足，美国主导产业从电力工业、汽车工业等向军事化重工业转移，工业发展和国民收入水平的提高都扩大了经济对服务业的需求，这种制造业内部结构"量变"的积累为第三产业的蓬勃发展做好了准备。

（三）第三产业成为主导产业的转变

美国第三产业就业人数 1820 年仅占全国总就业人数的 15%，而到 1950 年该比重上升为 53.2%（汪海波、杨玉川，1994），即一半以上的就业人口不从事物质性生产，美国成为世界上第一个以服务业为主导的国家（王庆国，2009），加上世界第三次技术革命仍然以美国为中心，在此后的 20 多年间，信息工业、新材料工业、新能源工业逐渐成为美国的主导产业，1967 年，美国信息产业附加值占国内生产总值的比重就已经达到 46%，信息产业劳动力占就业人数的比重也已经高达 45%（金建，1995），美国第二次世界大战后的世界经济霸主地位得以确立。从美国工业革命开始到 20 世纪 70 年代末，美国的产业结构升级中对资源环境存量约束并不重视，特别是重工业化阶段对本国及世界范围内的资源造成大量损耗，是粗放型的工业化经济。20 世纪 70 年代的两次石油危机，迫使美国企业进行技术革新，调整产业结构向高级化发展。耗能低的高新技术产业增加，并通过"信息高速公路"等宏观上的产业指导和研发投资支持信息产业的发展，美国第三产业内部对信息、知识等"软要素"的依赖程度不断加深，服务业中信息服务、金融、房地产、保险等发展迅速。2009 年 1 月 19 日《科技日报》报道，美国在科研方面的经费高达 2800 亿美元，几乎是欧盟 1999 亿美元和日本 1130 亿美元的总和。2004 年的美国劳动力就业中，服务业高达 83%（王庆国，2009）。

在制造业内部，一方面，由于钢铁工业能耗大，在工业产值中的比重逐步下降，而科技发展内涵最高的汽车工业、宇航工业、电子制造业等占据了优势地位。虽然制造业在国内生产总值中的比重呈下降趋势，但 20 世纪 70 年代中期以后，高技术产业的发展推动了劳动生产率的提高，对传统产业的改造和辐射效应也推动了整个经济的持续增长，第二次世界大战后到经济危机之前，美国制造业增长了30多倍。另一方面，政府从20世纪80年代中期开始，调整美国工业内部结构，通过压缩军事工业的规模，增加民用工业的投资，军事经济向民用经济转移，从而提高了民用工业品在国际上的竞争力（景跃军，2004）。

（四）产业结构演变与升级的趋势

自2000年以来，信息经济的高速发展给美国经济创造了空前的繁荣，出现了被经济学界称为"新经济"的现象，即在低通胀率、低失业率、高劳动生产率情况下实现经济的持续强劲增长。信息产业的发展不仅直接推动了经济的发展，它对其他产业的关联效应如此之大，远远超过铁路工业、电力工业、汽车工业发展对其他产业的影响，很多产业都因信息技术的产生而获得崭新的发展动力，产业结构的演进出现了不同的特点。以往研究产业结构升级时，强调产业结构的高级化，即注重三次产业的渐进变化和产业内主导产业序列的更替。而在信息化条件下，农业、传统工业等初级要素密集型产业在信息技术的带动下虽然没有转向更高的"级"，但产业的生产集中了更多的技术要素，对初级要素的依赖大大降低。这就是它"硬投入"向"软投入"的过渡，即产业结构的软化。1973年，美国社会学家丹尼尔·贝尔提出了产业结构的"软化"理论，又被称为"服务化"。经济服务化不仅指产业结构中从事服务业的人数和服务业产值过半，而且更注重制造业内部技术与工业的结合，即以科学为基础的工业，如电子设备制造业、生物工程等。马云泽（2006）认为，产业结构软化是指在社会生产和再生产过程中，围绕知识的生产、分配和使用，体力劳动和物质资源的投入相对减少，脑力劳动和科学技术的投入相对增长。与此相适应，劳动和资本密集型产业的主导地位日益被信息、知识和技术密集型产业所取代。

由信息化带来的产业结构软化已经是美国后工业化时期以来产业结构演进的大趋势，一方面是信息产业自身的升级，另一方面是信息产业对传统产业的改造。后者更加夯实了经济发展的基础。不断改善需求结构，是服务经济内各个产业特别是信息产业的进一步升级的基础。2008年国际金融危机之后,美国的金融服务业受到重创,新上台的奥巴马政府提出了所谓的"再工业化"主张,旨在积极发展国内制造业和促进出口达到经济均衡运行可持续性的目的(罗凯、刘金伟,2010)。从美国的经济史、现实和国际产业分工的变动趋势来看,除极个别的高技术制造业外,美国政府试图通过"再工业化"或"逆国际产业转移"来创造更多就业机会的想法,恐怕是不现实的。

第二节　国家干预型产业结构变迁:日本的经验

经济增长既表现为量的长期增长趋势,也表现为产业在静态上的结构性特征和动态上的演进特征。经济增长的库兹涅茨特征性事实和钱纳里特征性事实,是工业化进程中产业升级转型的经验规律,构成了经济增长的核心内容。关于产业结构升级转型的研究主要有两种思路:一种是通过发达工业化经济体的统计经验来总结产业的自然演进规律,是一种关于市场机制诱导产业结构演化和变迁的研究,可以称为演化型或市场诱导型产业结构变迁研究。另一种是研究后发国家如何通过产业政策和产业规划实现产业结构升级,快速实现工业化,可以称为国家干预型产业结构变迁研究(孟昌,2012)。日本的产业结构升级是国家干预型产业结构变迁的典型,是政府主导型市场经济实现工业化的重要内容。

由于日本在自然资源禀赋极为贫乏的条件下通过工业化战略和倾斜政策快速走完了工业化道路,并保持了环境发展的可持续性,而且在资源和生态环境双重约束的压力下,日本政府未雨绸缪,通过政策制定使其经济在全球经济开始走向低碳化发展的新阶段,处于低碳经济转型的国际前沿。研究日本产业结构升级中的经验规律和政府作用,可以为新时期我国产业政策的制定和工业化发展战略提供重要的借鉴。

第九章 资源环境约束与产业结构变动

一 日本国家干预型产业结构升级模式的形成

日本经济在第二次世界大战后实现了持续高增长而成为世界第二大经济体，产业政策在日本产业结构升级转型中发挥了重要作用，弥补了市场缺陷，推动了超常规发展。从20世纪50年代起，日本政府通过产业政策确定了产业发展的重要领域，完善基础设施建设，提供必要的技术支持和科研资助，为相关产业的发展提供有利的社会环境和技术基础。这些产业政策主要包括产业结构政策和产业组织政策，其中产业结构政策以发展重点产业为重心，不断调整产业间的资源配置及产业间比重，最终达到产业结构调整和贸易结构优化的目标，促进产业结构的优化升级（张玉春，2007）。产业组织政策旨在调整企业间的关系，提高企业的竞争力。日本的产业政策是日本政府主导型市场经济的重要内容，以产业和企业为对象，通过确定重点产业来促进产业的发展，推动了产业结构向更高层次演进，为第二次世界大战后日本经济的高速增长做出了重大贡献，也使日本成为以产业政策成功推进产业结构优化升级的典范。

日本产业政策大致分为20世纪70年代前对幼稚产业的扶持与保护阶段和70年代后的"技术立国"阶段。政府通过对幼稚产业的扶持和保护推动了特定产业的发展。20世纪五六十年代，政府重点扶持钢铁和煤炭等产业，第二产业比重迅速上升，并带动第三产业的发展。60年代确立了出口导向的"贸易立国"战略，对工业部门实施重工业化和化学工业化战略，提高产业的国际竞争力。通过恢复重化工业的发展，日本不仅提升了国内产业的国际竞争力，也改变了出口结构，使产业结构层次不断升级，与此同时，快速发展第三产业，使第三产业增加值占GDP比重保持在50%以上。2008年达到76%，远高于中国41.8%的水平（见图9-1）。2009年这一指标，日本为71.23%，中国为42%。

由于受日元贬值和石油危机的影响，1974年后，经济增长特别是工业增长速度放慢，政府实施了产业结构高度化政策和"技术立国"政策，提高技术密集型和知识密集型产业的比重，这些政策实施的结果是节约了资源和能源。20世纪80年代，借助重化工业阶段形成的先进技术，进一步实现了产业结构高级化。在20世纪90年代的"泡沫经济"中，工业发展减速，与工业发展速度相比，第三产业发展较快，所占比重有所提高，2000年达到56.3%，2002年、2005年和2008年分别达到68.3%、69.7%和76%，表明日本已经进入以服务业和信息化为特征的后工业化社会（见图9-1）。进入21世纪以后，日本面临环境和经济协调的可持续成长的挑战，更加注重提升高新技术产业的竞争力。

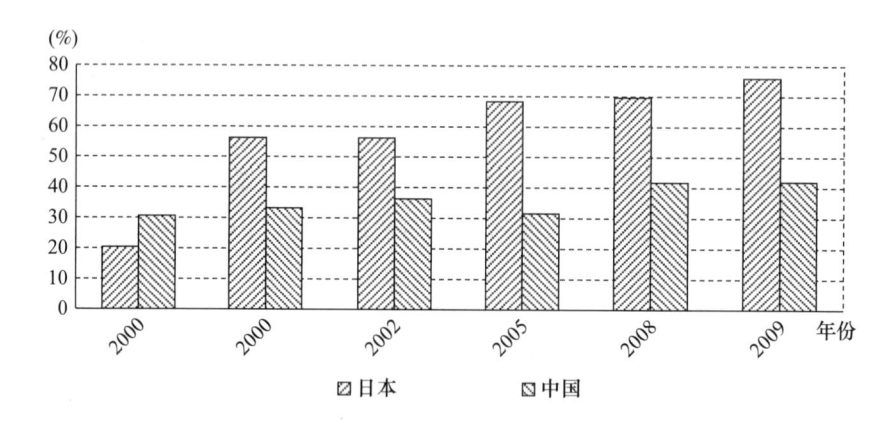

图9-1 中国和日本第三产业增加值占GDP比重变化情况

资料来源：http://forum.home.news.cn/thread/79860296/1.html。

在日本政府阶段性产业政策的推动下，相关产业的应变能力得到了提升，产业结构日趋合理。从日本经济发展的特征来看，产业结构的调整在能源结构的演变过程中起到了非常重要的作用，如第二次世界大战后日本政府将复兴经济的突破口放在了能源部门，实施了对煤炭和钢铁业重点扶持的倾斜政策。政府积极推进产业结构向高技术和高附加值的方向发展，将日元升值和石油危机冲击转化为发展契机，产业升级使得能源结构更加合理化（见表9-1）。

第九章　资源环境约束与产业结构变动

表 9-1　　　　　　　工业化各发展阶段日本的主导产业

时期	主导产业
1946—1960 年	煤炭工业、钢铁工业和火力发电业
1960—1973 年	石油加工、石油化学工业和钢铁工业
1973—1990 年	汽车工业、电器机械工业
1990 年至今	电子工业、信息工业等知识技术密集型产业

资料来源：转引自刘德学（2002）。

总的来看，日本产业结构的升级有别于欧美发达国家产业结构升级的路径。其产业结构升级体现了政府主导、出口导向和倾斜扶持的特点（刘德学，2002），是通过产业政策和产业规划来推进产业结构优化升级的典范。

日本能源政策与产业政策相一致，相关产业政策的制定对能源政策的实施起了重要的推动作用，降低了能源消耗水平。

二　资源与环境约束下的日本产业结构升级

（一）日本的资源与环境条件

日本能源和自然资源存量极少，对经济发展的满足程度不到 20%，加之早期产业发展对已有资源的开发和利用已经很多，可开发资源匮乏，资源主要靠进口。这又使资源的可供给量受到国际资源市场价格的影响。从日本经济发展的历程来看，这种影响有利弊之分。好处是可以利用有利的能源价格来推动相关产业的发展。日本的资源约束体现在两个方面：一是国内自然资源匮乏而影响产业间的资源配置状况；二是经济发展所需的资源依赖进口，国际能源价格直接影响其资源供给和需求，影响相关产业的发展。

20 世纪 90 年代以来，国际上提倡和推广可再生资源，主张发展以低耗能、低污染和低排放为基础的低碳经济，而这些无疑构成了经济发展的环境约束。受经济危机的影响，欧盟、美国等都将政策指向新能源领域，寻找新的经济增长点。日本自签署了《京都议定书》后开始征收环境税，并制定了一系列的节能减排政策，这些都构成了日本产业发展的环境约束。资源供给短缺和生态环境的双重制约将变得越来越"硬",将进一步影响产业的资源配置状况和产业结构演进的步伐。

(二) 资源与环境约束对日本产业结构的影响

资源约束对产业结构的影响主要体现在两个方面:

一方面,一国或地区资源配置的初始条件影响其产业结构的形成。资源状况是一个动态概念,当资源约束条件发生变化后,各产业的资源配置状况发生变化,影响产业的发展方向和趋势,会带动产业结构的调整(段文博,2009)。日本国内自然资源严重匮乏,第二次世界大战结束初期的劳动力成为相对丰富的资源,政府大力推进劳动密集型产业,而知识技术密集型产业发展缓慢,产业结构处于较低层次。60年代,日本实施重工业化和化学工业化;60年代中后期,重化工业化已相当成熟;80年代后,以重化工业结构形成的先进技术为支点发展知识密集型产业,产业结构不断向更高层次发展(李春,2009)。

另一方面,资源在各产业之间的配置影响产业结构的形成和演进,资源约束条件变化会带动产业结构的变化。如国际上廉价的石油改变了日本的资源供给状况,使其重化学工业得以快速发展,资本密集型产业取代劳动密集型产业,并成为其支柱产业。而两次石油危机导致国际市场能源价格上升,同样改变了日本能源供给状况,使资源约束条件恶化,促使和诱导产业逐步向能源消耗小、附加值高的汽车、半导体等技术密集型产业,并使之成为支柱产业。

可见,资源约束条件的变化使日本逐步选择更适合本国资源状况的产业,不断调整产业结构,使其向更合理的方向发展。在产业结构调整过程中,主导产业和支柱产业也是动态变化的,其间伴随一些产业的兴起和另一些产业的衰退,如石油等进口能源价格的上涨,使重化学工业走向衰退,而整个过程加速了日本产业结构的优化升级。

面对环境约束,日本更多的是把环境约束转化为产业结构优化升级的契机。20世纪七八十年代的两次石油危机使日本经济遭受重创,促使政府把节能作为其政策的重要目标,鼓励技术开发及低耗能产业的发展。日本政府制定了节能减排法规,推进环保政策的执行,提高

第九章　资源环境约束与产业结构变动

了能源利用效率。20世纪90年代，以签署《京都议定书》为契机，日本政府逐步开始征收环境税，设计并建立排放权交易机制，通过市场化手段，激励企业对环境的自觉保护，实现环保与经济增长的激励相容。自2007年美国次贷危机以来，日本政府大力提倡发展循环经济和低碳环保经济，鼓励资源的再利用，要求企业提升能源利用效率，向低能耗和低排放产业寻求更长远的发展，使日本在资源匮乏的情况下获得经济增长的新机会，促进产业结构的优化升级。

从日本的经验可以看到，虽然资源禀赋的初始状况会影响产业结构的形成，对产业的发展具有一定的制约，但国内资源状况并不是一成不变的。国际上资源价格的变化往往会给某些产业发展带来机会。日本在资源和环境双重约束条件下，逐步利用本国的比较优势，抓住国际资源价格变动的有利契机，不断提升技术水平，促进特定产业的发展，带动了产业结构的不断演进。日本产业的发展在一定程度上体现了"资源诅咒"对产业结构和经济发展的特殊作用，为实现经济的发展，日本注重提高资源的使用范围和应用效率，并加大科技的投入力度，使科技水平相对较高，经济增长迅速，提高了产业结构层次。

（三）产业结构升级中的资源环境条件变化

资源和环境约束影响产业结构升级，同样，产业结构升级对资源和环境约束也有一定的影响。一个资源贫乏的地区或国家若能够适时调整产业结构，提高技术水平，提升资源利用率，减少对环境的破坏，就能不断突破资源和环境的约束，促进资源环境和经济的协调发展。日本产业结构的调整与升级不断突破资源环境的约束。石油等能源危机后，日本政府及时调整产业发展方向，以资本密集型产业为主向以技术密集型产业为主转变，提高了资源使用率，改变了资源约束条件，降低了资源短缺对经济发展的制约。主导产业和支柱产业的转换减少了对匮乏资源的依赖，提升了资源和能源利用效率，降低了对环境的破坏与耗减。

资源和环境约束与产业结构升级之间相互作用。自然资源匮乏的现实使日本政府非常注重资源使用率及资源节约型新技术的开发利用，并适时调整产业政策来支持相关产业的发展。这一过程伴随着一些产业的衰退和另一些产业的兴起，促进了产业结构向更高层次的推进。可见，自然资源和环境约束并不必然制约一国或地区产业的成长发展。日本和韩国的经济发展都说明了这个道理。面对环境约束，通过开发新能源，促进产业结构向更高级的方向发展，开发利用新资源以替代传统自然资源。在这一过程中，资源价格的上升是关键。在自然资源与资源性产品的相对价格更高以及环境外部性税收提高的情况下，企业必然寻找替代资源，开发资源节约型技术和环保型技术。

在产业结构升级过程中，日本根据国内自然资源匮乏的现状及国际资源价格变动情况，不断调整资源使用结构。首先，政府运用相关的政策和法律促进资源节约，并使用先进的技术，不断提高资源的使用效率。其次，注重资源替代，如新能源替代传统能源、国外资源替代国内资源，如国际石油价格的有利变化，促进了日本重化学工业的发展。最后，技术进步是支持产业结构升级的必要条件，第二次世界大战后，日本大量引进欧美先进技术并在此基础上进行实用型的创新，这不仅提升了日本的资源使用效率，也提高了相关产业的技术水平。可以说，先进的技术、资源的替代等都推动了日本产业的发展，是产业结构优化升级的重要推动因素。

三 日本产业结构升级的趋势

产业政策在日本经济及产业结构升级方面发挥了重要作用。世界性的经济危机爆发后，日本的产业政策更加注重结构调整和战略性产业的确定，通过加快传统产业的转型、培育新兴支柱产业来应对不利的国际经济环境，这些举措正体现了日本未来产业结构调整、升级的趋势，具体表现为以下两个方面。

（一）加快传统支柱产业的转型升级

汽车产业和电子机械产业是日本的传统支柱产业，在金融危机的冲击下，日本政府通过实施"家庭环保积分制度""节能汽车补贴及税率优惠制度"等措施，提高了日本国内市场对环保家电产品及节能汽车的需求，对传统产业走出困境起到至关重要的作用（陈晋，2003）。日本汽车企业现也开始研发新一代节能汽车，其电动汽车的

第九章 资源环境约束与产业结构变动

水平也已迈入了世界先进行列，这也确定了这些传统产业的发展方向，加大对传统产业的技术投入，符合世界范围内环境保护的主题，增强相关产业的生命力（平力群，2011）。

（二）通过低碳转型实现产业的进一步升级

在经济危机冲击的背景下，许多国家将未来产业转型的目标集中于开发新能源和发展低碳经济上。日本政府也加快了发展低碳经济的步伐。2009年4月，日本政府公布了"绿色经济与社会变革"的政策草案，目的是通过减少温室气体排放等措施，发展低碳经济，以实现从"耗能大国"向"新能源大国"的转变。日本低碳社会是将环境、能源以及应对气候变化政策进行整合与创新，如实现高碳产业向低碳产业的转型，着力对钢铁、水泥和电力等工业部门进行技术改造，提高其生产流程的效率，实现产业的结构性升级，主要通过节能减排技术的推广，减少二氧化碳和污染排放。发展低碳产业是日本未来产业结构变动的重要方向。

此外，日本政府通过"家电环保积分制度"和"节能汽车补贴及税率优惠制度"等危机政策的实施，一方面提高了国内市场对环保型家电产品及节能汽车的需求；另一方面帮助日本传统支柱产业摆脱危机，促进新能源产业的发展，这些政策将推动日本产业结构向更高层次发展。

第三节 两种产业结构变动模式对中国的启示

一 市场导向的演化型产业结构变动的经验

美国尤其是更早的英国等发达工业化国家在开始工业化过程中，乃至已经完成工业化过程时，世界上大部分其他国家还依然处于较为低级的发展阶段，或前工业化阶段或前现代化阶段。由于本国和世界其他国家资源的获取和使用都没有考虑存量约束，对不可再生资源没有赋予其应有的价值，使用成本极为低廉，发达国家能够动用本国和世界其他国家的资源，为本国工业化服务，环境的破坏也没有付出经济代价。特别是美国，由于本身拥有丰富的煤炭、铜矿等资源，又是世界资源消耗大国，被称为"车轮上的国家"（焦必方、杨薇，2008）。20世纪初，美国工业品制造在国际市场遥遥领先，但这种生产耗用的都是不可再生资源，维持了半个多世纪的不可再生资源密集型生产遗留了大量资源环境问题。美国产权制度完善，包括森林采伐、草原放牧和矿藏开采等各种资源使用权都受国会和联邦法律控制，由联邦有关行政机构通过竞标等方式进行出售、出租，充分发挥了市场的作用（江涌，2004）。

区域经济发展的初期，自然资源对区域产业结构的影响至关重要。在工业自然资源富集、自然资源组合良好的区域，就会充分利用本区域内的丰富资源；而在矿产资源、能源资源匮乏的区域，产业结构的形成与发展往往更多地依赖于区位、交通、科技和市场等条件（陈才，1991）。20世纪70年代后，随着新兴工业化国家和发展中国家大规模工业化进程的加速，要求大量资源做支撑。而全球变暖问题日益严重，对矿产资源和能源的开采已经涉及深海领域，石油的钻探和开采及输油管道的铺设、漏油事故严重破坏地球生态环境。在经历了资源破坏、环境污染所带来的一系列灾难及能源危机给经济造成的重创后，世界范围内的资源环境问题才受到重视，特别是两次石油危机使美国工业生产力下降14%，这也使美国联邦政府逐渐增强了能源危机意识，历届政府都致力于降低工业能耗及替代能源的开发应用。美国石油虽然已经有100多年的开采历史，是世界上仅次于阿拉伯地区的第二产油大国，但美国庞大的经济体系对资源的消耗仍然非常巨大。2008年，进口石油在美国石油消费总量中占57.9%，石油对外依存度较高。

相对来说，西欧各国的经济发展和资源约束情况有所不同。直到18世纪中期，大多数西欧、东亚国家或地区都是依靠劳动密集型产业发展经济，但19世纪之后，这些国家或地区经济差距越来越大。有学者分析后发现，对新大陆矿产资源和土地资源的开拓和利用，使西欧各国的资源约束得到了一定的缓解。但是，随着工业化速度的加快，西欧各国不同程度地受到劳动力供给的制约。在日益增长的资源

第九章　资源环境约束与产业结构变动

约束或地区严重的情况下，开始注重提高能源的使用效率，对节约能源技术进行不断研发，通过节约能源来缓解未来区域经济发展中受资源约束的制约。英国是世界上开发利用矿产资源最早的国家，矿产对英国的工业化起了重要作用，但英国国内大部分矿山已经闭坑，所需的矿产品主要依靠进口（潘爽，2010）。各种要素都较为丰富的东亚国家或地区，由于丰富的劳动力资源和矿产资源则陷入"比较优势陷阱"。

中国的中西部地区一直拥有丰富的劳动力资源和矿产资源，这对初期的经济发展非常有利，因为劳动力和自然资源等要素一直能够满足工业的初级发展，工业部门既没有充分考虑资源的节约利用和人力资源的优化，也没有足够的激励或者动力去寻求较高级的要素来进行替代。不合理的自然资源价格体制使资源的合理配置失去了市场平台，这时比较优势对区域经济的发展或许起到了阻碍作用，出现了明显的资源富集而经济落后，与中东部地区的差距逐渐加大的趋势。对欠发达的区域来说，在合理利用资源加快工业化的同时，应注意吸取西方国家的教训，避免陷入"比较优势陷阱"。

产业结构升级不仅包括新兴产业的出现和发展，也包括传统产业在新技术环境下的升级换代，即产业结构软化。对于那些产业投入中使用自然资源和资本等"硬要素"投入较多的传统产业而言，这种软化就是高技术产业对传统产业的渗透和改造。当新兴产业高速增长时，传统产业内部技术更新一般已接近极限，生产开始萎缩，就业人数下降，但传统产业仍然是国民经济的基础，是高技术产业发展的基础，也是高技术产业发展的广阔市场。因此，运用高新技术成果，对传统产业进行技术改造，提高其产品质量，提高劳动生产率，实现传统工业的高技术化和高加工度化。高技术产业的高级化和传统产业的高技术化并行发展是一国或地区产业结构升级的真正内涵。

农业结构软化。从 1894 年开始，美国出口稳定大于进口，在出口商品中原料与食品长期占据主导地位，而进口商品以制成品为主。早期农业的发展为工业化提供了坚实的基础和强大的动力，提供了食物和原材料保证、劳动力，也产生了更多的服务需求，使美国的升级模式有持久的动力。到 1913 年，农业在美国经济结构中的重要性已大大下降，但出口仍占 46%（菲特、里斯，1981）。随着劳动生产率的迅速提高，农产品供求之间矛盾逐渐加深不可避免，1920 年，美国爆发全国性农业生产过剩危机，使农业受到重创，30 年代的金融危机使农产品出口更加困难，价格暴跌，农场纷纷破产。从那时起，美国政府全面介入农业生产，通过以价格支持为中心的农业调整政策体系，有效地缓解了农产品过剩的局面，也为利用高新技术推行农业现代化做好了准备。进入 21 世纪之后，生物、农业化学、计算机、转基因等技术在农业中的运用有效提高了单位产量，成为农业发展的热点，高新技术化是美国现代农业的一大特征。1890—1990 年，美国农场的真实投入并未发生大的变化，总产出的大幅度增长主要来自生产率的提高和技术的变化（Huffman and Evenson, 2001）。1974—1991 年，美国农业全要素生产率年均增长为 2.17%，同期美国总的全要素增长率仅为 0.21%（Gopinath, Carlos, Mathew and Terry, 1997）。

制造业内部结构变化。在 1997—2006 年的十年间，美国 GDP 从 8.62 万亿美元增至 11.3 万亿美元，增长 31%，美国制造业增长了 30.6%，增速基本保持一致（魏家雨，2011）。其中计算机和电子产品成为增长最快的制造产业部门，美国十年间增长了 300% 以上。相对来说，美国汽车工业是 20 世纪兴起的，是美国最大的制造业生产部门，对全美经济影响深远，汽车工业遍布各州，美国 1/7 以上的工人就业机会与汽车制造或相关产业有关。20 世纪 90 年代以来，日本及新兴发展中国家或地区竞争压力日趋增大，美国汽车工业加大改造力度，三大汽车公司均增加了研发投资，并将电子和信息技术等运用到汽车生产、售后服务环节，全面提高汽车性能。2003 年，美国汽车产量仍居世界首位，到 2008 年产量仅次于日本和中国。传统制造业和高新技术的结合使制造业更加依赖"软要素"技术而非其他"硬要素"，如劳动力、自然资源等，最大限度地降低了对物质资源的消耗。

第九章 资源环境约束与产业结构变动

这对中国经济现阶段的发展具有非常现实的意义。目前，我国经济仍然处于第二产业占主导的阶段。美国经验显示，当工业发展产生足够多的服务需求时，主导产业从第二产业向第三产业转变。而中国在各级政府主导下，更注重传统工业的规模扩张，或为了追求产值创造就业岗位而大力发展第三产业，这有可能忽视传统产业的升级改造，容易形成落后的技术结构和产业结构。

美国这样的发达工业化国家，其工业化进程中产业结构的变动基本是在市场经济中完成的[①]。价格机制的作用是关键。在价格的作用下，诱导性的产业演化和产业结构变迁不断发生。企业在获取利润的目标和降低成本的激励下的行为及其结果，本身就导致了产业在企业之间的相互竞争中沿着"廉价要素替代稀缺要素"的方向演变。在这个过程中，发生企业自身的成长演化和产业的结构性演变。企业在追逐利润和降低成本的过程中，可能为了追逐更低价格的要素，也可能追逐快速发展的市场，或者规避那些限制发展的障碍，必然发生要素或资本投资的空间转移。在市场经济中，产业在价格机制作用下发生的结构性变迁，尤其是在空间层面的结构性变迁，并不具有"先验的"优化标准。认识这一点，对中国经济发展中的产业结构优化非常重要。我们能从欧美尤其是美国经济发展中产业结构的变迁看到以下几点，有非常重要借鉴作用的意义。

第一，产业结构升级和优化，首先是微观经济决策问题，即企业的行为问题。政府不能轻易干预微观决策主体，不要对企业或产业轻率地进行规划和指导，以图实现政府自己的经济目标，尤其是当政府

[①] 在经济发展的初期，面对来自发达的英国的竞争，美国奉行的"国家保护主义"确实支持了美国产业的发展，正像有的学者所说，"美国工业体系的建立和国民经济的崛起是一个赤裸裸的国家保护的产物""与英国崛起的历史别无二致的是，美国的工业从起步到'起飞'，在很大程度上都应归功于成功的国家保护主义。这恰恰是对其后来在全球范围内所宣扬的那种自由放任理论的戏剧性的嘲讽"（参见高程《非中性制度与美国经济的"起飞"》，《美国研究》2007 年第 4 期）。美国乃至英国的"保护主义（重商主义）"主要是面对国际竞争表现出的国家主义。对于国内企业之间乃至产业之间主要靠市场的作用，尤其在现代经济增长阶段，美国并没有实施日本、韩国等国家后来所实施的那类产业扶持和产业选择政策。

的目标与企业的目标冲突时，政府应尽量避免"厚此薄彼"式的产业选择或扶持计划，在这方面应该尽量让市场起作用。

第二，价格机制在产业演化和变迁中起决定性作用。价格信号不能被外生性扭曲。政府如果想通过某种政策"促进"产业发展，最好的方法是诱导型的产业结构变迁，不要直接管制价格。企业是产业经济的主角，政府是一个保守的消极角色，制定规则、执行规则和维护公平竞争，是政府发挥职能的最主要领域。

第三，产业在区域层面发生的变动，如企业的生产布局、生产要素的空间转移、通过兼并和收购进入一个新的区域等行为，本质上也是一个微观经济决策问题在空间上的衍生，是纳入了空间成本后的微观经济决策。只要不存在要素空间转移的制度壁垒和成本，实际发生的变动就应该被认为是"合理"的。美国作为一个联邦制国家，各州具有高度自治权，为什么其全国市场却是"统一的"？要素能在各州之间相对自由地流动，从而促进了"区域产业的合理化和高级化"，而并没有出现中国区域经济发展中的"诸侯经济"现象，是值得我们深入思考和借鉴的。美国州一级立法机构尽管有权出于促进本州经济发展之目的而立法，但其限度是不能损害州际贸易。

二 日本的国家干预型产业发展经验

中国经济的高速增长和现有工业化模式会继续拉动对能源和传统资源的大量消耗，也会相应地导致大量的排放等外部性问题。作为世界第二大能源消费国，由于产业结构层次低和技术水平低，我国的能源效率很低。我国每百万美元 GDP 消耗标准油高达 836 吨，而日本只有 90 吨，约为世界平均水平的 1/3，中国的能耗比率是日本的 9.3 倍。新时期我国产业发展的一个现实问题是，资源短缺但其价格却不反映稀缺性，一方面，导致了各区域产业缺乏自主创新的动力和压力；另一方面，激励了资源高消耗和环境污染，也将资源富集地区的经济固化在资源型产业上并抑制了这些地区的发展，这种模式是难以持续的（孟昌，2011）。日本在第二次世界大战后通过制定产业政策，依靠政府和市场的双重力量推动了产业结构向更高层次演进，创造了"日本模式"。尽管在 1990 年受"泡沫"经济困扰而一度出现了低增长,但总体上日本实现了低能耗和低资源消耗下的高速工业化和成功的产业升级转型。我国正处于工业化中级阶段向高级阶段的过渡期,日本模式为我国工业化的实现和产业结构的优化升级提供了一个可借鉴的经验模式。

(一)注重产业政策的市场导向作用,基于市场机制培育战略新兴产业

日本工业化模式将市场经济和政府主导有机结合,是在市场配置资源基础上的国家干预经济的经济模式。中国要实现工业化由中级阶段向高级阶段的快速过渡,也需要在确立宏观战略目标的前提下发挥市场机制的作用。在战略性产业的选择、调整和规划的基础上,尽量通过市场机制来配置资源,诱导和促使产业结构的高级化和转型。为了提高产业竞争力,在资源和环境约束变得越来越"硬"的前提下,从长远来看,不是降低而是提高传统能源和资源型产品的价格,在价格的诱导下,促使企业开发节能节约资源的技术。同时,对新型战略性产业进行扶持和激励。通过发展新型能源产业、新材料及高端制造产业等,促进产业的升级转型和提高国际竞争力。

(二)通过创新提高资源使用效率,升级产业结构

第二次世界大战后,日本的产业政策围绕产业结构调整及升级展开,强调技术创新的重要性,出台了一系列鼓励企业进行技术创新的政策。日本企业在吸收和模仿国外先进技术的基础上,通过改造与创新,使相关的技术与本国经济的发展相适应(杨万东、丁宁,2008)。技术创新对产业结构升级的作用有两条路径:一条是用高新技术改造传统产业,促进传统产业升级,带动产业结构升级;另一条是用高新技术产业提升产业整体能力水平(张宏武、时临云,1999)。高新技术产业具备传统工业部门所不具备的优势,如低耗能、高附加值、广阔的市场容量等。在资源和环境的双重约束下,我国产业结构升级依赖于高新技术对传统产业的改造和高新技术产业本身的成长。高新技术产业主体地位的实现需加快研发投入,不仅需要国家给予资金及政策上的支持,还要鼓励企业积极投入资源节约技术的开发中,把高新技术产业培育成新的支柱产业,建立与资源、环境相协调的高效能源

利用的产业体系（崔巍，2007）。通过节能法规的制定，日本贯彻落实《京都议定书》，降低了能耗，而其节能目标的实现最终得益于节能技术的发展及产业结构的调整。中国目前正处于工业化和城市化快速发展的阶段，经济和社会发展面临着能源等重要矿产资源匮乏的约束。长期以来，中国的工业化建立在低能源价格和高消耗量的基础之上，有必要通过以下举措来提升资源使用效率，突破资源约束和环境约束：发展高新技术制造业来加快工业内部结构优化升级。通过调整能源消费结构，促进其多元化发展，开发太阳能和核能等新型能源。控制高耗能等粗放型产业的扩张，鼓励集约型产业发展（罗浩，2007）。而做到这些的关键是推进资源价格体制改革，使各种资源价格能够真实地反映其稀缺程度和资源耗减程度，诱使企业通过技术创新和升级转型来减少资源消耗。

（三）创造低碳经济转型的制度基础

实现低碳发展是一个长期性的战略任务，需要国家从制度层面来保证。日本政府通过颁布一系列法律条令，创造了低碳经济转型的制度基础。中国有必要学习日本低碳经济模式的成功经验，制定相关的法律、法规，依靠国家力量来推动低碳经济的发展，同时需要提供一系列激励措施，促使企业从事低碳生产与经营，使企业有能力并有信心进行战略投资。从日本的经验来看，创新低碳技术，发展低碳经济，除需要政府推动和企业推进外，还需要推进低碳消费，使低碳产品有一定的市场需求。由于低碳产业的创业成本高，低碳产品和服务的价格高，政府非常有必要从制度设计和政策制定（如税收、信贷）方面激励消费者自愿消费低碳产品和低碳服务。

（四）推进第三产业发展

日本第三产业增加值在整个经济增加值中的比重不断提高，由2000年的56.3%上升到2009年的71.2%。我国由2000年的33.2%上升到2009年的42%，第三产业所占的比重远低于日本同期水平，变化速度也比日本同期变化速度慢。全球的产业结构呈现出向服务型经济转变的大趋势，然而，长期以来，我国第三产业内部结构不合理，劳动密集型和资金密集型等传统行业所占的比重较大，技术密集

第九章　资源环境约束与产业结构变动

型和知识密集型等新兴行业仍处于较低的水平。第三产业的发展取决于第一、第二产业劳动生产率的提升，同样，第三产业的发展对第一、第二产业的发展也有着关键性的影响，我国第三产业的发展现状构成了我国经济发展缓慢的"瓶颈"和障碍。第三产业的发展程度是产业结构高级化和经济现代化的一个重要标志，因此，应加大对第三产业的政策支持力度，改变其落后的状况。

总之，日本经济发展在很大程度上得益于其产业政策的制定和成功实施。资源环境的硬性约束促使日本走上了资源高效利用的工业化道路。我国的经济发展也同样面临着资源短缺和环境约束问题，工业化中后期的约束会越来越"硬"。而产业结构升级是资源和环境双重约束条件下经济发展的必然选择，不仅包括三次产业间的结构升级，也包括产业内的结构升级和转型，尤其是工业结构的升级和结构优化。我国正处于工业化的高速发展期，应充分利用技术创新和制度创新在促进产业结构升级方面的作用。工业化的加速期伴随着市场化转轨的体制改革，正好为我国产业升级创造了很好的体制条件和制度准备。而经济全球化的深入在给既有工业化模式带来挑战的同时，也为新型工业化模式的建立带来前所未有的契机。基于日本国家干预型产业结构升级的经验及其基本的经济学的认识，我国产业升级和低碳经济转型的关键是让资源性产品的价格反映其稀缺性、资源耗减和环境损耗的代价，利用市场机制的决定性作用，通过资源价格及资源产权制度改革和排放权交易机制设计，诱导既有产业的升级和新产业的成长。

第十章　研究总结与结束语

第一节　研究总结

在第一章和第二章研究的基础上，我们对资源环境约束条件下的区域产业结构的多个相互关联的问题进行了基于可得官方数据的经验实证研究。

第三章基于省际截面数据对资源约束与区域产业分工的类型和程度进行了实证分析。

第一，自然资源约束指标体系的测算与分析表明，我国大部分地区面临较紧的自然资源约束。能源矿产资源和金属矿产资源在三大经济地带间的分布差异性较为明显。水资源、耕地资源对区域经济发展起到了基础性的支撑作用。从三大经济地带来看，西部地区在资源密集型产业上拥有较大的专业化优势，而东部地区经济较为发达，资源密集专业化指数普遍较低。很显然，资源密集型产业专业化程度不仅与资源禀赋相关，而且与工业化发展阶段密切联系。东部地区资源密集型产业垂直分工指数普遍较低且下降幅度较大，而中部地区和西部地区差别不大，西部地区略高。这一实证测算的结果与我们研究的预期是相符合的，即经济相对落后的西部地区的多数省份还处于工业化的初级阶段，正处于利用资源等初级要素的高峰期，地区经济发展依然依靠资源的开采与加工。

第二，关于区位商和垂直分工指数的测算显示，新疆、黑龙江、山西和内蒙古等省份拥有丰富的自然资源，而海南、青海、西藏和宁夏4个省份的资源约束比较严重。这两类地区在资源密集型产业上都拥有专业化优势。

第三，回归模型的结果表明，资源约束与垂直产业分工之间虽然不存在明显的线性关系，但有一定的非线性拟合效果，这种拟合方式在时间序列上较为稳定。从拟合曲线可以看出，资源约束对垂直分工有正向影响。不过，这种影响是有变化的：一方面，随着时间的推进，资源约束对垂直分工的影响不断减小；另一方面，在特定年份的横截面数据上，不同区域资源约束对垂直分工的正向影响程度不同。这很可能说明，随着工业化的深入，自然资源条件在我国区域分工中的重要性呈减弱趋势，而且对于不同工业化阶段的地区或者处于不同分工环节的地区，资源的重要性是不一样的。上述结果也间接地解释了自然资源输出地区为什么"不富"，而自然资源匮乏地区却相对发达、区域经济发展差距拉大的问题。除那些已有研究所揭示的原因外，一个可能的原因是自然资源条件在区域分工中的重要性减弱。

区域产业结构调整升级的基础是区域产业分工关系的变动，从资源密集型重化工阶段向高加工度阶段过渡，是资源丰裕地区产业结构升级和区域经济发展的重要内容。也就是说，通过促进资源型产业向产业链的后端垂直延伸来发展高加工度产业，提高产品附加值，或者在资源型产业和工业基础上发展新兴制造业，积极承接高加工度化的先进产业的转移，是区域产业升级的重要举措。就资源富集地区而言，这种分工体现在两个方面：一是立足资源优势，沿着产业链条从事一体化生产，在区域内既发展上游产业，又发展下游产业。这本质上是在区域内部发展垂直分工，实现与发达地区水平分工的格局。二是发展区域间同种产品的专业化分工协作。各地区都应重新审视自己的资源禀赋状况和产业结构，在现有垂直型产业分工基础上，形成新型地域分工格局，立足于资源基础，以专业化和市场化为导向，进行产业结构调整，发动和加速产业结构高级化。

第四章基于CCA—DEA模型，分析了资源禀赋、区域产业结构与资源效率的关系。基于典型相关分析（CCA）和数据包络分析（DEA）方法，我们从区域角度分析了资源禀赋、产业结构和资源效率之间的关系。研究结果表明，三大经济地带不同产业的发展与不同的自然资源禀赋是密切相关的，而且呈现出一定的差别。东部地区第一产业的发展和原煤的相关度非常高，且呈正相关关系。原煤产量和第二产业的发展相关度则次之，呈负相关关系。中部地区第一产业发展和天然气及原油产量相关度最强，天然气产量和第一产业呈负相关关系，与第二产业呈正相关关系。原油产量与第一产业呈正相关关系，与第二产业呈负相关关系。西部地区第二产业发展与原煤和电力产量相关度最强，两者呈正相关关系。

关于三大经济带资源投入的总体效率，中部地区最高，西部地区居中，而东部地区最低。东部地区和西部地区的资源利用效率偏低的主要原因来自纯技术效率偏低。也就是说，在资源开采技术和运用技术上还存在很多问题。这也说明效率提升的潜力和空间较大。中部地区资源总体效率较低的原因是规模效率较低，如果中部地区各个省份对其资源规模进行调整，可以进一步提高中部地区的整体资源效率。从各个省份的角度来看，DEA 总体有效的省份有 3 个，其他 27 个省份均为 DEA 总体无效，这一测算结果表明，存在资源投入冗余或三次产业产出不足的问题。纯技术有效的省份有 11 个，这说明，这 11 个省份的技术效率处于最佳状态，如果投入量适当，就可以达到三次产业的最佳产出。因此，通过其规模报酬来分析投入量是否合适，在规模报酬递增时，需要进一步增加资源投入量；在规模报酬递减时，需要减少资源投入量。而其他 19 个省份存在不同程度的纯技术无效，表明了这些省份需要进一步提高资源的运用技术。

第五章研究了资源价格市场化与区域产业结构升级之间的关系。基于经济学原理，让资源价格不仅反映资源的生产成本，更要反映资源的补偿代价和环境代价，这既有助于加大各行业的成本压力，促进企业由依靠资源投入带动发展转向依靠技术效率的提高来促进发展的模式上来，又有利于环境的可持续性发展。对于特定的中国经济问题而言，这在很大程度上是一个提高"长期被制定得较低的资源价格"问题。基于这样的认识，我们首先利用投入产出价格分析模型，分析了资源价格提高对我国各省份行业价格的影响。我们发现，如果资源

第十章 研究总结与结束语

价格提高，价格上涨将会传递到下游产业和相关产业，东部地区、中部地区、西部地区各个行业的价格均会有不同程度的提高，其中采掘业和重工业所受影响最大，农业和第三产业所受影响较小。从地区影响来看，西部地区各行业所受影响更大一些，东部地区的海南、中部地区的黑龙江和湖南两省份所受影响也比较大，东部地区的福建各个行业所受影响比较小。接下来，我们在 DEA 模型的基础上测算了采掘业和重工业中 10 个部门的技术效率，测算了资源价格与部门技术效率之间的关系，发现在资源价格提高时，大多数部门的技术效率会有所提高，从而验证了本书提出的命题。

因此，基于上述命题和实证分析的结果，促进我国区域产业结构的优化和升级，降低资源消耗和环境损耗的速度，提高资源使用效率，政府和管理部门既要按照科学发展观的要求，坚持市场化的改革取向，最大限度地发挥市场在资源配置中的决定性作用，充分利用价格的信号作用，建立反映资源稀缺程度、环境成本和市场供求关系的价格形成机制，以激励企业内生性地发展或使用高效低耗的技术。为提高产业竞争力，促进区域产业升级转型，从长远来看，应该核算资源开采和利用的全产业环节的外部性成本，遵循"谁导致了外部性，就应由谁付出相应的成本"公平负担原则。这样做的可能趋势是"系统性地"推高了能源等资源型产品的价格。但是，只有在价格诱导下，企业才能想办法开发节能节约资源的技术。当然，在进行资源价格体制或政策的改革中，还要充分考虑各方面的承受能力，考虑到各地区的差异性和资源价格市场化过程中反映的差异性，把改革的力度和社会的承受能力妥善地结合起来，力争把改革的负面影响降到最低限度。

至于企业有没有开发资源能源节约型技术的外部压力和内在激励，当资源及其产品的价格全面反映外部性成本后，民营企业可能比国有企业、竞争性企业比行政性垄断企业的激励会更强。因为行政性垄断行业不仅有制定产品价格的能力，而且在一定程度上垄断上游资源的供给，或者对上游产品的议价能力很强。国有企业的盈亏责任不对等，在资源价格变得更高时，容易获得政策性支持而导致缺乏资源节约型技术开发和利用的动力。

第六章关于产业结构与能源消耗变动对碳强度变动效应的经验实证分析。我们基于投入产出表的基础数据，分解并识别出了能源消耗因素和产业结构变动对 GDP 碳强度的不同影响。测算结果发现，与能源相关的进步因素是抑制 GDP 碳强度的主要因素。尤其是能耗强度下降，各行业单位产出所耗用的能源降低导致了考察期的十年间 GDP 碳强度降低了 1.82 吨，占总降低量的 84%。产业结构方面，工业化尤其是重工业化的产业结构经济量变动引致了 GDP 碳强度上升。而表现为产业间链条的中间投入经济量变动，在一定程度上抑制了这种上升，使产业结构相关因素的总体影响还是降低了 GDP 碳强度，降低量约 0.25 吨。而基于现有的产业结构对电力生产的减排潜力的分析表明，单纯依靠与能源相关因素的低碳化举措，难以实现 2020 年预定的减排目标。

因此，只有从产业自身的转型和结构升级入手，结合行业能源效率的提升、能源结构调整和产业结构调整，实现从低效率的粗放型经济增长方式向高效率的集约型的经济增长方式转变，才有望更好地实现 2020 年的低碳经济减排目标。

第七章基于 1995—2010 年的省际截面数据，运用数据包络分析（DEA）方法研究了区域能源效率及其变动情况。我们的描述性统计和基于省际面板数据 DEA 方法的能源效率测算显示，在 1995—2010 年的 15 年间，全国平均能源效率在波动中总体呈下降趋势，且表现出弱的"类周期性"。变动轨迹仅有局部时间段的倒"U"形特征，而没有在样本数据的整个阶段表现出明显的整体倒"U"形特征，因此，总体上并不支持大多类似研究关于中国能源效率整体具有倒"U"形特征的判断。从省际测算的结果来看，上海和广东的能源效率最高，而山西和贵州的能源效率最低，新疆、内蒙古、甘肃和河北等省份的能源效率也处于低水平。从大区域来看，东部沿海发达地区的能源效率最高，其次为东北老工业基地、中部地区和西部地区。大区域之间能效差距的这一结果与大部分相关研究是一致的，也与一般性的经验判断是一致的，那些资源富集的地区在资源价格没有反映稀

第十章 研究总结与结束语

缺性和外部性成本的情况下，诱导了低效率技术和要素组合，能源效率低是符合经济学学理和经验的，这其实也间接地说明，中国内部存在某种程度"资源诅咒"的现象。而各区域产业沿着高耗能的重化工业化的方向加速发展，可能是总体能源效率下降的直接原因，而体制性的低资源价格可能是诱因。

本章的测算结果可能说明各省份的产业规划和产业政策偏向于以促进 GDP 增长为首要任务，没有很好地兼顾到优化产业结构和提高增长质量的目标。因此，如果工业化必须考虑中国的资源约束条件、能源供给的可持续性和环境耗减问题，那么，2000 年以来的国家和各地区的产业结构政策与产业发展模式是需要反思的。

低资源价格支持的垂直区域产业分工格局可能抑制了产业结构的升级转型，导致了资源配置的低效率。产业升级和产业结构变动应该是沿着节约稀缺性资源的方向进行，而我国的产业沿着高耗能方向变化，并没有沿着能源效率提高的方向进行，说明价格发出了能源资源"不稀缺"的错误信号。结合我国要素价格扭曲、资源性产品市场化程度低、国有垄断以及能源资源低价格管制的事实，这一结果能够得到较好的解释。资源尤其是能源价格没有充分反映其稀缺性，很可能是关键原因。我们的计算显示，各省份之间和各大区域之间存在较大的能源效率差距，能源效率低的省份或地区往往是能源资源相对丰裕的地区，尤其是山西和内蒙古最为典型，其煤炭能源资源丰富，低开采成本和低价格诱使了低能源效率。而且更为重要的是，在区域产业垂直分工的格局下，低能源资源价格也间接地诱使了其他相对发达地区的产业重型化和高能耗趋向。

基于以上实证结果和经济学分析，能源效率提高要依靠产业的升级转型和产业结构的高级化。在产业结构方面，不论从产出还是从投入来看，由于工业的权重最大而单位产值的耗能量最高。因此，提高能源效率的关键是工业能耗的降低，尤其是重化工业等高能耗资源的制造业，使能源资源的价格反映市场供求状况，以价格手段降低能源消费量，是提高能源效率的关键。通过产业升级转型来实现能源效率的提高，资源投入品的价格要真实地反映所有经济成本，产出价格要通过市场竞争来施加硬约束。长期以来，我国由资源富集地区的"体制性"自然资源低价格供给支持的纵向区域产业分工格局，既弱化了发达地区产业升级和企业自主创新的动力，也将资源富集地区的经济结构固化在资源型产业上并抑制了一些地区的发展。很多资源禀赋好的区域的产业结构低级化严重，产业层次低而落后，产业转型和升级速度慢。而通过产业升级促进节能、减排和降耗，关键变革是通过资源价格及产权改革来诱使或者促进产业升级和新型能源的开发，走价格诱导型的产业升级和节能降耗之路。

1995—2010年不仅是中国经济快速工业化的阶段，也是快速市场化的阶段。市场化转型应该提供了诱导型节能降耗的体制基础，但是，由于这一领域的国家控制严格、产权虚置问题严重、行政垄断势力强而预算约束软化，束缚了市场机制在提高能效上的"信号"作用和诱导作用。我国的资源型企业普遍是大型国有企业，企业与政府讨价还价的能力很强，有很强的定价权。因此，在这一领域，除了继续推进资源市场化改革和价格体制改革，破除行政垄断也是重要举措之一。

第八章研究了碳排放约束条件下整体经济的产业结构升级。实证分析结果显示，政府的产业政策和其他公共政策在一定程度上会影响到二氧化碳排放水平。公共政策可以尝试在一定程度上改变消费行为，也可以鼓励采用清洁技术。而试图通过改变产业部门之间的生产联系来减少二氧化碳排放，则要困难得多。主要原因是，投入产出的技术联系对排放的影响是非常复杂的，生产链条是相对刚性和"固定"的。因此，在公共政策和产业政策的制定上，应该针对不同行业的具体情况，同时考虑到每个行业的技术经济特殊性和排放的贡献，采用包括经济手段（如以鼓励更具成本—效益的减排手段）在内的多种政策工具，比如包括：规制（如建筑业中规制使用能源效率高的材料和太阳能）、行业自律（交通部门通过自愿协商达成能源使用协议）、信息发布和教育（通过公共教育提高公众对节能减排的认识）。而对于排放强度较大的行业或企业，政策的重点应放在激励或推动清洁技术的利用、创新和推广扩散上。这应该包括提高能源效率的措施

第十章 研究总结与结束语

和鼓励使用清洁能源的措施。而对于一些规模较大的行业或企业，政策的重点应放在鼓励最终消费者行为的改变上。分行业来看，具体措施如下：

第一，非金属矿物制品业和建筑业。对于这些高二氧化碳排放强度的行业，如水泥、砖瓦、石灰和玻璃的生产，基本上很少有可替代的材料，降低排放强度的空间和潜力较小。而中国房地产市场一直处于迅速发展中，这部分的二氧化碳排放量估计会在可预见的较长时期内会继续增长。从政策来看，降低行业排放强度的政策很难奏效，而规模扩张的势头不可能立即有所遏制，因此，这些行业减排在政策上要取得成效需假以时日。从需求来看，政府应该在信息传播或宣传活动方面做较多工作，同时，应该加强节能减耗的强制性规范建设，比如绿色建筑的技术规范等，可以降低绿色技术进入的制度壁垒，提高高耗能高排放行业制度性进入壁垒。通过提高建筑物的质量，延长建筑物的使用寿命，减少建筑业的浪费，遏制碳排放的增长趋势。发展小户型住宅，抑制大规模基础设施，特别是高速公路等基础设施的盲目和超前建设，提高城市的紧凑性，对我国节能减排的经济发展也具有重要意义。

第二，电力工业的生产和分配。电力工业的排放量取决于需求方的规模指标和供应方面的强度指标。如果遏制电力需求的努力没有效果，那么规模指数的增加将超过强度指数的下降，导致二氧化碳排放量的整体增加。从需求趋势来看，电力工业的需求是很难降低的。生活方式的现代化和城市化必然会带动家用电器的普及，商业设施和服务设施的扩张和用电的增加。政策可以在强度方面采取有效措施，以减少对供应方的排放量，例如，促进发电行业的结构变化。电力工业通过节能减排和上大压小的行动，关停小火电机组，现在30万千瓦、60万千瓦及以上大机组已经成为主力。同时，应积极发展可再生能源和核能发电，减少化石能源等高碳排放强度的行业链接。

第三，重新认识战略新兴产业和高新产业的碳排放问题。虽然通信设备、计算机及其他电子设备制造等这类高新产业的直接碳排放较小，但其间接排放可能相当大。这一点是必须警惕的。某些"绿色产业或技术"乃至所谓的"零排放产业或技术",若考虑相关产业或上下游产业,以及退出时的碳排放,不但不"绿色",可能还非常高。某些传统的战略产业和高新技术产业对金属等高碳排放强度行业需求拉动正是导致这些高碳排放强度行业占比提高的原因。本书关于产业链条的碳排放技术弹性的研究,为调整产业链条提供了一个决策依据。但我们同时要注意产业链条调整的可行性和成本效率。对传统行业而言,产业链条是长期演进形成的,往往已经固化,沉淀成本高,调整难度大。但对高新技术产业和新兴的战略产业而言,技术密集型的特点使其产业链条相对灵活,因此,对这些行业产业链的调整显得非常重要,这也是产业链条调整的重点所在。提高机械运输、电气设备制造业的技术水平,对金属和化工等高耗能原材料实施进口替代战略,发展高附加值产业,同样可以显著减少我国碳排放增长。

第四,减少隐含碳排放。出口商品碳排放在碳排放总量中的占比即所谓的隐含碳,是中国国内碳排放持续增加的主要来源之一。2007年,中国对外贸易导致的净出口碳占中国碳排放总量的29.1%。基础性原材料出口的增加以及机械设备、家电和服装等商品的大规模出口对基础原材料的大量间接需求,最终导致中国在对外贸易中流失了大量二氧化碳权益。因此,对金属、化工、纺织和非金属等高耗能产品的出口进行严格限制,也是减缓我国碳排放增加的有效途径之一。

第九章考察了以美国和日本为典型的两种工业化进程中产业结构变动的经验和模式。先发国家的工业化之路为后发国家提供了少走乃至不走"弯路"的经验。后发国家学习这样的经验或模式,能减少工业化过程中的学习成本和"试错"的代价。美国这样的发达工业化国家,其工业化进程中产业结构的变动基本是在市场经济中完成的,价格机制的作用是关键。在价格的作用下,诱导性的产业演化和产业结构变迁不断发生。企业在获取利润的目标和降低成本的激励下的行为及其结果,本身就导致了产业在企业之间相互竞争,使产业沿着"廉价要素替代稀缺要素"的方向演变。在这个过程中,发生着企业自身的成长演化和产业的结构性演变。在追逐利润和降低成本的过程中,企业可能为了利用低价格的生产要素或追逐新兴市场,或者规避那些

第十章 研究总结与结束语

限制发展的障碍，必然发生要素或资本投资的空间转移，从而在市场作用下同时发生了空间层面的结构性变迁。

认识到演化型产业结构模式的特征，对中国经济发展中的产业结构优化非常重要。我们能从欧美尤其是美国经济发展中产业结构的变迁中看到以下三点具有非常重要借鉴意义的经验：第一，产业结构的升级和优化，首先是微观经济决策问题，即企业的行为问题。政府不能轻易干预微观决策主体。政府应尽量避免"厚此薄彼"式的产业选择或扶持计划，应该尽量让市场起作用。第二，价格机制在产业演化和变迁中起决定性作用。价格信号不能被外生性扭曲。政府如果想通过某种政策"促进"产业发展和结构升级，最好的方法是"诱导型"的产业结构变迁，不要直接管制或强制。第三，产业在区域或空间层面发生的变动，如企业的生产布局、生产要素的空间转移、通过兼并和收购进入一个新的区域等行为，本质上也是一个微观市场经济决策问题在空间上的衍生。

日本的工业化也为我国如何在市场机制上通过政府作用实现产业成长和结构优化提供了另一种经验模式：第一，产业政策要以市场导向为基础，基于市场机制培育战略新兴产业。日本工业化模式将市场经济和政府主导有机结合，是在市场配置资源基础上的国家干预经济的经济模式。中国要实现工业化由中级阶段向高级阶段的快速过渡，也需要在确立宏观战略目标的前提下发挥市场机制的作用。在战略性产业选择、调整和规划的基础上尽量通过市场机制来配置资源，诱导和促使产业结构的高级化和转型。为了提高产业竞争力，在资源和环境约束变得越来越"硬"的前提下，通过价格诱导，促进产业的升级转型。第二，通过创新提高资源使用效率，升级产业结构。做到这些的关键是推进资源价格体制改革，使各种资源价格能够真实地反映其稀缺程度和资源耗减程度，诱使企业通过技术创新和升级转型来减少资源消耗。第三，创造低碳经济转型的制度基础。依靠国家力量来推动低碳经济的发展和产业的转型升级，就要通过制定相关的法律法规来予以保证。在这一点上，美国和日本都有很多中国可以借鉴学习的经验。第四，推进第三产业的发展。第三产业的发展程度是产业结构高级化和经济现代化的一个重要标志，应加大对第三产业的政策支持力度，改变其落后状况。

总之，发达国家美国的产业结构的"合理与优化"主要得益于市场经济本身，而日本的产业结构优化在一定程度上得益于政府主导的产业政策的制定和实施，但是，政府主导的政策和计划充分发挥了市场的作用。资源环境的硬性约束促使日本走上了资源高效利用的工业化道路。我国的经济发展也同样面临着资源短缺和环境约束问题，而产业结构升级是资源和环境双重约束条件下经济发展的必然选择。工业化的加速期伴随着市场化转轨的体制改革，正好为我国产业升级创造很好的体制条件和制度准备。而经济国际化的深入在给既有工业化模式带来挑战的同时，也为新型工业化模式的建立带来了前所未有的契机。基于美国和日本两种不同类型的产业结构升级的经验和基本经济学原理的认识，我国产业升级和低碳经济转型的关键是让资源性产品的价格反映其稀缺性、资源耗减和环境损耗的代价，利用市场机制的决定性作用，通过资源价格及资源产权制度改革和排放权交易机制设计，诱导既有产业的升级和新产业的成长。

第二节　结束语：改革资源价格体制，诱导产业结构升级

现在一个普遍认识是：通过各区域层面的产业结构优化与升级实现工业化模式的转变，来减少碳排放，降低资源消耗，可实现资源环境双重约束下的区域经济可持续性发展。这在"理论上"是正确的认识。但是，如果资源价格体系本身不反映资源的稀缺性、资源耗减和对环境的破坏，如果各级政府追求地区生产总值（GDP）目标下的制造业出口导向战略思维不发生实质性变化，产业就很难有根本性的结构升级和优化，既有工业化模式在短期内也难有转变。因为基于资源密集使用的重化工业对地区经济的带动作用远远大于其他产业，关乎地区生产总值的增长趋势和政府官员的升迁，所以，十几年来，各区

第十章 研究总结与结束语

域在政府主导和规划下，围绕重化工业的竞争异常激烈，甚至连东部一些自然资源和能源匮乏但经济相对发达的省份都要大力推进重化工业。在"重政府规划、轻市场作用"的地区产业发展规划中，各省份尤其是那些经济发达地区忽视自己的比较优势和专业化分工而选择具有较大产业关联度的重化工业，导致地区产业分工不足和趋同严重。这与资源价格不能充分反映稀缺性和外部性的现实是一致的。

中国区域经济发展中的官员激励机制是一个重要问题。GDP核算本身的缺陷和现有官员考核机制加剧了上述问题的严重性，阻碍了市场机制在区域产业结构升级中应发挥的决定性作用。一直以来，我国考核、选拔和提升各级干部所依据的主要指标是GDP和各种产值。在GDP核算没有充分计入资源损耗、碳排放和环境破坏的代价时，资源的掠夺式开发、各地区经济重化工业化趋势就非常明显，使单位产值的高能耗资源和环境污染居高不下。若能以核减资源和环境损耗后的绿色GDP作为衡量经济增长的标准，将有助于弱化单纯追求以GDP为增长目标所带来的负面影响，使经济增长目标符合社会发展的目标，使各级官员追求经济社会和谐发展的行为内生化，有效地实现官员的个人目标与社会发展目标的激励相容。

试图通过区域产业升级转型来实现低资源消耗、低碳经济和减排目标，最主要的动力是资源投入的价格要真实地反映包括外部性在内的所有成本，产出价格要通过市场竞争给企业和消费行为施以硬约束。国有企业尤其是行政性壁垒保护下的国有企业，有很大的定价权，缺乏产业竞争的压力和创新的动力，存在严重的软约束现象。这是中国经济单位产值能耗是世界平均水平几倍的重要原因。上海、广东、浙江、江苏和广东等发达省份近几年热衷于把本省作为单独经济体在世界经济体中的排名。其实，从资源消耗和二氧化碳排放的总量来看，尤其是从单位产值的资源消耗和碳排放来看，这些发达的"经济体"的增长质量并不高。现有的资源价格机制支持了这种不可持续的工业化模式。

目前，我国各区域产业出现了因承接国际高端制造业乃至服务业外包的产业转移趋势。国内区域之间、中国与其他国家之间的产业分工与结构发生着不可逆转和难以准确预期的变化。为了进一步促进或诱导区域产业升级转型，提高中国企业和相关产业的国际竞争力，延伸产业链条，改变中国在国际产业分工中与发达经济体的垂直型分工格局而造成的不利地位，从长远来看，应该核算资源开采和利用的全产业环节的外部性成本，公平负担，将资源开采和加工使用的全部成本通过价格传递到各个环节，最终到消费环节。这样做可能导致能源等资源型产品的价格出现系统性提高，这也许是不可不付出的代价。只有在价格诱导下，企业才能想办法开发节能节约资源的技术。关于企业开发资源能源节约型技术的外部压力和内在激励，当资源及其产品的价格全面反映外部性成本后，民营企业可能比国有企业、竞争性企业比（行政）垄断企业的激励更强。因为垄断行业不仅有制定产品价格的能力，而且在一定程度上垄断上游资源的供给，或者对上游产品的议价能力很强。国有制企业的盈亏责任不对等，在资源价格变得更高时，容易获得政府救助（各种政策性支持）而导致资源节约型技术开发和利用的动力缺乏。

总之，在市场经济继续深化和推进的过程中，我国区域产业的成长与升级，既要符合市场机制配置资源的基本要求和产业演变的经验规律，又不可能完全任由市场"自然演化"而进行。政府虽然有必要通过产业政策、产业发展战略和产业规划来推动区域产业转型、转移与结构升级，但不应该直接进行"外生性的"强制，而应该充分发挥市场机制在区域产业结构转型升级中的基础性乃至决定性作用。基于市场经济进行制度创新和资源相关的体制改革，通过让资源价格充分反映其稀缺性及外部性成本和市场供求关系，来诱导各区域产业之间的合理分工和结构升级转型，提升我国各区域产业自主创新能力和核心竞争力，实现减少资源消耗和可持续发展的长远目标。

参考文献

[1] 安增军:《中国产业梯度转移与区域产业结构调整的互动关系研究》,《华东经济管理》2009年第12期。

[2] 奥林:《地区间贸易和国际贸易》,商务印书馆1986年版。

[3] 白小明:《我国产业区域转移黏性问题研究》,《北方论丛》2007年第1期。

[4] 白永秀:《产业经济学基本问题研究》,中国经济出版社2008年版。

[5] 蔡昉、王德文、曲玥:《中国产业升级的大国雁阵模型分析》,《经济研究》2009年第9期。

[6] 蔡宁、吴结兵:《产业集群与区域经济发展——基于"资源结构"观的分析》,科学出版社2007年版。

[7] 曹阳:《区域产业分工与合作模式研究》,博士学位论文,吉林大学,2009年。

[8] 陈栋生:《区域经济地理学》,科学出版社1991年版。

[9] 陈刚、陈红儿:《区际产业转移理论探微》,《贵州社会科学》2001年第4期。

[10] 陈淮、江林:《中国产业结构的高加工度化思考》,《经济科学》1996年第2期。

[11] 陈佳贵等:《中国工业现代化问题研究》,中国社会科学出版社2004年版。

[12] 陈建军、夏富军:《垂直分工、产业集聚与专业化优势——兼论长三角地区的制造业优势格局》,《中国工业经济》2006年第5期。

[13] 陈晋:《资源与市场双重约束下的新型工业化道路》,《当代经济研究》2003年第7期。

[14] 陈林生、李刚:《资源禀赋、比较优势与区域经济增长》,《财经问题研究》2004年第4期。

[15] 陈诗一:《能源消耗、二氧化碳排放与中国工业的可持续发展》,《经济研究》2009年第4期。

[16] 陈诗一:《中国工业分行业统计数据估算:1980—2008》,《经济学》(季刊)2011年第4期。

[17] 陈诗一:《中国碳排放强度的波动下降模式及经济解释》,《世界经济》2011年第46期。

[18] 陈诗一、严法善、吴若沉:《资本深化、生产率提高与中国二氧化碳排放变化》,《财贸经济》2010年第12期。

[19] 陈秀山:《中国区域经济问题研究》,商务印书馆2005年版。

[20] 陈自芳:《我国资源禀赋特征与产业发展的要素投入结构选择》,《当代经济研究》2007年第2期。

[21] 崔巍:《产业结构、演化进程与中国调整升级的途径》,《武汉科技大学学报》2008年第3期。

[22] 段文博:《资源约束下日本产业结构演进研究》,博士学位论文,吉林大学,2009年。

[23] [德]阿尔弗雷德·韦伯:《工业区位理论》,商务印书馆1997年版。

[24] [德]韦伯:《工业区位论》,商务印书馆1997年版。

[25] [德]沃尔特·克里斯塔勒:《德国南部中心地原理》,商务印书馆1998年版。

[26] [德]约翰·冯·杜能:《孤立国同农业和国民经济的关系》,商务印书馆1986年版。

[27] 杜传忠、李建标:《产业结构升级对经济持续快速增长的作用》,《云南社会科学》2001年第4期。

[28] 段文博:《资源约束下的日本产业结构演进研究》,博士学位论文,吉林大学,2009年。

[29] 樊纲、苏铭、曹静：《最终消费与碳减排责任的经济学分析》，《经济研究》2010年第1期。

[30] 范剑勇：《要素聚集与地区差距：来自中国的证据》，《中国社会科学评论》2004年第1期。

[31] 范剑勇：《市场一体化、地区专业化与产业集聚趋势》，《中国社会科学》2004年第6期。

[32] 范剑勇：《长三角一体化、地区专业化与制造业空间转移》，《管理世界》2004年第11期。

[33] 符淼：《全要素生产率和产业结构对能源利用影响的实证研究》，《数理统计与管理》2008年第3期。

[34] 付红：《要素价格重估与工业结构升级推动中国经济结构转型》，《中国国情国力》1992年第7期。

[35] 高程：《非中性制度与美国的经济"起飞"》，《美国研究》2007年第4期。

[36] 高越、高峰：《垂直专业化分工及我国的分工地位》，《国际贸易问题》2005年第3期。

[37] 郭朝先：《中国二氧化碳排放增长因素分析——基于SDA分解技术》，《中国工业经济》2010年第12期。

[38] 郭克莎：《中国：改革中的经济增长和结构变动》，上海人民出版社1993年版。

[39] 郭克莎：《中国：改革中的经济增长与结构变动》，上海三联书店1996年版。

[40] 郭克莎：《总量问题还是结构问题？——产业结构偏差对我国经济增长的制约及调整思路》，《经济研究》1999年第9期。

[41] 郭克莎：《中国工业化的进程、问题与出路》，《中国社会科学》2000年第3期。

[42] 郭克莎、王研中：《中国产业结构变动趋势及政策研究》，经济管理出版社1999年版。

[43] 国娜：《能源价格上涨对宏观经济的影响》，硕士学位论文，厦门大学，2009年。

[44] 郝寿义、安虎森：《区域经济学》，经济科学出版社 1999 年版。
[45] 郝寿义：《自然资源对中国城市化水平的影响研究》，《自然资源学报》2005 年第 3 期。
[46] 何德旭、姚战琪：《中国产业结构调整的效应、优化升级目标和政策措施》，《中国工业经济》2008 年第 5 期。
[47] 何雄浪、李国平：《专业化产业集聚、空间成本与区域工业化》，《经济学》（季刊）2007 年第 4 期。
[48] 洪水峰、杨昌明：《区域经济发展与自然资源开发的相关分析的检验分析》，《中南财经政法大学学报》2005 年第 1 期。
[49] 洪水峰、杨昌明：《区域经济发展与自然资源开发的相关关系的检验分析——以湖北省为例》，《中南财经政法大学学报》2005 年第 2 期。
[50] 胡立君、石军伟、傅太平：《产业结构与产业组织互动关系的实现机理研究》，《中国工业经济》2005 年第 5 期。
[51] 胡宗义、蔡文彬、陈浩：《能源价格对能源强度和经济增长影响的 CGE 研究》，《财经理论与实践》2008 年第 3 期。
[52] 胡宗义、刘亦文：《能源要素价格改革对我国经济发展的影响分析——基于一个动态可计算一般均衡（CGE）模型》，《系统工程》2009 年第 11 期。
[53] 胡宗义、刘亦文：《能源要素价格改革对宏观经济影响的 CGE 分析》，《经济评论》2010 年第 2 期。
[54] 黄花叶、聂鸣、孙理军：《OECD 国家集群政策及其对我国区域经济发展的启示》，《研究与发展管理》2003 年第 2 期。
[55] 黄茂兴、李军军：《技术选择、产业结构升级与经济增长》，《经济研究》2009 年第 7 期。
[56] 黄先海：《中国制造业出口垂直专业化程度的测度与分析》，《管理世界》2007 年第 4 期。
[57] 盖骁敏：《中国产业集聚演进和转移现象研究——基于广东东莞等地方企业的经验》，《产业经济评论》2008 年第 2 期。
[58] 霍达、李芸珊、王建东：《能源价格与国民经济成长》，《中国

软科学》2009 年第 S1 期。

[59] 贾亮、王礼力：《能源价格上涨对中国经济增长的影响》，《经济与管理》2010 年第 7 期。

[60] 江世银：《区域产业结构调整与主导产业选择》，《理论前沿》2003 年第 12 期。

[61] 江世银：《区域产业结构调整与主导产业选择研究》，上海三联书店、上海人民出版社 2004 年版。

[62] 江小涓：《中国的外资经济对增长、结构升级和竞争力的贡献》，《中国社会科学》2004 年第 6 期。

[63] 江小涓：《论我国产业结构政策的实效和调整机制的转变》，《经济研究》1991 年第 4 期。

[64] 江小涓：《中国的外资经济对增长、结构升级和竞争力的贡献》，《中国社会科学》2002 年第 6 期。

[65] 江小涓：《产业结构优化升级：新阶段和新任务》，《财贸经济》2005 年第 4 期。

[66] 江涌：《工业化过程中克服资源约束的国际经验》，《中国石油企业》2004 年第 11 期。

[67] 焦必方、杨薇：《美国资源节约型社会建设的经验及启示》，《经济纵横》2008 年第 4 期。

[68] 金建：《论当代世界信息产业的发展进程与基本特征》，《世界经济》1995 年第 1 期。

[69] 金碚：《资源与环境约束下的中国工业发展》，《中国工业经济》2005 年第 4 期。

[70] 金碚：《中国工业化的资源路线与资源供求》，《中国工业经济》2008 年第 2 期。

[71] 金碚、吕铁、邓洲：《中国工业结构转型升级：进展、问题与趋势》，《中国工业经济》2011 年第 2 期。

[72] 景跃军：《战后美国产业结构演变研究》，博士学位论文，吉林大学，2004 年。

[73] 李春：《中日韩三国产业结构升级的比较》，《河北农业科学学

报》2009年第13期。

[74] 李钢、陈志、金碚、崔云：《矿产资源对中国经济增长约束的估计》，《财贸经济》2008年第7期。

[75] 李京文：《搞好产业结构调整保证国民经济持续稳定协调发展》，《经济研究》1989年第12期。

[76] 李秋斌：《区域产业升级中的关键技术选择研究》，北京大学出版社2008年版。

[77] 李世祥、成金华：《中国主要省区工业能源效率分析：1990—2006》，《数量经济技术经济研究》2008年第10期。

[78] 李伟：《产品内分工与资源型地区的产业转型战略》，《经济问题》2007年第11期。

[79] 李小平、卢现祥：《中国制造业的结构变动和生产率增长》，《世界经济》2007年第5期。

[80] 梁进社、王红瑞、王天龙：《中国经济社会发展的资源瓶颈与环境约束》，《经济研究参考》2001年第1期。

[81] 林伯强、牟敦国：《能源价格对宏观经济的影响——基于可计算一般均衡（CGE）的分析》，《经济研究》2008年第11期。

[82] 林伯强：《危机下的能源需求和能源价格走势以及对宏观经济的影响》，《金融研究》2011年第1期。

[83] 林伯强、孙传旺：《如何在保障中国经济增长前提下完成碳减排目标》，《中国社会科学》2011年第1期。

[84] 林毅夫、蔡昉：《中国的奇迹：发展战略和经济改革》，上海三联书店1999年版。

[85] 林永生：《能源价格对经济主体的影响及其传导机制——理论和中国的经验》，《北京师范大学学报》（社会科学版）2008年第11期。

[86] 刘畅、孔宪丽、高铁梅：《中国工业行业能源消耗强度变动及影响因素的实证分析》，《资源科学》2008年第9期。

[87] 刘成武、杨志荣、方仲权：《自然资源概论》，科学出版社1999年版。

[88] 刘德学：《区域产业结构升级模式比较与启示》，《经济问题》2002年第11期。

[89] 刘红光、刘卫东：《中国工业燃烧能源导致碳排放的因素分解》，《地理科学进展》2009年第3期。

[90] 刘红光、刘卫东、唐志鹏：《中国产业能源消费碳排放结构及其减排敏感性分析》，《地理科学进展》2010年第6期。

[91] 刘瑞翔、姜彩楼：《从投入产出视角看中国能耗加速增长现象》，《经济学》（季刊）2011年第4期。

[92] 刘天宇：《加快我国矿产资源企业海外拓展之策略》，《当代经济》2008年第21期。

[93] 刘伟：《工业化进程中的产业结构研究》，中国人民大学出版社1995年版。

[94] 刘伟、蔡志洲：《技术进步、结构变动与改善国民经济中间消耗》，《经济研究》2008年第4期。

[95] 刘伟、李绍荣：《产业结构与经济增长》，《中国工业经济》2002年第5期。

[96] 刘伟、张辉：《中国经济增长中的产业结构变迁和技术进步》，《经济研究》2008年第11期。

[97] 刘志彪、刘晓昶：《垂直专业化：经济全球化中的贸易和生产模式》，《经济理论与经济管理》2001年第10期。

[98] 刘志彪、吴福象：《全球化经济中的生产非一体化——基于江苏投入产出表的实证研究》，《中国工业经济》2005年第7期。

[99] 刘忠涛、金洪云：《产业结构、资源禀赋与经济增长》，《汕头大学学报》（人文社会科学版）2010年第5期。

[100] 娄晓黎：《地域梯级分工模型与产业区域转移的空间机制分析》，《当代经济研究》2004年第7期。

[101] 卢锋：《产品内分工：一个分析框架》，中国经济研究中心工作论文，北京大学，2004年。

[102] 卢中原：《产业结构对地区经济发展影响分析》，《经济研究》1996年第7期。

[103] 陆铭、陈钊：《中国区域发展中的市场整合与工业聚集》，上海三联书店、上海人民出版社 2006 年版。

[104] 陆净岚：《资源约束条件下我国产业结构调整理论与政策研究》，博士学位论文，浙江大学，2003 年。

[105] 路江涌、陶志刚：《我国制造业区域集聚程度决定因素的研究》，《经济学》（季刊）2007 年 4 月。

[106] 吕铁、周叔莲：《中国的产业结构升级与经济增长方式转变》，《管理世界》1999 年第 1 期。

[107] 吕炜：《美国产业结构演变的动因与机制——基于面板数据的实证分析》，《经济学动态》2010 年第 8 期。

[108] 吕政、郭克莎、张其仔：《论我国传统工业化道路的经验与教训》，《中国工业经济》2003 年第 1 期。

[109] 吕政：《中国产业结构变动趋势及政策研究评介》，《中国工业经济》2000 年第 6 期。

[110] 罗浩：《自然资源与经济增长：资源瓶颈及其解决途径》，《经济研究》2007 年第 6 期。

[111] 罗凯、刘金伟：《解读美国在工业化战略》，《中国产业》2010 年第 5 期。

[112] ［美］菲特·里斯：《美国经济史》，辽宁人民出版社 1981 年版。

[113] ［美］西蒙·库兹涅茨：《现代经济增长》，北京经济学院出版社 1989 年版。

[114] ［美］迈克尔·波特：《国家竞争优势》，华夏出版社 2002 年版。

[115] ［美］罗斯托：《经济成长的阶段》，商务印书馆 1962 年版。

[116] ［美］钱纳里：《工业化和经济增长的比较研究》，上海人民出版社 1995 年版。

[117] ［美］托马斯·K. 麦克劳：《现代资本主义——三次工业革命中的成功者》，江苏人民出版社 2006 年版。

[118] ［美］朱迪丽丝：《自然资源——分配、经济学与政策》，商务

印书馆 2002 年版。

[119] 马洪、孙尚清：《中国经济结构问题研究》，人民出版社 1981 年版。

[120] 马涛、东艳、苏庆、高凌云：《工业增长与低碳双重约束下的产业发展及减排路径》，《世界经济》2011 年第 8 期。

[121] 马云泽：《产业结构软化理论研究》，中国财政经济出版社 2006 年版。

[122] 马子红：《基于成本视角的区际产业转移动因分析》，《财贸经济》2006 年第 8 期。

[123] 孟昌：《对自然资源产权制度改革的思考》，《改革》2003 年第 5 期。

[124] 孟昌：《区际分工转型中的西部地区产业结构转变》，《财经科学》2005 年第 4 期。

[125] 孟昌：《低碳经济转型与资源价格体制改革》，《价格理论与实践》2011 年第 10 期。

[126] 孟昌：《行政性进入壁垒下企业高报成本的道德风险》，《中国流通经济》2011 年第 7 期。

[127] 孟昌、陈玉杰：《1995—2010 年间的中国区域能源效率变动研究——描述性特征与基于面板数据 DEA 方法的实证》，《财贸经济》2012 年第 6 期。

[128] 孟昌：《产业结构研究进展述评——兼论资源环境约束下的（区域）产业结构研究取向》，《现代财经》2012 年第 1 期。

[129] 南开大学经济研究所、美国宾夕法尼亚大学区域科学系：《中国区域经济转型格局分析——空间平等与总经济效率》，《经济研究》1994 年第 8 期。

[130] 聂鸣、黄花叶、孙理军：《OECD 国家集群政策及其对我国区域经济发展的启示》，《研究与发展管理》2003 年第 2 期。

[131] 潘爽：《资源约束条件下区域经济发展的国际经验研究》，博士学位论文，吉林大学，2010 年。

[132] 彭支伟、刘钧霆：《东亚垂直专业化分工的发展及其影响因素

的实证研究》,《世界经济研究》2008年第12期。

[133] 平力群:《日本经济危机对策与产业结构调整——以产业政策范式的影响为视角》,《日本学刊》2011年第2期。

[134] 屈小娥:《中国省际全要素能源效率变动分解——基于Malmquist指数的实证研究》,《数量经济技术经济研究》2009年第8期。

[135] 沈能:《能源投入、污染排放与我国能源经济效率的区域空间分布研究》,《财贸经济》2010年第1期。

[136] 盛洪:《分工与交易:一个一般理论及其对中国非专业化问题的应用分析》,上海三联书店1992年版。

[137] 史丹:《我国经济增长过程中能源利用效率的改进》,《经济研究》2002年第9期。

[138] 史丹、吴利学、傅晓霞、吴滨:《中国能源效率地区差异及其成因研究》,《管理世界》2008年第2期。

[139] 史玉杰:《要素市场扭曲对产业结构升级的影响》,《现代商业》2010年第8期。

[140] 苏东水:《产业经济》,高等教育出版社2001年版。

[141] 孙红玲:《区域经济发展新思路:由"三大部"到"三大块"的划分》,《经济学动态》2005年第3期。

[142] 孙杰、余剑:《开放经济条件下中国产业结构调整》,经济管理出版社2007年版。

[143] 孙久文:《我国区域经济问题研究的未来趋势》,《中国软科学》2004年第12期。

[144] 孙宁华、江学迪:《能源价格与中国宏观经济:动态模型与校准分析》,《南开经济研究》2012年第2期。

[145] 唐绪兵、钟叶姣:《产业集聚与垂直专业化分工研究——对我国纺织服装产业的实证分析》,《企业经济》2008年第10期。

[146] 田文:《产品内贸易的定义、计量及比较分析》,《财贸经济》2005年第5期。

[147] 涂正革:《环境、资源与工业增长的协调性》,《经济研究》

2008 年第 2 期。

[148] 涂正革、肖耿:《环境约束下的中国工业增长模式研究》,《世界经济》2009 年第 11 期。

[149] 汪斌:《国际区域产业结构分析导论:一个一般理论及其对中国的应用分析》,上海三联书店 2001 年版。

[150] 汪斌:《全球浪潮中当代产业结构的国际化研究——以国际区域为新切入点》,中国社会科学出版社 2004 年版。

[151] 汪克亮、杨宝臣、杨力:《中国省际能源利用的环境效率测度模型与实证研究》,《系统工程》2011 年第 1 期。

[152] 王海鸿:《中国工业区域分工程度研究》,《中国工业经济》1997 年第 3 期。

[153] 王锋、冯根福:《优化能源结构对实现中国碳强度目标的贡献潜力评估》,《中国工业经济》2011 年第 4 期。

[154] 王锋、吴丽华、杨超:《中国经济发展中碳排放增长的驱动因素研究》,《经济研究》2010 年第 2 期。

[155] 王军、仲伟周:《中国地区能源强度差异研究——要素禀赋的分析视角》,《产业经济研究》2009 年第 6 期。

[156] 王庆国:《试析美国第三产业的发展及其工业化的关系》,《经济研究导刊》2009 年第 15 期。

[157] 王秋彬:《工业行业能源效率与工业结构优化升级——基于 2000—2006 年省际面板数据的实证研究》,《数量经济技术经济研究》2010 年第 10 期。

[158] 王群伟、周鹏、周德群:《我国二氧化碳排放绩效的动态变化、区域差异及影响因素》,《中国工业经济》2010 年第 1 期。

[159] 王业强、魏后凯:《产业特征、空间竞争与制造业地理集中》,《管理世界》2007 年第 4 期。

[160] 王玉潜:《能源消耗强度变动的因素分析方法及其应用》,《数量经济技术经济研究》2003 年第 8 期。

[161] 王岳平:《开放条件下的工业结构升级》,经济管理出版社 2004 年版。

[162] 王中华、赵曙东:《中国工业参与国际垂直专业化分工的实证分析》,《山西财经大学学报》2009 年第 7 期。

[163] 魏楚、沈满洪:《能源效率与能源生产率:基于 DEA 方法的省际数据比较》,《数量经济技术经济研究》2007 年第 9 期。

[164] 魏后凯:《产业转移的发展趋势及其对竞争力的影响》,《福建论坛》2003 年第 4 期。

[165] 魏后凯:《现代区域经济学》,经济管理出版社 2006 年版。

[166] 魏后凯:《大都市区新兴产业分工与冲突管理——基于产业链分工的视角》,《中国工业经济》2007 年第 2 期。

[167] 魏后凯:《对推进形成主体功能区的冷思考》,《中国发展观察》2007 年第 3 期。

[168] 魏家雨:《美国区域经济研究》,上海科学技术文献出版社 2011 年版。

[169] 吴福象:《经济全球化制造业垂直分离的现象》,《财经科学》2005 年第 3 期。

[170] 吴敬琏:《当代中国经济改革》,上海远东出版社 2003 年版。

[171] 吴敬琏:《中国经济增长模式的抉择》,远东出版社 2005 年版。

[172] 吴巧生、成金华:《中国工业化中的能源消耗强度变动及因素分析——基于分解模型的实证分析》,《财经研究》2006 年第 6 期。

[173] 吴仁洪:《经济发展与产业结构转变——兼论我国经济当前的发展阶段及其使命》,《经济研究》1987 年第 10 期。

[174] 吴三忙、李善同:《市场一体化、产业地理集聚与地区专业分工演变——基于中国两位码制造业数据的实证分析》,《产业经济研究》2010 年第 6 期。

[175] 吴彦艳、丁志卿:《基于产业价值链视角的产业升级研究》,《科技管理研究》2009 年第 6 期。

[176] 夏亮:《我国产业结构演进及特征分析》,《黑龙江对外经贸》2010 年第 1 期。

[177] 小林实:《日本产业结构的变化和中国的经济建设》,《管理世界》1987 年第 6 期。

[178] 肖飞、邵宇开:《区域产业结构相对高度化概念与路径研究》,《科技和产业》2009 年第 11 期。

[179] 谢建国:《外商直接投资与中国的出口竞争力——一个中国的经验研究》,《世界经济研究》2003 年第 7 期。

[180] 熊映梧、吴国华:《论产业结构优化的适度经济增长》,《经济研究》1990 年第 4 期。

[181] 徐康宁:《要素禀赋、地理因素与新国际分工》,《中国社会科学》2006 年第 6 期。

[182] 徐瑛:《区域经济质量评价:理论与方法》,中国人民大学出版社 2009 年版。

[183] 徐盈之、胡永舜:《中国制造业部门碳排放的差异分析:基于投入产出模型的分解研究》,《软科学》2011 年第 4 期。

[184] 薛伯英:《美国经济的兴衰》,湖南人民出版社 1988 年版。

[185] [英] 阿尔弗雷德·马歇尔:《经济学原理》,商务印书馆 1983 年版。

[186] [英] 大卫·李嘉图:《政治经济学及赋税原理》,商务印书馆 1976 年版。

[187] [英] 马歇尔:《经济学原理》,商务印书馆 1997 年版。

[188] [英] 亚当·斯密:《国民财富的性质和原因的研究》,商务印书馆 1981 年版。

[189] 杨红亮、史丹:《能效研究方法和中国各地区能源效率的比较》,《经济理论与经济管理》2008 年第 3 期。

[190] 杨开忠:《中国区域发展研究》,海洋出版社 1989 年版。

[191] 杨万东、丁宁:《我国产业结构与产业政策问题讨论综述》,《经济理论与经济管理》2008 年第 3 期。

[192] 杨伟民、秦志宏:《资源型产业集群竞争优势的动态演变路径》,《内蒙古大学学报》(人文社会科学版) 2005 年第 4 期。

[193] 杨小凯、黄有光:《专业化与经济组织——一种新兴古典微观

经济学框架》，张玉纲译，经济科学出版社 1999 年版。
[194] 杨小凯：《经济学原理》，经济管理出版社 2006 年版。
[195] 杨洋、王非、李国平：《能源价格、产业结构、技术进步与我国能源强度的实证检验》，《统计与决策》2008 年第 11 期。
[196] 姚聪莉：《资源环境约束下的中国新型工业化道路研究》，博士学位论文，西北大学，2009 年。
[197] 姚凌岚：《中国产业结构现状及发展方向》，《时代金融》2010 年第 7 期。
[198] 叶龙凤：《垂直专业化分工对我国本土企业技术创新影响的实证研究》，《华东经济管理》2011 年第 1 期。
[199] 叶振宇、叶素云：《要素价格与中国制造业技术效率》，《中国工业经济》2010 年第 11 期。
[200] 尹宗成、丁日佳、江激宇：《FDI、人力资本、R&D 与中国能源效率》，《财贸经济》2008 年第 9 期。
[201] 游杰、龚晓：《产业分工深化及其协调问题》，《学术论坛》2006 年第 3 期。
[202] 原鹏飞、吴吉林：《能源价格上涨情景下能源消费与经济波动的综合特征》，《统计研究》2011 年第 9 期。
[203] 张菲菲、刘刚、沈镭：《中国区域经济与资源丰度相关性研究》，《中国人口·资源与环境》2007 年第 4 期。
[204] 张宏武、时临云：《日本的产业政策及其借鉴》，《软科学》1999 年第 9 期。
[205] 张华光：《论产业结构演进的一般规律》，《经济纵横》1988 年第 2 期。
[206] 张军、陈诗一、Jefferson：《结构改革与中国工业增长》，《经济研究》2009 年第 7 期。
[207] 张雷：《中国能源消费的部门结构变化及产业结构演进的政策选择》，《国际石油经济》2008 年第 7 期。
[208] 张力小、梁竞：《区域资源禀赋对资源利用效率影响研究》，《自然资源学报》2010 年第 8 期。

[209] 张可云：《主体功能区的操作问题与解决办法》，《中国发展观察》2007年第3期。

[210] 张其仔、郭朝先：《中国工业增长的性质：资本驱动或资源驱动》，《中国工业经济》2008年第3期。

[211] 张少兵：《环境约束下区域产业结构优化升级研究》，博士学位论文，华中农业大学，2008年。

[212] 张曙光、程炼：《中国经济转轨过程中的要素价格扭曲与财富转移》，《世界经济》2010年第10期。

[213] 张小蒂、孙景蔚：《基于垂直专业化分工的中国产业国际竞争力分析》，《世界经济》2006年第5期。

[214] 张小军、石明明：《基于产业链的产业势力模型研究》，《当代经济科学》2009年第7期。

[215] 张晓明：《中国产业结构升级与经济增长的关联研究》，《工业技术经济》2009年第2期。

[216] 张秀生：《区域经济理论》，武汉大学出版社2005年版。

[217] 张岩贵：《中国资源供给瓶颈与经济发展模式的调整》，《南开经济研究》2004年第5期。

[218] 张耀辉：《产业创新：新经济下的产业升级模式》，《数量经济技术经济研究》2002年第1期。

[219] 张友国：《经济发展方式变化对中国碳排放强度的影响》，《经济研究》2010年第4期。

[220] 张玉春：《江苏工业结构升级研究》，博士学位论文，南京航空航天大学，2007年。

[221] 张跃发、迟桂芝：《关于工业革命问题开端之我见》，《青海社会科学》1991年第4期。

[222] 赵文丁：《新型国际分工格局下中国制造业的比较优势》，《中国工业经济》2003年第8期。

[223] 赵自芳、史晋川：《中国要素市场扭曲的产业效率损失——基于DEA方法的实证分析》，《中国工业经济》2006年第10期。

[224] 郑若谷、干春晖、余典范：《转型期中国经济增长的产业结构

和制度效应——基于一个随机前沿模型的研究》，《中国工业经济》2010 年第 2 期。

[225] 周建安：《我国产业结构演进的生态发展路径选择》，博士学位论文，暨南大学，2007 年。

[226] 周叔莲：《试论我国产业结构的合理化与产业政策》，《中国工业经济研究》1987 年第 5 期。

[227] 周叔莲、郭克莎：《改革以来我国工业发展述评及展望》，《中国工业经济研究》1993 年第 9 期。

[228] 周振华：《现代经济增长中的结构效应》，上海三联书店、上海人民出版社 1995 年版。

[229] 周振华：《产业结构优化论》，上海人民出版社 1992 年版。

[230] 邹积亮：《产业转移理论及其发展趋向分析》，《中南财经政法大学学报》2007 年第 6 期。

[231] 中国社会科学院工业经济研究所课题组：《中国工业绿色转型研究》，《中国工业经济》2011 年第 4 期。

[232] 钟水映、简新华：《人口、资源与环境经济学》，科学出版社 2005 年版。

[233] 钟水映：《热问题　冷思考——农地征用二题》，《中国土地》2005 年第 2 期。

[234] 朱金玲、何军辉：《我国经济发展的区域划分》，《统计与决策》2001 年第 7 期。

[235] 庄贵阳：《低碳经济：气候变化背景下中国的发展之路》，气象出版社 2007 年版。

[236] 左大康：《现代地理学辞典》，商务印书馆 1990 年版。

[237] 左大康：《地理研究所 50 年》，《地理研究》1990 年第 4 期。

[238] Akamatsu, K., "A Historical Pattern of Economic Growth in Developing Countries", *The Developing Economies*, Vol. 1, No. 1, 1962, pp. 13 – 25.

[239] Ang, B. W., Zhang, F. Q. and Choi, K. H., "Factorizing Changes Inenergy and Environmental Indicators through Decomposi-

tion", *Energy*, Vol. 23, No. 6, 1998, pp. 489 – 495.

[240] Arndt, S. W., "Globalization and the Open Economy", *North American Journal of Economics and Finance*, Vol. 8, No. 1, 1997, pp. 71 – 79.

[241] Bain, J., *Industrial Organization*, New York: John Wiley & Sen, 1968.

[242] Balassa, Bela, *Trade Liberalization among Industrial Countries*, New York: McGr aw – Hill, 1967.

[243] Chenery, H. B., Robinson S. and Syrquin, M., *Industrialization and Growth: A Comparative Study*, Oxford University Press, 1986, pp. 48 – 52.

[244] Cumings, B., "The Origins and Development of the Northeast Asian Political Economy: Industrial Sector, Product Cycle and Political Consequences", *International Organization*, 1984, pp. 1 – 40.

[245] Czamanski, S., *Study of Clustering of Industries*, Halifax, Nova: Dalhousie University, 1974.

[246] Devarajan, S. and Pack, Howard, "Is Investment in Africa Too Low or Too High? Macro and Micro Evidence", *Research Working Papers*, 1999, pp. 1 – 36.

[247] Dumais, G., Ellison, G. and Glaeser, E. L., "Geographic Concentration as a Dynamic Process", *The Review of Economics and Statistics*, Vol. 84, No. 2, 2002, pp. 193 – 204.

[248] Ellison, G. and Glaeser, E. L., "The Geographic Concentration of Industry: Does Natural Advantage Explain Agglomeration?" *The American Economic Review*, Vol. 89, No. 2, 1999, pp. 311 – 316.

[249] Fatih Birl and Jan Horst Keppler, "Prices, Technology Development and the Rebound Effect", *Energy Policy*, Vol. 28, No. 6 – 7, 2000, pp. 457 – 469.

[250] Feenstra, R. C. and Hanson, G., "Foreign Direct Investment and

Relative Wages: Evidence from Mexico's Maquiladoras", *Journal of International Economics*, No. 42, 1997, pp. 371 - 394.

[251] Feentra, R. C., "Integration of Trade and Disintegration of Production in the Global Economy", *The Journal of Economic Perspective*, 1998.

[252] Fisher, Vanden K., Jefferson, G. H., Liu, H. and Tao, Q., "What Is Driving Chinaps Decline in Energy Intensity?", *Resource and Energy Economics*, Vol. 26, No. 1, 2004, pp. 77 - 97.

[253] Gary, Gereffi, "International trade and industrial upgrading in the apparel commodity chain", *Journal of International Economics*, Vol. 48, 1999.

[254] Gopinath, Munisamy, Arnade, Carlos, Shane, Mathew and Roe, Terry, "Agricultural Competitiveness: The Case of the United States and Major EU Countries", *Agricultural Economics, Blackwell*, Vol. 16, No. 2, 1997, pp. 99 - 109.

[255] Greening, L. A., "Effects of Human Behavior on Aggregate Carbon Intensity of Personal Transportation: Comparison of 10 OECD Countries for the Period 1970 - 1993", *Energy Economics*, Vol. 26, No. 1, 2004, pp. 1 - 30.

[256] Grossman, M. and Helpman, E., "Managerial Incentives and International Organization of Production", *Journal of International Economics*, No. 63, 2004, pp. 237 - 262.

[257] Haggett, P., *Locatioal Analysis in Human Geography*, London: Edward Arnold, 1965.

[258] Harris, R. G., "Globalization, Trade, and Income", *The Canadian Journal of Economics*, Vol. 26, No. 4, 1993, pp. 755 - 776.

[259] Haskel Jonathan and Slaughter, J., "Trade, Technology and UK Wage Inequality", *The Economic Journal*, Vol. 111, No. 468, 2001.

[260] Helleiner, G., "Manufactured Exports from Less - developed

Countries and Multinational Firm", *The Economic Journal*, Vol. 83, No. 329, pp. 21 – 47.

[261] Hoover and Edgar Malone, *The Location of Economic Activity*, New York: Mc Graw Hill Book Co., 1948.

[262] Huffman, Wallace and Evenson, Robert E., "Structural Adjustment and Productivity Change in U. S. Agriculture, 1950 – 1982", *Agricultural Economics*, Vol. 24, 2001, pp. 127 – 143.

[263] Hu, Jin – Li and Shih – Chuan Wang, "Total – factor Energy Efficiency of Regions in China", *Energy Policy*, Vol. 34, No. 17, 2006, pp. 3206 – 3217.

[264] Hummels, D. and Levinsohn, J., "Monopolistic Competition and International Trade: Reconsidering the Evidence", *The Quarterly Journal of Economics*, Vol. 110, No. 3, 1995, pp. 799 – 836.

[265] Hummels, David, Rapoport, Dana and Kei, M. Y., "Vertical Specialization and the Changing Nature of World Trade", *Federal Reserve Bank of New York Economic Policy Review*, 1998, pp. 59 – 79.

[266] Hummels, D., Jun Ishii and Kei, M. Y., "The Nature and Growth of Vertical Specialization in World Trade", *Journal of International Economics*, No. 54, 2001.

[267] Humphrey and Schmitz, "How does Insertion in Global Value Chains Affect Upgrading in Industrial Clusters", *Regional Studies*, Vol. 9, 2002.

[268] Hummels, David and Klenow, P., "The Variety and Quality of a Nation's Exports", *American Economic Review*, 2004.

[269] Imbs, J. and Wacziarg, R., "Stages of Diversification", *The American Economic Review*, Vol. 93, No. 1, 2003, pp. 63 – 86.

[270] Jacobides, M. G., "The Dynamic Limits of Specialization: Vertical Integration Reconsidered", *Organization Studies*, Vol. 26, No. 12, 2005.

[271] Jones, R. W., *Globalization and the Theory of Input Trade*, Cambridge, Mass: M. I. T Press, 2000.

[272] Jovanovic, B., "Selection and Evolutionof Industry", *Econometrica*, Vol. 50, No. 3, 1982, pp. 649 – 670.

[273] Kaplinsky, R. and Morris, M., *A Handbook for Value Chain Research*, 2002.

[274] Kojima, K., *Direct Foreign Investment: A Japanese Model of Multinational Business Operations*, New York: Praeger, 1978.

[275] Kojima, K., "The Flying Geese Model of Asian Economic Development: Origin, Theoretical Extensions, and Regional Policy Implications", *Journal of Asian Economics*, No. 11, 2000, pp. 375 – 401.

[276] Krugman, P., "The Myth of Asia's Miracle: A Cautionary Fable", *Foreign Affairs*, Vol. 73, pp. 62 – 78.

[277] Krugman, P., "Increasing Returns and Economic Geography", *NBER Working Paper*, No. 3275, 1990.

[278] Krugman, P., "Increasing Returns and Economic Geography", *Journal of Political Economy*, Vol. 99, 1991, pp. 483 – 489.

[279] Krugman, P., "First Nature, Second Nature, and Metropolitan Location", *Journal of Regional Science*, Vol. 33, No. 2, 1993, pp. 129 – 144.

[280] Krugman, P. and Venables, A., "Integration, Specialization, and the Adjustment", *NBER Working Paper*, No. 4559, 1993.

[281] Krugman, P., "Growing World Trade: Causes and Consequence", *Brookings Papers on Economic Activity*, 1995, pp. 327 – 362.

[282] Krugman, P., *The Self – organizing Economy*, Cambridge MA: Blackwell, 1996.

[283] Kuznets, Simon, "Long Swings in the Growth of Population and in Related Economic Variables", *Proceedings of the American Philosophical Society*, Vol. 102, 1958, pp. 25 – 52.

[284] Reprinted in *Economic Growth and Structure: Selected Essays*, New

York: W. W. Norton, 1965, pp. 328 – 375.

[285] Kuznets, Simon, "Population Change and Aggregate Output", in *Demographic and Economic Change in Developed Countries*, Special Conference series, No. 11. Universities – National Bureau Committee for Economic Research, Princeton, Princeton University Press, 1960, pp. 324 – 340.

[286] Kuznets, Simon, *Modern Economic Growth: Rate, Structure, and Spread*, New Haven, Conn. : Yale University Press, 1966.

[287] Kuznets, Simon, "Income Inequality and Economic Growth", *The American Economic Review*, 1955.

[288] Lea Friedman and Zilia Sinuany – Stern, "Scaling Units via the Canonical Correlation Analysis in the DEA Context", *European Journal of Operational Research*, No. 100, pp. 637 – 639.

[289] Lenzen, M., "Primary Energy and Greenhouse Gases Embodied in Australian Final Consumption: An Input – output Analysis", *Energy Policy*, Vol. 26, No. 6, 1998, pp. 495 – 506.

[290] Malcolm, Gillis, *Tax Reform in Developing Countries*, Duke University Press Paddy Field, 1989.

[291] Matsuyama, K., "Increasing Returns, Industrialization, and Indeterminacy of Equilibrium", *Quarterly Journal of Economics*, Vol. 106, 1991, pp. 617 – 650.

[292] Miguel Angel Tarancon and Pablo del Rio, "CO_2 Emissions and Intersectoral Linkages: The Case of Spain", *Energy Policy*, No. 35, 2007, pp. 1100 – 1116.

[293] Mongelli, I., Tassielli, G. and Notarnicola, B., "Global Warming Agreements, International Trade and Energy/Carbon Embodiments: An Input – output Approach to the Italian Case", *Energy Policy*, Vol. 34, No. 1, 2006, pp. 88 – 100.

[294] Nobuhiro, Kiyotaki and Randall, Wright, "A Search – theoretic Approach to Monetary Economics", *The American Economic Re-*

view, Vol. 83, No. 1, pp. 63 – 67, 1993.

[295] Okita, S., "Special Presentation: Prospect of Pacific Economies", *Pacific Cooperation: Issues and Opportunities* (pp. 18 – 29), Seoul, Korea, April 29 – May 1, 1985.

[296] Okita, S., "Special Presentation: Prospect of Pacific Economies", *The Fourth Pacific Economic Cooperation Conference*, 1985, pp. 18 – 29.

[297] Ozawa, T. S., "Foreign Direct Investment and Structural Transformation: Japan as a Recycler of Market and Industry", *Business and Contemporary World*, Vol. 1, No. 2, 1993, pp. 129 – 150.

[298] Ozawa, T. S. and Castello, "Toward an International Business Paradigm of Endogenous Growth: Multinationals and Governments as Co – endogenisers", *International Journal of the Economics of Business*, Vol. 8, No. 2, 2001, pp. 211 – 228.

[299] Poon, "Beyond the Global Production Networks: A Case of Further upgrading of Taiwan's Information Technology industry", *Technology and Globalization*, Vol. 1, 2004.

[300] Stern, David I., "A Multivariate Cointegration Analysis of the Role of Energy in the US Macroeconomy", *Energy Economics*, Vol. 22, No. 2, 2000, pp. 267 – 283.

[301] Stigler, G., "The Division of Labor is Limited by the Extent of the Market", *The Journal of Political Economy*, Vol. 3, No. 1, 1951.

[302] Venables, A., "Agglomeration, Comparative Advantage, and International Specialization: AMulti – industry Model", *Working Paper*, London School of Economics, 1998.

[303] Wang, C., Chen, J. and Zou, J., "Decomposition of energy – related CO_2 emissions in China: 1957 – 2000", *Energy*, No. 30, 1957, pp. 73 – 80.

[304] WANG La – fang and LI Shan – tong and LAI Ming – yong, "The

Transmission Mechanism and Empirical Analysis on the Effects of the Energy Price Fluctuation on Industrial Structure, *International Conference on Management Science & Engineering*, Moscow, Russia, No. 16, 2009, pp. 896 – 901.

[305] Wu, L., Kaneko, S. and Matsuoka, S., "Dynamics of Energy related CO_2 Emissions in China during 1980 to 2002: The Relative Importance of Energy Supply Side and Demand Side Effects", *Energy Policy*, Vol. 34, No. 18, 2006, pp. 3549 – 3572.

[306] Yi, Kei and Mu, "Can Vertical Specialization Explain the Growth of World Trade", *Journal of Political Economics*, Vol. 3, No. 1, 2003.

[307] Young, Allyn A., "Increasing Returns and Economic Progress", *Economic Journal*, No. 38, 1928, pp. 527 – 542.

后　记

本书是我主持的国家社会科学基金项目"资源环境约束下的区域产业结构升级"的研究成果，结项评为良好。

我国区域产业发展的一个长期问题是：一方面资源日益短缺但资源价格却不反映资源稀缺性和外部性成本。资源产权改革和市场化程度落后于产品市场化，各区域之间由不反映资源稀缺性和外部性成本的资源价格支撑的产业分工格局，既弱化了发达地区产业结构升级和自主创新的动力，也将资源富集地区的经济固化在资源型产业上并抑制了这些地区的发展。另一方面，激励了各区域产业对资源的高消耗和环境损耗。中国作为最大的自然资源消费国和第二大能源消费国，产业结构层次和技术水平低，资源利用效率和能源效率都很低。

随着经济市场化的深入和分工国际化，资源供给必然通过要素和产出价格的变化对工业化和产业结构演变形成越来越"硬"的约束。在长期内，环境发展目标也将对工业发展形成硬约束。在自然资源供给和环境发展"可持续性"的双重约束下，既有工业化模式难以维持，区域经济面临结构转型和升级的双重压力。我国各地区的产业尤其资源密集的工业将发生什么变化，国家的区域产业政策如何适应这种变化而做出战略性调整。在国家社会科学基金立项资助下，本书系统地研究了资源和环境约束条件下的区域产业结构变动与升级，为从总体上优化区域产业分工格局、提升各区域产业自主创新能力和竞争力、减少资源消耗和实现可持续发展提供新解释，为新时期国家区域发展战略和产业政策的制定与调整提供决策依据。

本书研究的核心观点是：区域产业结构转型升级应基于制度创新和相关体制改革，通过让资源价格充分反映其稀缺性及外部性成本和市场供求关系，来诱导各区域产业之间的分工和结构转型升级，提升

后　记

各区域产业自主创新能力和核心竞争力，实现减少资源消耗和可持续发展的长远目标。

本书的主要成果在重要学术会议上多次做过交流，有3篇工作论文（由孟昌、余向华和杨晓华分别完成）参加了两届中国工业经济学会年会并做主题报告。应上海财经大学经济学院和高等研究院的邀请，课题主持人在"低碳经济转型下中国的能源挑战和政策"专家座谈会上做过主题报告，应邀在爱尔兰国立考克大学作学术交流。课题主持人和项目组成员就本课题涉及的中国经济问题，多次接受媒体访谈。在"低碳经济转型下中国的能源挑战和政策"上的专题发言被收入报告，上报国家有关部门。期待本书能为国内学者研究资源环境约束下的产业结构调整、升级问题提供理论借鉴和文献基础。

本书是分工合作的学术研究成果。第一章由孟昌完成；第二章由孟昌和刘琼合作完成；第三章由刘琼完成；第四章和第五章由杨晓华完成；第七章由孟昌和陈玉杰合作完成；第九章主要由孟昌完成，张欣和刘琼参与；第六章和八章由余向华完成；第十章由孟昌完成。课题组成员徐丹丹教授和她的研究生孟潇博士做了部分研究工作。中国社会科学院人口研究所曲玥研究员、国家发改委地区司赵崇生博士作为课题组成员，提供了研究咨询。项目开题时邀请了中国社会科学院工业经济研究所郭朝先研究员、吴利学研究员和北京工商大学吴强教授，三位学者均是区域经济和产业结构研究方面的专家，有丰富的研究经历和学术成果，他们提出的宝贵意见对于项目研究工作非常重要，在此表示感谢。北京工商大学冯中越教授提供了诸多帮助，在此也表示感谢。我撰写了课题总报告，将研究报告写成专著的工作也由我完成。我夫人——在天津师范大学从事语言学教学和研究工作的张海燕博士，校对了一遍文稿，重点是语言和文字。我的研究生李词婷、马京和曲寒瑛校对了图表和公式，感谢他们的辛勤付出。特别感谢本书的责任编辑中国社会科学出版社卢小生老师。卢老师严谨求实的编辑工作使本书最终能与读者见面。

孟　昌

2020年5月1日于北京望京花园